고려대 공공정책연구소 SSK사업단 연구총서 Ⅰ

김정은 패러독스

Kim Jung - un Paradox

유호열 외

김정은 패러독스

발행일 2017년 8월 28일
저 자 유호열 외
발행인 남광규
발행처 도서출판 매봉
등 록 제6-479호
주 소 서울시 영등포구 국회대로 800
ISBN 978-89-92799-11-9 93340
정 가 15,000원

김정은 패러독스

도서출판 매봉
2017

김정은 패러독스를 발간하며

2017년 한반도는 북한의 6차 핵실험과 미사일 발사 등으로 일촉즉발의 위기가 지속되고 있다. 북한의 계속되는 도발 행태에 대해 미국을 비롯한 국제사회는 유엔 안보리 결의를 통해 역사상 가장 강력한 제재를 가하면서 북한의 비핵화를 압박하고 있다. 그러나 북한은 어떠한 경우에도 결코 핵무기를 포기할 수 없으며 괌이나 하와이 등 미군의 주요 해외 기지 뿐만 아니라 미국 본토에 대한 핵공격 능력이 완성 단계에 이르렀다고 호언장담하고 있다.

미국 우선주의를 기치로 내걸고 출범한 트럼프 미국 대통령은 급부상한 중국을 견제하는 한편, 북핵문제를 해결하기 위해 군사적 응징을 포함한 모든 옵션이 테이블 위에 놓여있음을 강조하며 대북 압박의 강도를 높이고 있다. 사드 문제로 한국에 대한 경제·정치적 압박을 지속하고 있는 중국은 금세기 중반까지 미국과 견줄만한 초강대국 지위를 확보하기 위해 군사강국으로의 질주를 계속할 전망이다. 일본과 러시아 역시 이 같은 미중 간 경쟁구도 속에서 자국의 이익과 안전보장을 극대화하기 위해 일미동맹과 러중전략협력관계를 중심으로 군사력을 더욱 강화하고 있다. 이처럼 한반도를 둘러싼 동아시아는 경제·사회분야에서는 교류협력과 상호의존관계가 계속 심화·발전되고 있으나, 정치·군사·안보분야에서는 갈등과 대립이 첨예하게 부딪히는 이중구조, 즉 아시아 패러독스가 더욱 노골화되고 있다.

지난 5월 출범한 문재인 정부는 한미동맹을 근간으로 점증하는 한반도 위기 상황을 해결하기 위해 부단히 노력하고 있다. 북한의 도발을 결코 용납할 수 없다며 국제사회와 함께 북한의 비핵화를 달성하기 위해 대북제재에 적극 동참하고 있다. 그러나 이러한 기본 방침에도 불구하고 정부 안팎에서는 여전히 남북 간 대화와 협상을 통한 북핵문제 해결에 대한 기대를 저버리지 못하고 있다. 북한이 생명줄인 핵무기를 포기할 가능성은 사실상 전무하다는 절망적인 진단에도 불구하고 적절한 대응 수단은 아직 제시되지 못하고 있다.

이처럼 급변하는 한반도 정세 속에 한층 복잡해진 북핵문제를 해결하고 한반도의 평화적 통일 기반을 구축하기 위한 기초 자료를 제공하기 위해 고려대학교 세종캠퍼스 SSK연구사업단은 2016년부터 〈북한체제의 행태 변화 예측〉을 주제로 연구를 진행하고 있다. 아시아 패러독스가 심화되는 상황에서 북한 김정은 정권은 "핵·경제 병진노선"에 대한 집착을 버리지 못하고 있다. 핵무기를 보유하고 이를 강화함으로써 체제의 안전을 보장받는 동시에 경제도 발전시킬 수 있다는 주장을 펼치며 핵개발을 정당화하고 있다. 그러나 동서고금을 막론하고 어떠한 국가 정책도 공짜는 없다. 아무리 탁월한 정책도 효용과 비용 사이의 적절한 수준에서 취사선택함으로써 최적화를 이루게 되는데, 북한도 이러한 선택에서 예외일 수 없다. 그럼에도 불구하고 핵무기 보유와 경제 발전을 함께 이루고 이를 통해 한반도 정세를 주도하려는 북한식 해법은 결국 김정은 패러독스로 귀착될 수밖에 없을 것이다.

본 연구단은 이러한 김정은 패러독스의 실상과 추이를 북한의 행태 변화와 관련하여 면밀히 추적하고 자료화함으로써 그에 대한 정책적 함의를 지속적으로 발굴할 계획이다. 본 저서는 이러한 노력의 첫 번째 시도로서 참여연구자들의 지난 1년간 연구 성과를 제1부 "북한 내부와 남북관계"와 제2부 "주변국 정세와 통일외교"로 나누어 정리하였다. 제1부에서는 임재천 교수의 "북한 지도자 리더십 비교"를 통해 북한 수령독재체제의 본질을 파악함으로써 김정은 패러독스의 핵심에 이르는 좌표를 제시하였고 란코프 교수 등이 북한의 장마당 실상을 조사·분석함으로써 핵개발에 국력을 집중하는 사이 풍선효과로써 발생한 북한 경제의 변화 모습을 보여주어 북한사회의 이중성을 명쾌하게 설명하였다. 남광규 교수와 권수현 박사는 북한의 핵개발로 인해 역대 정부의 대북 정책 추진 과정에서의 혼선과 어려움을 국내 정치적 측면에서 분석함으로써 북핵문제가 남북관계에 미치는 역설적 효과를 설득력 있게 보여주었다.

제2부에서는 주변국, 특히 중국과 미국을 중심으로 북핵문제의 해법 과정을 평가하고 대안을 제시하였다. 잘론타이 교수는 북한의 핵과 미사일 도발에 대해 중국의 대응 태도 추세를 비교 분석함으로써 북핵문제 해결을 위한 중국의 적극적인 역할을 제시하였다. 홍은정 교수는 중국의 세계전략을 분석함으로써 대한반도 정책의 문제점과 이에 대한 대응 방안을 제시하는 한편 미중관계와 동아시아 지역 질서를 바라보는 중국 시식인들의 시각과 입장을 통해 김정은 패러독스의 해법을 제시하였다. 끝으로 박은주 연구원은 김정은 패러독스 이후 한반도에서의 평화적 통일 기반을 구축하기 위해 대미, 대중 공공외교의 적극적인 추진을 위한 과제와 로드맵을 제시하였다.

본 연구단은 앞으로도 아시아 패러독스에 이어 심화되고 있는 김정은 패러독스를 해결하기 현장의 다층적 경험과 객관적 자료를 수집 분석하여 접근성 극도로 제한되어있는 북한 행태의 변화 추세를 보다 현실적이고 실증적인 차원에서 밝혀내고자 한다. '김정은 패러독스'란 제하의 첫 번째 저서를 발간함에 있어 관련 논문을 정리하고 편집하는데 남광규 교수와 박은주 연구원의 각별한 노고에 감사드리고 편집 조교로 수고한 김에스라, 장석준, 정원희 등 대학원생들에게도 심심한 감사의 말씀을 드린다.

2017년 8월 28일
고려대 세종캠퍼스 SSK연구사업단 연구책임자 유 호 열 교수

목차

제2부 주변국 정세와 통일외교 / 149

제 1 부

북한 내부와 남북관계

북한 지도자 리더십 비교: 성장 과정 및 사상적 기반, 정당성, 리더십 특징을 중심으로*

임재천(고려대학교)

I. 서론

2011년 12월 19일 북한 조선중앙방송은 '17일 오전에 김정일이 심장마비로 급작스럽게 사망했다'는 소식을 전 세계에 타전했다. 한 시대가 가고 새로운 시대가 올 것임을 예고하는 소식이었다. 이후 북한은 김정일이라는 절대적 위상을 지닌 지도자의 죽음이 가져올 여파를 최소화하기 위해 후계자 김정은에게로 권력승계를 신속하게 진행시켰다. 19일부터 10일 동안 김정일 애도기간을 설정하고, 애도기간 직후 12월 30일에 김정은을 조선인민군 최고사령관으로 추대하였다. 2012년 3월 25일까지 100일 동안 추모기간을 준수하였고, '100일 상(喪)' 후 4월 중순 제4차 조선노동당 대표자회와 최고인민회의 제12기 제5차 회의를 각각 개최하여 김정은으로의 권력승계를 마무리 지었다. 제4차 당 대표자회에서 북한은 김정일을 '영원한 총비서'로 추대하였고, 제1비서직을 신설하여 김정은으로 하여금 맡게 하였다. 또한 최고인민회의에서는 김정일이 '영원한 국방위원회 위원장'으로 추대되었고, 신설된 국방위원회 제1위원장직은 김정은이 맡았다. 이로써 김정은은 군·당·정 순으로 최고 직위를 맡음으로써 권력 공고화를 위한 토대를 마련하였다.

* 본 글은 2014년도『동북아연구』, 제29권 1호에 출간된 논문을 수정한 것이다.

북한 연구에 있어서 지도자 연구의 중요성은 북한 내부에서 차지하는 지도자 위상에 비례한다. 김일성과 김정일은 생전에 절대적인 지도자로서 북한을 통치하였고 주민들 위에 군림하였는데, 모든 북한 시스템이 그들을 중심으로 움직이도록 설계되었다. 북한 내부에서 지도자의 위상을 나타내는 상징적인 개념이 수령인데, 이 개념은 '혁명적 수령관'에 구체적으로 잘 나타나 있다. '혁명적 수령관'에 의하면, 수령은 수령·당·대중으로 구성되는 사회정치적 생명체의 뇌수로서 생명체 활동을 지휘하는 중심이며 대중은 당을 통하여 수령과 조직사상적으로 결합된다. 또한 수령은 대중에게 '사회정치적 생명'을 부여하는 절대적 존재로서, 대중은 당을 통하여 수령의 지도를 받음으로써 비로소 영생하는 '사회정치적 생명'을 지닐 수 있다.[1] 이 '혁명적 수령관'은 북한 지도자 지위에 절대성을 부여하는 데 있어 인식론적 기초가 되고 있으며, 당이 주민들에게 지도자에 대한 무조건적 충성을 요구할 수 있는 근거가 되고 있다.

북한에서 이 수령이란 용어는 주로 김일성을 지칭하기 위해 사용되지만, 수령과 그의 후계자들(김정일과 김정은)은 본질적으로 동일한 위상을 지닌다.[2] 따라서 수령 직위를 승계하는 문제는 어떤 정치적 문제보다 중요시되는데, 이는 "후계자를 올바로 선정하는 것은 혁명과 건설, 나라와 인민의 장래 운명을 결정하는 근본문제"라는[3] 김일성의 인식에서도 잘 드러난다. 북한은 후계자가 갖추어야 할 첫째가는 덕목으로 "수령에 대한 충실성과 도덕의리"를 꼽았는데,[4] 이는 안정적인 권력승계를 최우선 원칙으로 간주했기 때문이다. 이 원칙에 따라 김일성은 김정일을, 김정일은 김정은을 자신의 후계자로 선택했는데, 이로써 북한은 (현대 국가들 중) 비(非)입헌군주체제로서 유일하게 두 번의 세습

1) 김정일, "주체사상교양에서 제기되는 몇 가지 문제에 대하여" (1986년 7월 15일), 『김정일선집』 8권 (평양: 조선노동당출판사, 1998), pp. 447-448.
2) 윤기덕, 『수령형상문학』 (평양: 문예출판사, 1991), p. 425.
3) 김일성, 『세기와 더불어 1』 (평양: 조선노동당출판사, 1999), p. 308.
4) 위의 책, p. 309.

을 통해 권력을 승계한 국가가 되었다.[5)]

이 글은 김일성을 포함하여 북한을 통치해 온 지도자들과 그들의 리더십에 대한 분석을 목적으로 한다. 북한 지도자들에 대한 비교연구는 그들 리더십의 유사점과 차이점을 분명히 함으로써 북한 정치를 이해하는데 기여할 뿐만 아니라, 현재 북한을 통치하고 있는 김정은 리더십을 이해함으로써 정권의 정책적 함의를 이해하는데도 기여하리라 기대한다. 본문은 크게 네 부분으로 나누어진다. 먼저 북한 지도자를 어떻게 분석할 것인지에 대한 필자의 관점 제시가 있을 것이다. 둘째, 북한 지도자들의 성장 과정과 그 사상적 기반을 살펴볼 것이다. 셋째, 정치적 정당성과 관련된 부분인데, 여기서는 북한 지도자들이 권력 강화를 위해 어디에서 자신들의 정치적 정당성을 찾고자 했는지 살펴볼 것이다. 마지막으로 앞에서 논의된 내용을 바탕으로 북한 지도자들의 리더십 특징들을 분석해 볼 것이다.

Ⅱ. 분석 관점

지도자는 대부분 집단들에 존재하며 집단생활에서 중추적 역할을 한다. 지도자에 대한 연구는 여러 사회과학 분야에서 이루어지고 있으며, 이 지도자 연구는 '개인'에 대한 연구로써 분석 수준에 있어서는 미시적 연구에 속한다. 개인에 대한 연구이기 때문에 지도자 개인의 성격과 가치관(혹은 사상), 행태에 대한 이해가 필수적이다. 동시에 지도자 연구는 고립된 개인에 대한 연구가 아니라 환경(혹은 지지자)와 끊임없이 상호작용하는 개인에 대한 연구이기 때문에 환경에 대한 이해도 추가

---

5) 김일성-김정일 권력승계와 김정일-김정은 권력승계 구체적 비교는 Lim, Jae-Cheon, "North Korea's Hereditary Succession: Comparing Two Key Transitions in the DPRK," *Asian Survey*, vol. 52, no. 3, 2012, pp. 550–570.

되어야 한다. 즉, 지도자 연구는 지도자 개인의 가치관, 행태, 환경 등을 통합적으로 고려했을 때 보다 깊이 있는 연구가 가능하다. 이 글에서도 북한 지도자들의 사상, 행태, 그리고 대내외적 국가 환경 등을 총체적으로 고려하면서 그들을 분석하고자 한다.

리더십은 연구가들마다 다양하게 정의되고 있다. 예를 들면, 리더십을 지도자의 활동(activity)으로, 지도자와 대중(혹은 지지자)의 상호작용 과정(process)으로, 혹은 지도자의 능력(ability)으로 보는 것이 그것이다.[6] 하지만 다양한 리더십 정의에도 불구하고 모든 리더십 정의에 공통적으로 나오는 몇 가지 필수 요인들이 존재한다. 첫째가 지도자와 대중이라는 '행위자'의 존재이다. 둘째, 이러한 지도자와 대중의 '상호작용'에 초점을 맞춘다. 셋째, 지도자와 대중이 상호작용을 통해 달성하고자 하는 '목표'가 존재한다. 즉, 모든 리더십 정의에는 행위자·상호작용·목표라는 세 가지 요인들이 공통적으로 존재하고, 이 세 가지 요인들을 어떻게 배치하고 강조하느냐에 따라 정의가 조금씩 달라진다. 예를 들면, 대부분 리더십 정의에서는 지도자의 역할을 강조하는 경향이 있지만, 소수의 연구자들은 지지자들의 역할을 강조하기도 한다. 또한 지도자와 지지자의 상호작용의 특성, 목표의 특성에 따라 리더십이 다양하게 명명되기도 한다.[7]

이 글에서는 리더십을 '특정한 환경 하에서 지도자가 자신(혹은 조직)의 목표를 달성하기 위해 지지자를 설득하고 동원하는 과정에서 나타나는 다양한 활동'으로 정의한다. 그럼 북한 지도자의 리더십은 어떻게 정의할 수 있을 것인가? 위의 정의를 바탕으로 한다면, '대내외적 상황에 직면한 북한 지도자가 자신(혹은 북한이라는 국가)의 목표를 달성

6) Sadler, Philip, *Leadership*. 2nd ed. (London: Kogan Page, 2003), p. 5.

7) 예를 들면, 번즈(Burns)는 리더십이 '리더와 지지자들 사이에 목적의식적이고 집단적인 상호작용'임을 강조하면서, 이러한 상호작용의 특성에 따라 리더십의 특성을 크게 변형적 리더십(transformational leadership)과 거래적 리더십(transactional leadership)으로 분류하였다. Burns, James M. *Leadership* (New York: Harper & Row, Publishers, 1978).

하기 위하여 주민을 설득하고 동원하는 과정에서 보이는 다양한 활동'이라고 할 수 있을 것이다. 이러한 북한 지도자의 '다양한 활동'이 뚜렷하게 반복되는 경우, 그 뚜렷하게 반복되는 행태를 우리는 그 지도자의 리더십 '특징(혹은 스타일)'이라고 부를 수 있을 것이다.[8] 리더십 연구에서 지도자의 행태 특징을 분석하는 이유가 이 '특징'에 지도자의 성격, 가치관 등이 반영되기 때문이다. 즉, 지도자의 행태 특징들을 분석하면서 그의 성격과 가치관을 유추해 낼 수 있다는 것이다. 특히, 북한과 같은 폐쇄적인 국가의 지도자를 연구할 때는 직접적인 대면 접촉이 거의 불가능하기 때문에 반복되는 지도자의 행태를 발견함으로써 리더십 특징들을 분석해내는 것이 매우 중요하다.

우리가 리더십을 정의하고, 리더십 특징들을 분석할 때 주의해야 할 점은 이 특징들이 불변하는 것이 아니라는 점이다. 지도자의 행태 특징들도 환경적 제약이나 상황에 따라, 혹은 시간의 변화에 따라 바뀔 수도 있다는 것이다. 따라서 북한 지도자의 행태도 상황이나 시간의 흐름에 따라 변할 수 있다는 것을 염두에 두어야 할 것이다.

그러면, 지도자는 구체적으로 어떤 역할을 하는가? 터커(Robert C. Tucker)는 지도자를 "집단이 나아가야 할 방향을 제시하는 사람"으로 정의하였는데, 이는 지도자를 그가 하는 주요 기능에 따라 정의한 것이다. 그는 이 '방향 제시' 기능을 구체적으로 세 단계로 나누었는데, 첫 단계가 문제 상황이 발생했을 때, 문제를 정확하게 진단하는 단계이다. 다음 단계가 이 문제에 대한 진단을 바탕으로 해결책을 수립하는 단계이고, 마지막으로 문제 해결을 위해 지지자를 동원하여 해결책을 실행하는 단계이다.[9] 터커의 정의와 앞에서 설명한 리더십 정의를 기본으

8) McCauley, Cynthia D, "Successful and Unsuccessful Leadership," In John Antonakis, Anna T. Cianciolo, and Robert J. Sternberg, eds. *The Nature of Leadership,* Thousands Oaks, (California: Sage Publications, 2004), p. 204.

9) Tucker, Robert C, *Politics as Leadership* (Columbia, Missouri: University of Missouri Press, 1981), pp. 15-19.

로 지도자에 대해 정의해 본다면, 지도자란 '집단이 나아가야 할 방향을 제시하고, 그 방향으로 가기 위해 구성원을 설득하고 동원하는 데 있어 주도적인 역할을 하는 인물'이다. 여기서 '집단이 나아가야 할 방향'이란 상황에 따라 비전, 목표, 문제 해결책 등으로 구체화될 수 있을 것이다.

따라서 김일성, 김정일, 김정은과 같은 북한 지도자들은 모두 '북한이 나아가야 할 방향을 제시하고, 그 방향으로 가기 위해 주민들을 설득하고 동원하는 데 있어 주도적인 역할을 했거나 하고 있는 인물'이란 의미이다. 예를 들면, 김정일은 김일성 사후 자신이 북한 지도자가 되었을 때 '강성대국'이란 비전을 제시하였는데, 그는 이 강성대국 건설을 위해 주민들을 동원했고, 그들에게 강성대국 건설 때까지 경제적 어려움을 인내하도록 설득하였다.

그렇다면, 북한의 지도자는 어떤 국가의 지도자인가? 앞에서 지적했듯이 지도자의 행태는 환경에 영향을 받는다. 국가 지도자의 경우는 그 국가의 정치시스템, 지배 이데올로기 등의 영향을 받는다. 따라서 민주주의국가 지도자와 독재국가 지도자의 행동 양태는 동일할 수 없다. 민주주의국가에서 지도자의 권력은 견제와 균형의 헌법 원리에 따라 제약을 받고, 정기적인 선거에 의해 지도자 교체도 빈번하게 이루어진다. 반면 독재국가의 지도자는 헌법과 법률의 구속을 비교적 적게 받고 자의적으로 권력을 행사하며, (형식적인 선거에 의해 선출된다고 하더라도) 장기적으로 권력을 유지한다.

본 연구에서는 북한의 지도자를 '왕조적 전체주의체제(dynastic totalitarianism)' 지도자라고 간주한다.[10] 전체주의체제란 정치사회

10) 북한을 '전체주의체제'로 보는 대표적 연구가는 최완규와 정성장이다. 최완규, "북한연구 방법론 논쟁에 대한 성찰적 접근,"『북한연구방법론』, 경남대 북한대학원 편 (서울: 한울, 2003), pp. 40-44; 정성장, "주체사상의 이론적 체계와 성격,"『북한연구학회보』 제3권 제2호(북한연구학회, 1999), pp. 251-273. 다수의 북한연구가들은 북한을 전체주의체제보다는 '수령제'로 설명하고 있다. 북한을 수령제로 설명하는 연구의 예는 정영철,『김정일 리더십연구』(서울: 선인, 2005); 김갑식, "김정은 정권의 수령제와 당·정·군 관계,"『한국

적 다원성이 부정되고, 대부분의 주민들이 공적 조직에 망라되어 사상적으로 통제되며, 정치권력이 일인에게 집중되어 있는 독재체제의 극단적인 형태를 말한다.[11] 연구가들에 따라 전체주의에 속하는 국가들의 범주가 다양하지만, 필자는 스탈린의 소련과 히틀러의 독일이 전체주의의 사례라고 간주한다. 북한의 전체주의는 스탈린주의의 영향을 받았는데, 1950년대 권력투쟁을 통해 김일성의 일인 절대권력 확립을 통해 완성되었다. 이러한 '전체주의체제'는 김일성-김정일 권력세습과 김정일-김정은 권력세습을 통해 '왕조적' 성격이 강화되고 있다. 따라서 북한 지도자의 행태를 이해하기 위해서는 이러한 '왕조적 전체주의'의 성격을 이해하는 것도 필수적이라고 할 것이다.

이 글에서는 북한 지도자들의 리더십을 구체적으로 비교하기 위해 그들의 성장 과정과 사상적 기반, 정치적 정당성, 리더십 특성에 주목한다. 앞에서 언급한 것처럼 리더십을 '특정한 환경 하에서 지도자가 자신(혹은 조직)의 목표를 달성하기 위해 지지자를 설득하고 동원하는 과정에서 나타나는 다양한 활동'으로 정의한다면, 이러한 지도자의 행태를 이해하기 위해서는 먼저 그들의 '사상'을 이해하여야 할 것이다. 또한 그들의 사상을 이해하기 위해서는 '성장 과정'에 대한 포괄적인 이해가 필수적이다. 이와 더불어 지도자의 '정치적 정당성'에 대한 이해도 그들의 행태를 이해하는데 중요하다. 왜냐하면, 지도자 통치 정당성은 지지자들의 순응과 관련되는데, 지도자는 정치적 지지를 유지하기 위

과 국제정치』 제30권 제1호(경남대학교 극동문제연구소, 2014), pp. 29-64; 이승열, "김정은 체제하에서 북한 수령체제의 전환 방향: 엘리트의 정책선택을 중심으로," 『전환기 한반도 정치경제의 동학: 구상·정책·실천』, 북한연구학회 동계학술회의 발표논문집(2012년 12월 19일), p. 219. 필자는 전체주의체제와 수령제를 상이한 체제로 간주하기보다는 수령제를 '전체주의의 북한식 변이'로 간주하며, 이러한 전체주의체제는 권력 세습을 통해 '왕조적 전체주의'로 변화되었다고 간주한다. '왕조적 전체주의'에 대한 상세한 분석은 Lim, Jae-Cheon, *Kim Jong Il's Leadership of North Korea* (London: Routledge, 2009), pp. 85-90.

11) Arendt, Hannah, *The Origins of Totalitarianism*. New edition. (New York: Harcourt Brace & Company, 1968). ; Schapiro, Leonard, *Totalitarianism* (London: The Pall Mall Press, 1972).

해 정당성을 강화하고자 하는 동기를 갖기 때문이다. 이러한 성장 과정, 사상, 정치적 정당성과 같은 요인들은 '리더십 특징'을 이해하는데 중요한 배경으로 작용하므로, 여기서는 이러한 요인들을 통합적으로 이해하면서 북한 지도자들의 리더십을 비교하고자 한다.

Ⅲ. 성장 과정 및 사상적 기반

정치지도자는 공적 영역에서는 '정치 행위자'로서 활동하고, 사적 영역에서는 '단순한 개인'으로 머무른다. 하지만 터커의 지적처럼, 이 공적 행위자와 사적 개인은 분리되어 존재하지 않고 하나의 통일체로 존재하기 때문에 지도자 개인이 사적 영역에서 갖고 있는 가치관은 끊임없이 공적 영역에 영향을 미친다.[12] 북한과 같은 일인 중심의 전체주의 체제에서는 지도자의 사상이 다른 국가 지도자에 비해 훨씬 더 정책 과정에 실질적으로 영향을 미칠 것으로 추정된다. 물론 그의 사상이 어떻게 정책 과정에 영향을 미치고 정책 내용을 구성하는 지를 직접적으로 검정하기는 현실적으로 어렵다. 다만 국가지도자로 등극하면 사망할 때까지 절대 권력을 행사하는 북한 정치제도의 특징을 고려한다면, 지도자의 사상이 직접적으로 정책 형성에 영향을 미칠 것이란 것은 명확하다.

지도자의 사상은 그의 가정환경과 성장 경험을 통해, 그리고 주위 인물들과의 끊임없는 교류를 통해 형성된다. 따라서 지도자가 태어나 성인이 되기까지 자아 형성에 영향을 미친 "문화적 맥락(cultural context)"을[13] 잘 이해하는 것이 그의 사상적 기반을 이해하는 좋은 방법이다. 이러한

12) Tucker, *Politics as Leadership*, p. 56.

13) Stevens, Richard. *Erik Erikson: An Introduction* (New York: St. Martin's Press, 1983), p. 61.

문화적 맥락에는 순전히 개인관계와 관련된 사적 맥락뿐만 아니라 사회적인 환경들도 포함한다. 여기서도 북한 지도자의 사상적 기반을 그들의 가정환경, 정치적 사건, 주변 인물들 등 사회역사적 맥락과 연계시켜 설명하고, 그들이 성장 과정에서 겪었던 경험들이 그들의 사상에 어떤 영향을 미쳤는가를 살펴본다.

1. 김일성

북한 지도자들은 모두 김일성 가문 출신이지만, 김일성을 비롯한 김정일, 김정은은 각각 성장 과정에서 뚜렷한 차이를 보인다. 우선 김일성은 성장기를 평양과 만주에서 보냈는데, 한 곳에서 정착한 것이 아니라 여러 곳을 떠돌아다니면서 다양한 인물들을 만났다. 이러한 그의 '유목민적' 성장기는 그가 다양한 사상적 기반을 가질 수 있었던 배경이 되었다. 김일성의 사상 형성에 영향을 미친 요소들을 보면, 유교적 인간관계·기독교적 가정·민족주의자인 아버지·공산주의의 영향·중국공산당 활동·항일게릴라투쟁·스탈린의 영향 등이다.

먼저 김일성은 강한 유교적 영향 하에 있었던 일제시대 조선 사회에서 태어나고 유년시절을 보냈다는데서 그가 유교의 영향을 받았던 것은 자명하다. 청소년기에는 만주에서 거주했지만 주로 한국인 및 중국인과 교류하면서 개인관계에서의 유교적 영향은 계속되었던 것으로 보인다. 김일성의 유교에 대한 태도는 해방 이후에는 부정적이었다가, 1970년대 김정일로의 권력승계가 진행되면서 충·효와 같은 유교 가치들에 관련해서 긍정적인 태도로 바뀌었다.[14)]

둘째, 기독교적 가정환경도 김일성에게 영향을 미쳤던 것으로 보인다. 김일성은 1942년 4월 15일 김형직과 강반석 사이에 3남 중 장남으로 태어났는데, 그의 부모는—특히 그의 모친은—독실한 기독교 신자

14) 박광호, 『전통: 북한사회 이해의 열쇠』 (파주: 한국학술정보, 2004), pp. 348-356.

였던 것으로 보인다. 김일성도 자서전인『세기와 더불어』에서 교회에 가곤했다고 기술했다.[15] 일부 연구가들은 김일성주의와 기독교 교리의 유사성을 강조하면서, 어린 시절 기독교를 접촉한 경험이 해방 이후 북한 우상숭배에 영향을 미쳤다고 분석한다.[16] 김일성이 자신의 우상숭배를 위해 기독교를 이용했는지는 명확하지 않으나, 주체사상에 기독교적인 요소가 존재하는 것으로 보아—예를 들면, '혁명적 수령관'의 영생관—적어도 북한 주체사상 이론가들은 지도자 우상화를 위해 기독교 교리를 적극적으로 이용한 것으로 보인다. 김일성도 이러한 종교적 성향을 지닌 자신의 우상화를 거부하지 않았던 것으로 보인다.

셋째, 민족주의자였던 아버지로부터 영향을 받아 자연스럽게 민족주의적 성향을 지니게 되었다. 김일성은 생전에 민족주의라는 용어를 거부하고 주로 '사회주의적 애국주의'란 용어를 사용하였다. 하지만 그의 삶을 추적하면, 민족주의적 활동이 곳곳에서 드러난다. 그가 일제 치하 때 항일빨치산활동에 참여했다는 사실, 보천보전투(1937년)와 무산전투(1939년)를 진행하면서 국내로 진입하고자 했던 사실, 해방 이후 주체사상을 발전시켰다는 사실, 소련 주도의 국제사회주의 분업체제를 거부했다는 사실 등은 그의 사상적 기반에 민족주의가 깊이 뿌리내리고 있다는 사실을 증명한다.

넷째, 김일성은 공산주의의 영향도 받는데, 만주에 있는 길림 육문중학교(1927-1929년)를 다니면서 공산주의의 영향을 받기 시작한 것으로 보인다. 그 이후 공산주의는 김일성의 중요한 인생관이 되는데, 일제 치하 때 간난신고를 겪으면서도 항일빨치산활동을 중단하지 않았던 이유도 해방이후 조선에서 공산주의사회를 건설하고자 했던 그의 희망때문이었던 것으로 추측된다. 1980년대 후반 동구 사회주의권이 붕괴

15) 김일성,『세기와 더불어 1』, pp. 102-104.

16) Tait, Richard J, "북한 통치술에 내포된 기독교적 교리 이념에 대한 연구." 서강대학교 공공정책대학원 석사학위논문, 1994.

하면서 냉전이 종식되었을 때도 김일성은 공산주의만이 유일한 대안이라고 주장했던 것으로 보아, 그의 사상에 공산주의가 깊이 뿌리내리고 있었음을 알 수 있다.[17)]

다섯째, 중국공산당원으로 활동하면서 모택동사상의 영향도 받는다. 김일성은 1931년 중국공산당에 입당하는데,[18)] 중국공산당원으로 항일게릴라투쟁에 참여하면서 모택동의 인민관, 혁명 전략전술 등을 학습했다. 이러한 모택동사상은 해방 이후 김일성의 전략전술에 영향을 미치는데, 구체적으로 해방 직후 북한의 통일전선전술, 민주기지론, 민주개혁 등은 모택동이 지도하던 중국 혁명 경험을 바탕으로 김일성이 발전시킨 것으로 보인다. 또한 모택동의 군중노선(mass line)은 이후 김일성이 현지지도를 세도화시키는데 있어 인식론적 기초가 되었다.[19)]

여섯째, 항일게릴라투쟁은 김일성의 사고에 군사주의를 깊이 뿌리박히게 만들었다. 군사주의는 김일성이 1930년대 항일게릴라활동을 통해 체화한 것인데, 부조(Adrian Buzo)는 김일성의 게릴라 경험이 그의 세계관에 깊이 영향을 미침으로써 해방 이후 북한 정책에 직접적으로 영향을 미쳤다고 보았다. 그는 게릴라적 사고의 특성으로 “자립성, 인내, 끝없는 투쟁, 외부인에 대한 불신, 약탈적 폭력, 냉혹함” 등을 들었다.[20)] 이러한 김일성의 군사주의는 한국전쟁에서 보인 무력에 의한 통일방식, 1960년대 초반에 수립된 4대군사노선과 경제-국방병진정책에서 잘 드러난다.

마지막으로 김일성은 1940년 11월 경 일본 관동군의 공격을 피해 연해주로 도피하면서부터 스탈린주의의 영향을 받는다. 스탈린주의의 영향은 해방이후 3년 동안 소련군이 북한에 진주하면서 (김일성을 북한의

---

17) 김일성, 『세기와 더불어 8』, pp. 20-39.
18) 이종석, 『새로 쓴 현대북한의 이해』 (서울: 역사비평사, 2004), p. 399.
19) 이관세, 『현지지도를 통해 본 김정일의 리더십』 (서울: 전략과 문화, 2009), pp. 63-69.
20) Buzo, Adrian, *The Guerilla Dynasty*. Boulder (Colorado: Westview Press, 1999), p. 10.

지도자로 임명하면서) 절정에 달하였다. 북한에 있어서 스탈린주의 영향은 스탈린식 중공업 우선 정책, 정적에 대한 무자비한 숙청을 통한 일인 절대권력 구축, 스탈린식 우상화 방식 도입, 스탈린 사후 (흐루시쵸프와 정치적 갈등에도 불구하고) 친스탈린정책 유지 등에서 잘 나타난다. 이 스탈린주의는 김일성의 인식론적 발전에 가장 늦게 나타나는데, 이후에 어떤 새로운 사상이 김일성에게 영향을 미쳤는지는 분명하지 않다.

와다 하루키는 북한의 정치문화가 "잡종적인 문화적 혼합물"이라고 보았는데,[21] 이는 앞에서 설명한 김일성의 다양한 사상적 요인들이 정치문화에 깊이 침투되었기 때문이다. 그의 다양한 사상적 기반이 국가정책에 직접적으로 투영되었고, 이것이 이후 하나의 복합적인 정치문화를 형성하는데 중요한 요인으로 작용했던 것으로 보인다.

2. 김정일

일제 치하 때 평양에서 태어나 만주로 이주하며 성장했던 김일성과는 달리 김정일은 소련에서 출생해 해방 후 입국해 성장기의 대부분을 평양에서 보냈다. 그는 1941년 2월 16일 소련 연해주에서 김일성과 김정숙 사이에 2남 1녀 중 장남으로 태어났다.[22] 김정일은 정치사회적 격동을 겪으면서 유년기를 보냈는데, 그가 5살 때 해방을 맞았고, 동시에 분단되었다. 9살 때는 자신의 아버지가 주도했던 한국전쟁을 겪으면서 일시 만주로 피난을 가기도 했다. 한국전쟁 직전 1949년 김정숙이 사망하면서 김정일은 일찍 어머니를 여의었다.

김일성은 청소년기에 만주에서 민족주의, 공산주의를 비롯한 비교적

21) 와다 하루키, 서동만·남기정 역, 『북조선: 유격대국가에서 정규군국가로』 (서울: 돌베개, 1998), p. 132.

22) 북한은 김정일 출생년도가 1942년이라고 주장하나, 필자는 1941년에 태어난 것으로 본다. 김정일 출생지와 출생년도와 관련한 자세한 분석은 Lim, *Kim Jong Il's Leadership of North Korea*, pp. 10-11.

다양한 사상을 접한 반면, 김정일은 북한 지도자 김일성의 아들로서 사회주의 혁명기에 청소년기를 보냈다. 따라서 김일성에 비해 김정일의 사상 형성에 미친 요소들은 단순하다고 보아야 할 것이다.

먼저, 김정일의 사상 형성에 가장 큰 영향을 미친 요인은 그의 아버지 김일성 존재 그 자체였다. 이는 위에서 설명한 김일성의 다양한 사상적 요소들이 김정일에게 어떤 식으로든지 영향을 미쳤음을 의미한다. 국가지도자였던 김일성은 이후 김정일이 정치인이 되는데 가장 중요한 요인이 되었을 것이고, 북한 최고 권력자로서 김일성이 행사하던 절대 권력은 김정일에게 권력 추구 동기를 제공했을 것이다. 청소년기에 김일성에 대한 김정일의 존경은 생각보다 강했던 것으로 보인다. 황장엽의 회고나 김정일 전기를 보면, 김정일 스스로 김일성의 관심분야와 자신의 관심분야를 일치시키려고 노력했었고, 누구보다 김일성에게 충실한 모습을 보이려고 했다는 것이 잘 나타나 있다.[23] 이후 1960년대 중반 김정일이 조선노동당 선전선동부에서 김일성의 항일투쟁을 신화화(mythicization)했던 것이나, 김정일이 후계자가 된 직후부터 유행했던 '김일성주의'라는 용어도 김일성의 김정일에 대한 영향을 잘 보여준다. 물론 이것은 김일성의 기대에 부응하면서 권력을 추구해 나갔던 김정일의 권력지향적 모습으로 해석될 수도 있겠지만, 동시에 (일찍 어머니를 여의고) 그가 얼마나 자신의 아버지에게 집착했는지도 동시에 보여 준다.

둘째, 김정일이 어렸을 때부터 교류했던 항일게릴라들도 그의 사상 형성에 중요한 영향을 미쳤다. 연해주에서 태어난 김정일은 주로 항일게릴라들과 그들의 자녀들과 교류하면서 그들로부터 영향을 받기 시작했을 것이고, 해방 이후에도 항일게릴라들이 북한 정권의 주류를 형성하면서 김정일에 대한 영향은 지속되었다. 예를 들면, 김정일의 어머니

23) 황장엽, 『나는 역사의 진리를 보았다』 (서울: 한울, 1999), pp. 126-127; 허담, 『김정일위인상』 (동경: 조선신보사, 1996), pp. 1-155.

김정숙이 일찍 사망하면서, 어린 김정일이 의지했던 사람은 계모 김성애 보다는 부모의 친구이자 동지인 항일게릴라들이었다.[24] 게릴라들과의 교류를 통해 그들로부터 들었던 항일투쟁 일화들은 아동기 김정일에게는 영웅의 무용담으로 들렸을 것이고, 이러한 친게릴라적 사고는 1960년대에 진행된 북한의 군사주의경향과 맞물려 자연스럽게 그의 군사친화적 사고를 형성하였을 것으로 추측된다. 이러한 아동기와 청소년기에 형성된 김정일의 군사주의적 사고는 이후 사회주의권의 붕괴와 1990년대 경제난을 겪으면서 등장한 '선군정치'의 인식론적 기초가 되었을 것으로 추정된다.

셋째, 1950년대 중반 이후 전성기를 구가하던 북한의 '현실사회주의'도 김정일의 사상 형성에 중요한 영향을 미쳤다. 특히, 1957년부터 전국적으로 번지기 시작한 '천리마운동'은 북한 5개년 경제개획(1957-1961) 목표를 3년 반 만에 달성하게 만들었고, 이 시기 급속한 경제성장은 북한 '현실사회주의'의 미래를 낙관적으로 전망하게 만들었다. 이러한 천리마운동이 부흥하던 1950년대 후반부터 1960년대 초반까지를 북한 사회주의의 전성기라고 부를 수 있을 것이다. 이러한 북한 사회주의 전성기에 청소년기를 보낸 김정일은 현실사회주의에 대한 확고한 신념을 가졌을 것으로 보인다. 북한은 김정일과 같이 천리마운동 기간 동안 청소년기 혹은 청년기를 보낸 세대를 '천리마세대'로 부르는데,[25] 이는 그만큼 천리마운동이 북한 사회에 큰 영향을 미쳤음을 나타낸다. 김일성 사망 후에도 북한은 경제난을 극복하기 위한 방식으로 1990년대 후반에 '제2의 천리마대진군'을 제기하는데,[26] 이는 1950년대 '천리마 신화'가 김정일의 뇌리에 지속되고 있었음을 보여준다.

넷째, 1950년대와 1960년대에 지속되었던 김일성과 정적들 사이의

---

24) 정창현, 『곁에서 본 김정일』 (서울: 김영사, 2000), p. 80.
25) 이찬행, 『김정일』 (서울: 백산서당, 2001), pp. 201-202.
26) "올해를 강성대국건설의 위대한 전환의 해로 빛내이자," 『노동신문』, 1999년 1월 1일.

권력투쟁도 김정일은 민감하게 받아들였을 것이다. 한국전쟁 중 박헌영을 비롯한 '국내파' 제거, 1956년 '8월종파사건,' 1967년 5월 '갑산파 사건' 등은 모두 권력투쟁(부분적으로는 정책 갈등) 과정에서 발생한 사건들인데, 이러한 권력투쟁 중의 정치적 긴장은 김정일에게도 직접적으로 미쳤던 것으로 보인다. 그 당시 김일성은 그의 정적들을 "역적 중의 역적인 반당종파분자들"로 간주했으며, "파리를 때려잡듯이 박멸해버려야" 한다고 믿었는데,[27] 이 같은 그의 정적에 대한 태도는 정치적 패배자들에 대한 숙청이라는 폭력적인 방식으로 귀결되었다. 숙청이라는 징벌적 방식은 대부분의 경우 그 대상자를 정치 무대에서 영원히 사라지게 만듦으로써 정치적 재기를 원천적으로 막는 방식이다. 이러한 숙청 방식은 1970년대 김정일이 후계자가 된 이후에도 이용되었으며, '유일사상체계 확립을 위한 10대 원칙'은 숙청을 위한 주요 무기로 사용되었다. 즉, 1950년대와 1960년대 김일성의 권력투쟁 방식, 정적들을 다루는 방식, 정치를 제로섬 게임(zero-sum game)으로 보는 관점 등은 그대로 김정일로 이어진 것처럼 보인다.[28]

마지막으로 주체사상이 성장 과정에서 김정일에게 미친 영향이다. 주체사상은 1950년대 중반부터 북한의 대내외적 상황을 반영하면서 발전되기 시작하는데, 대외적으로는 스탈린 사후 흐루시쵸프의 간섭을 배격하면서 북한 나름대로 대외관계 노선을 정립하는 과정에서 발전되었다. 대내적으로는 김일성이 친소파와 친중파를 제거하고 절대 권력을 확립하는 과정에서 하나의 통치이념으로 이용되었다. 특히, 1956년 '8월종파사건'에서 김일성 정적들에 대한 소련과 중국의 지원은 이후에 김일성이 대외적으로 '주체'를 강조하는데 있어 전환적인 사건이 되었다. 1950년대 중반 주체사상이 태동하던 시기에 청소년기를 보냈고, 주

27) 허담, 『김정일위인상』, p. 28.

28) 김일성 사망 후 김정일 시대 대표적인 정치적 숙청은 '심화조사건'으로 알려져 있다. '심화조사건'관련 내용은 황일도, "김정일 권력장악 비화, 고문과 처형으로 얼룩진 '심화조사건'의 진상," 『신동아』 2005-10(서울: 동아일보사, 2005), pp. 120-136.

체사상이 본격적으로 통치이념으로 정립되던 1960년대 초반에 대학 시절을 보낸 김정일은 자신의 아버지가 제시한 '주체'의 중요성을 잘 알고 있었을 것이다.

결론적으로 김정일은 성장과정에서 개인적으로는 주로 김일성, 항일 게릴라들과 교류하면서 그들로부터 사상적 영향을 받았으며, 성장 과정에서 발생한 북한의 대내외적인 사건들—사회주의의 발전, 권력투쟁, 주체사상의 형성 등—은 김정일이 최고 권력자 김일성의 아들이었기 때문에 동 세대들 중 누구보다 민감하게 그에게 영향을 미쳤을 것으로 추측된다.

3. 김정은

2011년 12월 김정일 사망 후 20대 후반이었던 김정은이 북한 최고 권력자가 되었다. 김정은은 김정일과 고영희의 둘째 아들로 알려지고 있고, 그의 출생년도는 정확하지 않다. 북한은 김정은의 출생연도를 1982년으로 기록하고 있고, 김정일의 요리사로 알려진 후지모토 겐지에 의하면 1983년,[29] 한국의 정보기관은 1984년으로 판단하고 있다. 김정은이 북한 지도자가 된지 6년이 채 되지 않았다는 점, 그리고 그에 대한 정보가 외부에 잘 알려지지 않고 있다는 점에서 김일성, 김정일과 달리 김정은의 사상적 기반을 추측하기가 쉽지 않다. 특히, 김정일의 사상 형성에 김일성이 큰 영향을 행사했다는 데 대해 의문의 여지가 없지만, 김정은이 김정일로부터 어떤 사상적 영향을 받았는지 아직 정확히 알려지지 않고 있다.

지금까지 알려진 김정은의 성장 과정을 바탕으로 그의 사상 형성에 영향을 미친 요인들을 분석하면, 다음 몇 가지로 요약될 수 있을 것 같다.

---

29) 후지모토 겐지. 한유희 역, 『북한의 후계자: 왜 김정은인가?』 (서울: 맥스 미디어, 2010), p. 59.

첫째, 김정은은 그의 아버지 김정일과 유사하게 최고 권력자의 자제로서 귀하게 대우받고 성장하였다. 김정일처럼 김정은도 최고 권력자의 자제로서 주로 북한 고위층과 교류하면서 권력에 대해 일찍 눈을 떴을 것이다. 하지만 김정일은 일반 학생들과 교류하면서 성장할 기회를 가졌지만, 김정은은 철저히 일반 학생들로부터 격리되어 특별 교육을 받았던 것으로 보인다. '고난의 행군'으로 명명된 1990년대 중반에 수많은 북한주민들이 굶주림으로 고통을 받고 있었지만, 김정은은 이러한 북한 현실과 유리되어 풍요로운 환경에서 성장하였다. 귀하게 물질적 풍요 속에서 성장한 그가 북한 지도자로서 과연 얼마나 북한 주민의 실생활을 잘 알고 있는지 혹은 주민 생활을 진정으로 염려하고 있는지는 아직 알기 어렵다. 다만 최고통치자로서 북한 경제를 회생시켜야 한다는 점에서 경제문제는 김정은에게 중요하다.

둘째, 김정은은 북한 지도자 중 유일하게 자유민주주의 국가에서 거주한 경험이 있다. 김정일은 짧은 외국 여행을 제외하고는 외국에서 장기적으로 체류한 경험이 없는 반면, 김정은은 (정확한 기간은 알기 어렵지만) 1998년과 2000년 사이에 스위스 베른에 있는 공립 중학교에서 공부한 경험이 있다.[30] 즉, 김정일은 북한을 떠나 외국에서 수학한 경험이 없는 반면, 김정은은 외국에서, 그것도 자유민주주의 국가에서 몇 년간 교육을 받은 경험이 있다. 개인이 그가 받은 교육의 영향으로부터 완전히 자유로울 수 없다고 가정한다면, 김정은의 자유민주주의 국가에서의 생활 경험이 (긍정적이든지 부정적이든지) 그의 이후 리더십에 영향을 미칠 것으로 보인다.

셋째, 북한의 전성기에 청소년기와 청년기를 보낸 김정일과는 달리 김정은은 북한의 쇠퇴기에 청소년기를 보냈다. 북한의 경제난이 어린 김정은에게 어떤 영향을 미쳤는지 확실하지는 않지만, 김정일과는 달

---

30) 이영종, 『후계자 김정은』 (서울: 늘품플러스, 2010), p. 48.

리 사회주의에 대한 신념은 강하지 않을 것으로 추정된다. 이러한 북한의 쇠퇴기에 청소년기를 보냈다는 사실과 앞에서 설명한 자유민주주의 국가에서의 생활이 김정은에게 어떤 영향을 미쳤는지는 이후 그의 리더십과 정책을 통해 점진적으로 드러날 것으로 예상된다.

마지막으로 김정은은 외국 유학 이후 김일성군사종합대학에서 공부한 것으로 알려졌는데,[31] 이 대학에서의 군사교육이 김정은의 사상 형성에 중요한 영향을 미쳤으리라 추정할 수 있다. 즉, 김정은이 김일성군사종합대학에서 공부한 것으로 미루어 김정일은 김정은을 '선군정치'의 후계자로 키우고자 했던 것으로 보이는데, 여기서의 군사교육이 김정은의 사상 형성에 영향을 미쳤을 것이다. 김정일의 군사주의적 사고는 주로 항일유격대원이었던 자신의 부모와 항일게릴라들과의 교류 속에서 형성된 반면, 김정은의 군사주의적 사고는 전문적인 군사교육을 통해 형성되었다.

결론적으로 김정은은 김정일처럼 최고 권력자의 자제로서 북한 고위관료들과 교류하면서 일찍 정치권력에 관심을 갖게 되었을 것이다. 하지만 김정일과는 달리 김정은은 성장 과정에서 북한주민들과 격리된 채 교육을 받았고, 특히, 그의 스위스에서의 생활은 북한과 스위스를 비교할 수 있게 만든 좋은 계기가 되었을 것이다. 김정은의 사상형성에서 주목해야 할 것은 북한 역대 지도자 중 공산주의 신념이 가장 약한 지도자라는 것이다. 아동기에 사회주의권이 붕괴되었고, '고난의 행군' 기간에 청소년기를 보냈다는 점, 자유민주주의국가에서 유학했다는 점을 고려하면 그에게는 공산주의가 더 이상 매력적인 이데올로기가 되지 못 할 것이다. 또한 흥미로운 것은 '군사주의'가 김일성으로부터 김정일, 김정은에 이르기까지 공통적으로 드러나는 사상적 요소라는 것이다. 김일성은 직접적으로 항일게릴라투쟁을 통해, 김정일은 항일게

31) 위의 책, p. 89.

릴라들과의 장기적인 교류를 통해 군사적 사고를 갖게 된 반면, 김정은은 김일성군사종합대학에서의 교육을 통해 군사주의적 사고를 형성했을 것으로 추측된다. 이러한 성장 과정에서의 경험들이 이후 김정은의 리더십 행태에 어떤 영향을 미칠지 주목된다.

Ⅳ. 정치적 정당성

모든 국가지도자들은 예외 없이 자신의 정치적 정당성에 대한 관심을 가지며, 강한 정치적 정당성에 기초하여 지지자들이 자신의 통치에 순종하기를 바란다. 지도자의 정당성에 대한 지지자들의 믿음은 안정적인 정치시스템 유지를 위해 필수적인데, 이러한 믿음이 지도자 권위에 대한 순응을 가능하게 만든다.[32] 뛰어난 업적을 쌓은 후 지도자가 된 사람은 정치적 정당성을 강화하기 위하여 자신의 과거 업적을 이용하는 반면, 그렇지 못한 사람은 지도자가 된 이후 뛰어난 업적을 쌓아 자신의 정당성을 강화하고자 한다. 예를 들면, 이승만은 항일투쟁경험을 지도자가 된 이후 자신의 정당성을 강화하기 위하여 이용하였고, 군사쿠데타로 대통령이 된 박정희는 경제발전을 이루어 미약한 자신의 정치적 정당성을 강화하고자 하였다. 따라서 정치 정당성에 대한 이해는 지도자의 행태를 이해하는데 중요한 기초를 제공하며, 지도자들의 이미지 형성에도 결정적인 영향을 미친다. 북한 지도자들도 예외가 아니다.

---

32) Easton, David. *A Systems Analysis of Political Life* (Chicago: The University of Chicago Press, 1979), p. 279.

1. 김일성

김일성은 생전에 자신의 정당성 강화를 위하여 다양한 소재를 이용하였는데, 이러한 소재들은 위대한 지도자로서 김일성 이미지를 형성하였고 주로 교육과 선전을 통해 주민들의 세계관에 깊숙이 뿌리내렸다. 이러한 소재들 중 가장 중요하면서도 가장 오래된 소재가 그의 항일게릴라투쟁이었다. 김일성의 항일게릴라투쟁 경력은 그가 '1932년부터 중국공산당 산하 게릴라부대에 참여하여 부대원에서 지휘관으로 성장하면서, 1940년 말 소련으로 도피할 때까지 일본군에 투항하지 않고 끝까지 살아남았다'는 것으로 요약될 수 있을 것이다.[33]

이러한 김일성의 항일게릴라투쟁은 그의 통치 정당성 강화라는 실용적인 목적에 의해 해방 직후부터 우상화를 통해 재창조되어 왔으며, 이는 북한주민들의 김일성에 대한 순종을 이끌어내는 데 결정적 요인이 되었다. 김일성의 게릴라투쟁에 대한 신화화 작업은 항일게릴라투쟁에서의 중국의 역할이나 1940년 이후 소련의 역할 삭제·1941년부터 해방때까지 김일성 활동 왜곡·조선 해방의 왜곡·조선인민혁명군과 같이 존재하지 않았던 역사적 사실에 대한 창조 등을 통해 이루어졌는데, 이는 김일성에 대한 객관적인 평가를 어렵게 만들고 있다.[34]

1960년대를 지나면서 북한은 항일게릴라투쟁 이외에도 한국전쟁과 북한 사회주의건설 경험 을 김일성 통치 정당성 강화를 위해 추가하였다. 예를 들면, 한국전쟁을 미국이 주도했다고 주장하면서 세계 최강의 '미제국주의를 김일성의 지휘아래 타승'했다고 평가하였고, 북한 사회주의를 '인민의 파라다이스'라고 선전하며 김일성의 위대성을 강조하였다. 또한 1950년대 중반부터 발전되기 시작한 주체사상은 1960년대와

33) Suh, Dae-Sook, *Kim Il Sung: The North Korean Leader* (New York: Columbia University Press, 1988), pp. 3-54.

34) 김일성 항일게릴라투쟁에 대한 북한의 신화화 연구는 서재진, 『김일성 항일무장투쟁의 신화화 연구』 (서울: 통일연구원, 2006).

1970년대를 거치면서 보다 체계적인 통치사상으로 발전하는데, 이러한 주체사상의 창시도 김일성의 통치정당성 강화를 위해 이용되었다.

김일성이 항일게릴라투쟁으로 조선을 해방시켰다는 논리와 한국전쟁에서 미국의 침략으로부터 북한을 지켜냈다는 논리는 김일성의 '해방자' 혹은 '구원자'로서의 이미지를 형성시켰고, 이러한 이미지들은 결국 모든 북한 제도의 '창조자'로서의 김일성의 이미지로 귀결되었다. 또한 김일성이 사회주의건설의 성공을 통해 인민대중 중심의 지상낙원을 건설했다는 논리는 '자애로운 어버이'의 이미지로 이어졌고, 주체사상의 창시는 '위대한 사상가'로서의 김일성의 이미지와 연결되었다.

이러한 김일성의 대내적 활동 이외에 대외적 활동도 그의 정당성 강화를 위한 소재로 이용되었다. 북한은 '국제사회주의운동과 비동맹운동의 지도자'로서의 김일성 이미지를 부각하기 위해 1950년대 중반부터 시작된 중·소분쟁 과정에서의 김일성 활동, 1960년대부터 1980년대까지 김일성의 비동맹외교활동 등을 이용하였다.

2. 김정일

북한은 김일성의 주요한 통치 정당성을 그가 '민족의 구원자'로서 북한을 창시했다는 것에서 찾고 있는 반면, 김정일의 통치 정당성은 그가 김일성의 업적을 흔들림 없이 충실하게 잘 계승했다는 데서 찾고 있다. 구체적으로 김정일의 정당성을 강화하기 위해 북한이 이용하고 있는 소재는 다음과 같다.

첫째, '혁명전통의 계승자'로서 김정일의 위대성이다. 북한에서 혁명전통은 김일성, 김정일, 김정은의 모든 업적과 관련이 있는데, 그 기원을 김일성의 '타도제국주의동맹' 창시(1926년)로부터 찾고 있다. 북한에서 후계자의 가장 중요한 책무는 김일성 수령이 개척한 혁명전통을 얼마나 잘 계승하느냐와 관련이 있는데, 이 혁명전통 계승과 관련하여 가장 중요한 가치가 수령에 대한 '충실성'이다.[35] 이 수령에 대한 '충실성'은 대부분의 김정일 전기에서 가장 강조되고 있는 가치이다. 실제로 김정일은 1967년 갑산파사건 이후 선전선동부에서 일하면서 혁명전통 계승을 위해 김일성 항일투쟁을 신화화하는데 가장 중요한 역할을 한다. 이러한 그의 김일성혁명에 대한 충실성은 이후 그가 김일성의 후계자가 되는데 유리한 배경이 되었다.

둘째, '위대한 가문의 계승자'로서 김정일도 권력승계에 있어 정당성을 제공하는데 중요한 논리로 이용되었다. 북한에서 김일성 가문은 "진정으로 애국적이며 혁명적인 가문," "동서고금에 유례를 찾아보기 힘든 혁명일가," "대를 이어가며 참된 혁명가들이 배출된 명문"으로 간주된다.[36] 이 '위대한 가문' 논리는 김정일이 가문의 위대한 '주체 혈통'을 그대로 이어받았다는 논리로 1970년대부터 진행된 권력승계를 정당화했다. 이러한 혈통을 강조하는 전근대적인 논리를 외부의 시각에서는 이해하기 힘들겠지만, 당시 김일성에 대한 극단적인 우상화가 생활화되어 있던 북한 주민들에게는 1970-80년대에 진행된 김일성-김정일 권력세습이 자연스러웠을지도 모른다.

셋째, '사상의 계승자'로서 김정일의 위대성이다. 이 논리는 주체사상 발전과 관련이 있는데, (북한은 주체사상을 김일성이 항일투쟁과정에서 창시하였다고 주장한다는 점에서) 이 '사상의 계승자' 논리는 부분적으로 '혁명전통의 계승자' 논리와 연결되어 있지만, 그 비중에 있어서 독자적 중요성을 지닌다고 보아도 무리가 없을 것이다. 1974년 김정일이 김일성의 후계자가 된 이후 북한에 의해 발표되는 모든 주체사상 관련 중요 저작들이 그의 이름으로 발표되었다는 것을 고려한다면, 김정일 스스로 김일성 '권력의 승계자'일 뿐 아니라 '사상의 계승자'가 되길 원했던 것으로 보인다.

---

35) 한재만, 『김정일: 인간·사상·령도』 (평양: 평양출판자, 1994), p. 62.
36) 위의 책, p.16, 19, 20.

마지막으로 김정일의 통치 정당성을 강화시킨 요소는 '선군'의 계승자로서 김정일 업적이다. 김정일이 1990년대 중반부터 채택해 오던 '선군정치'는 분명히 김일성 시대의 정책과는 구별됨에도 불구하고, 북한은 김정일의 선군정치 기원을 김일성의 항일무장투쟁으로부터 찾고 있다.[37] 즉, 북한은 독자적인 김정일 선군정치조차도 김일성 군사전략의 창조적 계승으로 간주하며 두 사람 사이의 연계성을 강조하고 있다. 북한은 김정일 선군정치의 기여를 다음 두 가지로 평가하고 있는 것으로 보이는데, 2000년대 미국 부시 정부의 '테러에 대한 전쟁' 공세로부터 자주권을 지켜낸 것과 북한을 핵보유국으로 만든 것이 그것이다.[38]

3. 김정은

북한 지도자의 정치적 정당성 논리는 그의 전기에서 구체적으로 발견할 수 있는데, 북한이 김정은 우상화를 위한 전기를 이미 편찬했는지 확실하지 않다. 단지 우리가 추측할 수 있는 것은 2010년 9월 조선노동당 제3차 대표자회에서 북한이 김정일-김정은 권력승계를 공식화하기 전부터 이미 권력승계 정당성 논리를 준비했다는 것이다.[39]

2010년 9월 김정일-김정은 권력승계 공식화 전에 김정은 업적과 관련하여 북한이 만든 정당성 논리는 다음 세 가지로 정리될 수 있을 것 같다. 첫째, 김정은이 북한의 '컴퓨터 수치제어(Computer Numerical Control: CNC)' 시스템 도입에 결정적인 역할을 했다는 것이다. 북한은 이 CNC기술을 공작기계에 도입하고 있는 것으로 보이는데, CNC는 북한에서 '첨단기술'을 상징한다. 즉, 김정은이라는 후계자의 등장을 새로운 첨단기술 등장과 연계시키면서 김정은의 '신선함'을 강조하고자

37) 김철우, 『김정일장군의 선군정치』 (평양: 평양출판사, 2000), pp. 21-22.

38) 편집부, 『선군태양 김정일장군』 4권 (평양: 평양출판사, 2007), p. 591.

39) 정영철, "김정은 체제의 출범과 과제: 인격적 리더십의 구축과 인민생활 향상." 『북한연구학회보』 제16권 제1호(북한연구학회, 2012), p. 6.

했던 것으로 보인다. 둘째, 김정은이 이 CNC기술을 이용하여 "축포의 예술화, 정형화, 자동화"를 이루어 내어 북한 축포 기술을 "세계적인 기술 수준으로 끌어올렸다"는 것이다.[40] 셋째, 2010년 3월 천안함 폭침 사건도 김정은의 군지도자로서의 업적을 부각시키기 위해 내부적으로 이용했던 것으로 보인다.[41]

하지만 김정일-김정은 권력승계의 가장 중요한 논리는 김정은이 김일성 가문의 혈통이라는 것이다.[42] 이것은 앞에서 설명한 김정일 정당성 논리들 중 '위대한 가문의 계승자' 논리와 직접적으로 연결되어 있다. 이는 김정일과 그의 참모들이 김정은이 20대 후반이라는 젊은 나이와 짧은 경력에 대한 내부의 우려와 반대를 '김일성 혈통' 논리로 돌파하고자 했기 때문인 것으로 보인다. 이 '혈통' 논리는 장기적인 김일성-김정일 우상화가 만들어낸 제도적 논리인데, 이러한 제도적 논리로서의 '혈통' 논리는 사상교육을 통해 주민들에게 내재화됨으로써 김정일-김정은 권력승계에서도 유효하게 작동했을 것으로 보인다.[43]

김정일 사후 김정은의 통치 정당성을 강화할 수 있는 요인은 연속된 로켓 발사와 핵실험 성공을 꼽을 수 있을 것이다. 이 중 로켓 발사 성공은 김정은 만의 업적으로 선전될 수도 있다. 왜냐하면, 김정일이 생전에 핵실험을 통해 핵무기를 개발하는 데는 성공했지만, 대륙간탄도탄

---

40) 고유환, "김정은 후계구축 논리와 징후." 『통일문제연구』 제53호(평화문제연구소, 2010), pp. 107-108; "北 CNC 표현, '김정은=첨단기술 소유' 상징조작," 『데일리NK』, 2010년 8월 5일; 〈http://www.dailynk.com/korean/read.php?cataId=nk05000&num=85810〉 (검색일: 2014년 5월 23일).

41) "무산군에 천안함 까부순 영웅 해군 나왔다," 「데일리NK」, 2012년 3월 26일; 〈http://www.dailynk.com/korean/read.php?cataId=nk00100&num=94676〉 (검색일: 2014년 5월 23일).

42) 윤황, "북한의 김정은(金正恩) 우상화 실태에 관한 분석." 『북한학보』 제38집 2호(북한연구소, 2013), pp. 44-77; 김창회, "김정은 체제 권력구조와 정치행태 분석." 『통일전략』 제13권 제1호(한국통일전략학회, 2013), pp. 104-107.

43) Lim, Jae-Cheon and Ho-Yeol Yoo, "Institutionalization of the cult of the Kims: Its implications for North Korean political succession." *The Korean Journal of Defense Analysis*, vol. 22, no. 3, 2010. pp. 341-354.

개발에 이용될 수 있는 로켓실험은 성공하지 못했다. 반면, 김정은은 로켓 발사 성공을 통해 아버지와 구별되는 그 자신만의 업적을 구축했다고 선전할 수 있고, 앞으로 북한은 핵무기의 미사일 탑재 기술을 통해 군사 분야에서 김정은 정당성 강화를 위해 노력할 것이다.

결론적으로 김일성-김정일 권력승계 과정은 장기간 점진적으로 진행되어 북한이 김정일의 정치적 정당성에 관한 논리를 개발할 충분한 시간적 여유를 가진 반면, 김정일-김정은 권력승계는 급속도로 진행되어 김정은의 정치적 정당성은 여전히 '형성'되고 있는 것으로 보인다. 장기적인 관점에서 보면, 김정은의 정당성 구축에 가장 걸림돌이 되는 것은 경제난이다. 지도자로서 경제난을 해결하면서 주민들의 생활 향상을 꾀하지 않는다면, 주민들에 대한 정당성 선전 효과도 낮을 수밖에 없을 것이다.

V. 리더십 특징

북한 지도자들은 한 번 지도자로 등극하면, 사망할 때까지 평생 지도자로 남는다. 그들은 장기간 지도자 직책을 유지하면서 다양한 리더십 특징들을 보이는데, 이는 하나의 리더십 개념으로 그들의 행태를 설명하는 것을 어렵게 만든다. 여기서는 북한 지도자들이 자신들의 목표를 달성하기 위해 주민들을 설득하고 동원하는 과정에서 보이는 행태를 중심으로 분석하는데, 앞에서 설명한 그들의 성장 과정, 사상, 정치적 정당성, 그리고 지도자가 된 이후 행태 등을 포괄적으로 고려하여 리더십 특성들을 분석하고자 한다.

1. 김일성

김일성이라는 지도자를 분석하면 다음과 같은 특성들을 발견할 수 있다. 우선, 김일성은 자수성가형 지도자였다. 김일성의 아버지 김형직은 평범한 농민의 아들이었던 것으로 보인다. 물론 그의 어머니 강반석은 독실한 기독교인이자 교육자인 강돈욱의 딸로서, 그녀 집안은 그 당시 중산층에 속한다고 볼 수 있다. 김형직은 김일성이 15살(1926년)에 사망하였고, 강반석은 그의 나이 21살(1932년)에 사망한다. 그 이후 김일성은 자신의 능력에 의존하여 인생을 살아가는데, 항일게릴라투쟁을 거쳐 결국에는 북한의 지도자로 등극하게 된다. 물론 소련의 지지로 북한 지도자가 되었지만, 정적들의 도전을 하나하나 물리쳐 결국에는 절대 권력을 구축한 것을 보면 김일성은 뛰어난 정치적 감각과 리더십을 갖추고 있었던 것으로 판단된다.

둘째, 그는 강한 권력의지(will to power)를 갖고 있었다. 정치권력을 획득했던 모든 지도자들은 어느 정도 강한 권력의지를 갖고 있다고 볼 수 있겠지만, 김일성의 권력의지는 특히 두드러졌다. 이는 그의 권력독점욕과 관련이 있는데, 그의 권력독점욕은 세 가지 사례에서 잘 나타난다. 첫째가 유일사상체계 수립을 명분으로 한 절대 권력의 수립으로 나타났다. 이는 정적들에 대한 숙청, 주민들에 대한 감시체제, '유일사상체계 확립을 위한 10대 원칙'을 통해 북한 사회에서 어떠한 정치적 반대 혹은 정책적 비판도 찾아볼 수 없도록 만들었고, 그의 '교시'만이 유일한 진리로써 주민들의 사고를 지배했다. 둘째는 자신에 대한 우상화이다. 김일성에 대한 극단적인 우상화는 그를 신적인 존재로 만듦으로써 무한한 존경 속에 살게 했다. 그는 정치적 반대자를 완전히 숙청한 후에야, 그리고 주민들이 (다른 정치지도자가 아닌 오직) 그에게만 무조건적으로 순종한 후에야 비로소 자신의 위상에 만족했던 것으로 보인다. 셋째, 권력세습을 택해 정치권력을 자신의 아들에게 물려줌으로써 자신의 절대적 위상이 사후에도 유지되기를 바랐던 것으로 보인다. 자신의 사후에도 아들을 통해 자신의 절대적 위상을 유지하며 주민들의 숭배를 받고자 했다는 점에서 김일성의 권력에 대한 의지는 두드러진다.

셋째, 그는 정치를 '제로섬(zero-sum) 게임' 관점에서 보았던 지도자이다. 이는 그가 정적들에게 행한 대규모 숙청 사례들에서 잘 드러난다. 그는 권력투쟁 혹은 정책적 경쟁을 '전부 아니면 전무(all or nothing)' 혹은 '승자 독식(The winner takes all)'의 관점에서 접근했던 것으로 보인다. 이 관점은 그가 항일게릴라투쟁의 경험을 통해 체득한 것으로 보이며, 또한 스탈린의 권력투쟁 경험으로부터도 배웠던 것으로 보인다. 약 9년간(1932-1940년)의 게릴라투쟁을 통해 끊임없이 '죽기 아니면 살기'식의 극단적인 전투상황에 몰림으로써 적을 죽이지 않으면 자신이 죽는다는 사고가 체득되었을 것으로 보이고, 스탈린이 정적을 다루었던 경험으로부터도 배우면서 이후 북한에서의 정치 게임에서 '제로섬 룰'을 그대로 적용했다. 김정일 시대에도 이 제로섬 게임 룰은 북한 정치에서 일반화되었다.

넷째, 김일성은 1960년대까지 번즈(James M. Burns)가 말한 변형적 리더십(transformational leadership), 특히, 혁명적 리더십(revolutionary leadership)의 특성을 보인다.[44] 해방 이후부터 1960년대까지 북한에 공산주의라는 이데올로기를 이용하여 집단주의에 기초한 새로운 사회주의제도를 도입함으로써 급진적 개혁을 통해 사회를 개조하였다는 점에서 변형적 리더십의 양태를 보였다고 볼 수 있다. 하지만 1970년대부터 권력세습을 진행하면서 충·효같은 전통적 가치들을 확산시키면 변형적 리더십의 성격은 변질되기 시작하였고, 특히 1980년대에는 사회주의권 몰락과 같은 대외적 변화압력에 저항하는 보수적인 지도자의

44) Burns, *Leadership*, pp. 201-254.

모습을 보였다.

다섯째, 김일성의 리더십에는 플라톤(Plato)이 말한 '철인왕(philosopher-king) 리더십' 특성도 보인다.[45] 김일성의 '철인적' 리더십은 그가 주체사상을 창시하고 발전시켰다는 점에서, 그리고 자신이 만든 주체사상을 기반으로 국가를 통치하고자 했던 모습에서 찾을 수 있다. 근대 국가지도자들 가운데 장기간 권력을 독점한 독재자는 많았지만, 체계적인 통치사상을 발전시킨 지도자는 많지 않았다. 김일성 스스로 맑스와 레닌, 모택동처럼 자신만의 독특한 사상을 발전시키고자 하는 욕구가 강했던 것으로 보이고, 이는 황장엽이라는 사상가가 있었기 때문에 가능했던 것으로 보인다.

여섯째, 김일성의 리더십에서 두드러진 또 하나의 요소가 '군사주의'이다. 이 '군사주의적' 리더십은 만주에서의 게릴라투쟁 경험과 소련에서의 정규군 훈련을 통해 체화된 군사주의적 사고로부터 기인된다. 그의 군사주의가 정책형성에 영향을 미친 사례는 1950년대에는 6·25전쟁에서, 1960년대에는 '4대군사노선'과 '경제-국방병진노선' 채택에서 나타났다. 또한 북한의 모든 사회조직을 군대식으로 조직했다거나, 국가정책 용어와 주민들 생활용어 중 군사용어가 상당수 발견되는데, 이 모든 것은 김일성의 군사주의로부터 기인된다. 이는 김일성이 일상적으로 군사용어를 사용했다는 것이며, 이것이 그대로 북한 정책용어나 생활용어로 수용되었을 것이다.

마지막으로 김일성은 북한 선전에서 주로 카리스마적(charismatic) 이미지로 조작된다. 베버(Max Weber)는 정치적 정당성을 분석하면서 카리스마(charisma)를 개인이 지닌 초인적 혹은 특별한 자질로 간주하

---

45) 플라톤은 그의 저서 『공화국(Republic)』에서 이상적인 통치자를 철인(philosopher)로 보았는데, 철인은 현명하고 완벽한 지식의 소유자로 간주되었다. Rejai, Mostafa and Kay Phillips. *Concepts of Leadership in Western Political Thought*. Westport, Connecticut: Praeger, 2002, pp. 11-16. 플라톤이 말한 『공화국』은 권력이 분산된 민주정체라기보다는 철인을 중심으로 권력이 집중된 '철인독재체제'에 가깝다. 주체사상에서 설명하는 '수령'은 플라톤이 말하는 '철인왕(philosopher-king)'과 유사한 이미지를 갖고 있다.

였는데, 이러한 자질을 지닌 개인은 평범한 사람들과는 달리 '기적' 혹은 '초자연적 현상'을 일으킴으로써 주위 사람들의 숭배 대상이 된다고 보았다.[46] 북한의 선전에서 강조되는 이미지들—예를 들면, 김일성이 항일게릴라투쟁을 통해 조선을 해방했다는 주장, 한국전쟁에서 세계 최강의 미국의 침략을 막아냈다는 주장 등—은 그의 '해방자·구원자'로서의 이미지를 강조함으로써 초인적인 김일성의 자질을 조작하는 데 이용된다. 비록 조작되었다고 하더라도 이러한 카리스마적 이미지는 그의 리더십의 중요한 요소로 보아야 할 것이다. 왜냐하면 반복적인 교양을 통해 북한주민들 사고 속에 김일성의 카리스마적 이미지는 깊게 자리 잡히고, 실제로 주민들이 그것을 사실로 받아들이기 때문이다.

2. 김정일

김정일이라는 인물을 분석해 보면, 다음과 같은 스타일들을 발견할 수 있다. 먼저 김일성이 자수성가형 지도자라면 김정일은 상대적으로 '왕자'처럼 대우받고 성장한 지도자이다. 절대 권력자였던 아버지의 보호 아래 물질적으로는 풍요하게, 사회정치적 특권을 누리면서 성장하였다. 유년기부터 그가 원했던 것은 어떤 식으로든지 얻을 수 있었고, 그가 하고 싶었던 것을 대부분 할 수 있었을 것이다. 후계자 시절부터 외국에서 수입하던 벤츠, 코냑, 상어 지느러미, 고가의 가구와 가전제품 등의 사치품을 보아도 그가 성장할 때부터 물질적 풍요 속에 귀하게 대접받고 자랐다는 사실을 잘 알 수 있다.[47] 즉, 김정일은 김일성과는 달리 귀족적인 취향을 지닌 지도자이다.

---

46) Weber, Max. *The Theory of Social and Economic Organization*. Trans., A. M. Henderson and Talcott Parsons (New York: The Free Press, 1947), pp. 358-359.

47) 최은희·신상옥, 『내레 김정일입네다』 상·하 (서울: 행림출판, 1994); 후지모토 겐지, 신현호 역, 『김정일의 요리사』 (서울: 월간조선사, 2003).

둘째, 김일성과 유사하게 김정일도 강한 권력에 대한 의지를 보였다. 절대 권력자인 아버지의 영향 아래 동 세대 누구보다 유리한 조건에서 권력경쟁에 나섰지만, 김정일 스스로 권력에 대한 강한 의지가 없었다면, (자신의 정치적 경쟁자였던 계모 김성애 때문에) 지도자가 되지 못했을 수도 있었다. 북한 정치에 민감하게 반응하면서 김정일은 일찍부터 권력에 대한 강한 의지를 보였는데, 황장엽은 10대 후반 김정일을 "어린 나이에도 불구하고 이미 정권에 대한 욕망이 상당히 컸다"고[48] 평가했다. 김정일이 1973년 9월 당중앙위원회 조직담당 비서, 선전담당 비서, 조직지도부장, 선전선동부장 등 4개의 직책을 동시에 맡은 이후 통제지향적인 '유일지도체제' 구축을 통해 권력을 확장해 나간 것을 보아도 그가 강한 권력욕을 갖고 있었음을 알 수 있다.[49]

셋째, 김정일의 정치적 정당성을 형성했던 가장 중요한 요소는 '김일성의 충실한 계승자'로서의 이미지인데, 이는 김정일 리더십의 '전통적' 성격을 두드러지게 만든다. 이는 후계자가 되기 전 김정일이 김일성의 항일게릴라투쟁을 핵으로 하는 '혁명전통' 확립에 가장 큰 기여를 하면서 자신의 업적을 강화하였고, 후계자가 된 이후에도 김일성 수령에 대한 충실성을 자신의 가장 중요한 징표로 강조하였다. 또한 김일성 사후 북한을 통치하면서도 항상 김일성의 유훈을 언급하면서 "언제나 자신을 수령님의 전사로 생각"하였음을[50] 강조하였다. 이는 '해방자·구원자'의 카리스마적 이미지를 강조하는 김일성과는 다른 이미지이다. 김일성의 전통을 신성시하며, 자신의 권위를 김일성의 권위 내에서만 행사하고자 했던 김정일의 이미지는 베버가 말한 전통적 리더십(traditional

---

48) 황장엽, 『나는 역사의 진리를 보았다』, p. 126.

49) 김정일은 1985년 선전선동부장직을, 1992년 선전담당비서직을 각각 김기남에게 인계하였는데, 조직지도부장직과 조직비서직은 그가 사망할 때까지 맡았던 것으로 추정된다. 통일부, 『북한 주요인사 인물정보』 (서울: 통일부, 2012), pp. 67-68. 1980년대 후반부터 북한 국가안전보위부장직도 김정일이 장기간 겸임했던 것으로 추정된다.

50) 김정일, "위대한 수령님을 영원히 높이 모시고 수령님의 위업을 끝까지 완성하자" (1994년 10월 16일), 『김정일선집』 13권 (평양: 조선노동당출판사, 1998), p. 430.

leadership)과 유사한 성격을 갖는다.[51] 이러한 김정일의 전통적 리더십은 그가 보수적인 성격의 지도자로서 김일성의 정통 계승자임을 주장하는 데는 효과적이었지만, 새로운 개혁적인 정책을 수립하는 데 제약으로 작용했다.

넷째, 김정일로부터는 '예술가적(artistic) 군주'의 자질도 발견할 수 있다. 이는 김정일이 1960년대 중반 당 선전선동부에서 일하면서부터 두드러지게 나타나기 시작했는데, 그는 당시 영화·가극·연극·음악·건축 등 대부분의 문예작품 창작에 관여하면서 자신의 예술가적 자질을 펼쳤다. 『영화예술론』(1973), 『주체문학론』(1992) 등 모든 북한 문예 관련 이론서들은 김정일의 이름으로 출판되는데, 이는 그가 얼마나 문예 분야의 권위자가 되기를 원했는지 잘 말해 준다. 김정일의 '예술가적 군주' 성향은 그의 '음악정치'에서도 잘 드러난다. 이 음악정치는 '예술'과 '정치'를 결합한 사례로써 김정일이 2000년대에 음악을 선전선동의 중심매체로 선정하면서 북한에서 유행한 용어이다.[52] 이러한 '예술가적' 스타일은 김일성의 스타일과 뚜렷이 구별되는 김정일 고유의 리더십 스타일이다.

다섯째, 김일성과 유사하게 김정일에게도 '철인적' 스타일이 발견된다. 이는 '사상의 계승자'로서 김정일의 역할과 관련이 있는데, 그가 후계자가 된 이후 주체사상을 발전시키기 위해서 한 노력들에서 두드러진다. 주체사상을 대외적으로 선전하기 위해 주체사상연구소(1979) 설립을 주도하였고, 『주체사상에 대하여』(1982) 등 다양한 주체사상 관련 문헌들도 그의 이름으로 출판된다. 이 『주체사상에 대하여』가 발표된 이후 주체사상에 대한 해석은 김정일이 독점하였다. 특히 '혁명적 수령

---

51) Weber, *The Theory of Social and Economic Organization*, pp. 341-343. 여기서 김정일이 '전통적 리더십'을 갖고 있다고 해서, 그의 리더십에서 카리스마적 특징이 전혀 나타나지 않는다는 의미는 아니다. 수령의 '계승자'로서 '전통적' 성격이 훨씬 두드러진다는 의미이다.

52) 전영선, "김정일 시대 통치스타일로서 '음악정치'," 『북한 예술의 창작지형과 21세기 트렌드』 (서울: 역락, 2009), pp. 277-306.

관'(1986)은 김정일이 주도하여 만든 이론인데, 이는 주체사상을 강한 종교적 성격을 띤 사상으로 변질시켰다. 이 '철인적' 스타일은 그가 '선군정치'를 뒷받침하기 위해 만들었다는 '선군사상'에서도 나타난다. 김정일의 주체사상에 대한 독점, 선군사상의 창시 등은 그의 리더십에서 '철인적' 성격을 드러내는 사례이다.

여섯째, 김정일의 리더십에서도 김일성과 유사하게 '군사주의' 스타일이 드러난다. 그의 '군사주의' 스타일은 '선군정치'에서 구체적으로 나타나는데, 1990년대 중반 북한이 경제위기에 직면했을 때 김정일은 군대를 동원하면서 정권 위기를 돌파하고자 하였다. 이는 정권 위기에 직면했을 때 그가 어떻게 위기를 해결하려고 했는가를 잘 보여주는 사례이다. 이 선군정치 사례는 1980년대 후반 동구권이 붕괴되고 소련과 중국이 한국과 외교관계를 체결했을 때, 북한이 핵무기 개발을 통해 안보위기를 해결하고자 했던 방식과 일맥상통한다. 김정일은 직업적인 군사교육을 받은 경험도 군대에서 복무한 경험도 없음에도 불구하고 강한 군사주의 사고를 갖고 있었다. 이는 앞에서 설명했듯이 그의 부모와 항일게릴라들의 영향, 그리고 군사주의적 사회분위기에서 기인했던 것으로 볼 수 있다.

일곱째, 김정일의 업무 추진 방식에서 강하게 나타났던 스타일은 '속도전'적 방식이다. 물론 김정일이 후계자가 되기 전에도 '속도'라는 용어는 '천리마속도,' '평양속도' 등의 북한 경제구호에도 나타난다. 하지만 이 '속도전' 개념은 1974년 2월 김일성의 후계자로 결정된 이후 김정일이 체계화시킨 개념으로 보아야 할 것이다.[53] 이 개념은 후계자가 된 이후에 김일성을 비롯한 북한 지도부에 자신의 업적을 과시하기 위해 단기간에 큰 성과를 내고자했던 김정일의 욕구와 관련이 있었던 것으로 보인다. 북한에 의하면 이 개념은 김정일이 1960년대 문학예술분

53) 김정일, "온 사회를 김일성주의화하기 위한 당사상사업의 당면한 몇 가지 과업에 대하여" (1974년 2월 19일), 『김정일선집』 4권 (평양: 조선노동당출판사, 1994), pp. 32-40.

야를 지도하면서 창조하였고, 이후 여러 분야로 확대 적용되었다고 한다. 김정일은 이 개념을 "모든 사업을 전격적으로 밀고 나가는 사회주의건설의 기본전투형식"[54]으로 정의하였는데, 김정일 전기에는 이 '속도전' 방식이 그의 "기질"과 "개성적 성향"을 반영하고 있다고 한다.[55] '속도전'이 김정일의 어떤 성향과 관련이 있는지 명확하진 않으나, 이 개념은 북한이 추진한 다양한 경제동원캠페인들과 연계되어 나타난다. 이는 김일성 사후 김정일 시대에도 중요한 정책추진 원칙이 되었다.

마지막으로 김정일의 리더십에서 강하게 나타났던 것은 '은밀성(confidentiality)'인데, 이와 관련해서 그는 그의 아버지보다 훨씬 은둔적인 지도자였다. 이 '은밀성'은 그의 대내외 활동에서 모두 두드러지게 나타났는데, 대외적으로 보면 김일성에 비해 김정일이 외국 방문 횟수도 적었을 뿐만 아니라 외교 사절 접견도 상당히 제한적이었다. 또한 대외적 은밀성은 외국 외교 사절을 만날 때 예고 없이 갑작스럽게 나타나거나 그 자신이 외국을 방문할 때 극비리에 방문하는 형태로 나타났다.[56] 대내적으로는 그가 현지 지도할 때 사전에 정보를 공개하지 않고 사후에 공개한다든지, 그와 가족관련 사적 정보는 극비로 분류한다든지 등이 은밀성의 사례이다. 의사결정방식에 있어서도 공식 라인보다는 비공식 라인을 선호한다든지, 다수보다는 소수의 인원이 참여하는 의사결정을 선호한다든지 등으로 은밀한 스타일을 드러냈다. 그가 은밀성을 강조하는 이유는 보안을 위해서라고 알려지고 있는데, 동시에 극적인 효과도 노리고 있었던 것으로 보인다.

결론적으로 리더십에 있어서 김정일은 김일성과 유사한 측면도 있었고 구별되는 독특한 측면도 있었다. 강한 권력의지, 군사주의 스타일,

54) 위의 논문, p. 32.

55) 탁진·김강일·박홍제, 『김정일 지도자』 2부 (도쿄: 동방사, 1984), pp. 122-123.

56) 예를 들면 2000년 6월 제1차 남북정상회담을 위해 김대중 대통령이 평양을 방문했을 때 순안공항에 김정일이 예고 없이 나타났던 사례나, 중국이나 소련을 방문할 때 예고 없이 갔던 사례에서 찾아 볼 수 있다.

'철인적' 스타일은 김일성과 유사한 측면이고, '귀족적' 취향, '전통'지향적 스타일, '예술가적' 스타일, '속도전,' 강한 '은밀성'은 김일성보다 김정일에게 더 강하게 표출되는 특징들이다.

3. 김정은

김정은의 리더십 관련해서는 그가 권력을 승계한 지 6년도 채 되지 않았다는 점에서 아직 그의 리더십 특성을 분석하기는 쉽지 않다. 김정은 리더십의 특징들은 앞으로 시간이 가면서 좀 더 분명히 드러날 것으로 보인다. 지난 몇 년 동안 북한 언론에 비친 김정은의 행태와 이미지를 중심으로 그의 리더십 특성을 분석하면 다음 몇 가지로 설명할 수 있을 것 같다.

첫째, 김정은 리더십은 두 가지 점에서 김일성 리더십과 유사한 특징이 있다. 첫째, 기본적으로 외모, 말투, 행동에 있어서 그의 할아버지 김일성과의 유사성을 통해 '김일성의 화신'으로서 지도자 이미지를 강조하고 있다. '은밀성'을 강조했던 김정일과는 달리 공식 석상에서 연설을 한다든지, 현지지도에서 주민들과 허심탄회하게 대화하고 접촉하는 모습을 보인다든지 하는 것은 김정일과는 많이 다르며 김일성과 유사하다. 이것은 '백두혈통'의 유사성을 통해 김일성의 카리스마적 이미지를 김정은에게 전이함으로써 북한 주민들의 권력세습에 대한 부정적인 태도를 누그러뜨리겠다는 의도로 보인다. 둘째, 김일성과 유사하게 당을 정책결정의 중심 조직으로 이용하고 있다. 김정은 시대에는 당 정치국이나 중앙위원회의 결정을 통해 중요한 정책들이 수립되는 것으로 보인다. 이는 김일성 시대와 유사하며, 비공식 회합을 통해 정책을 결정한 김정일 시대와는 많이 다른 점이다.

둘째, 김정은에게도 김일성과 김정일에게 나타났던 '군사주의적' 리더십이 나타난다. 정권 출범 이후 있었던 장거리 미사일 발사(2012년),

제3차 핵실험과 '경제·핵 병진노선'의 채택(2013년), 2014년에 있었던 다수의 미사일 발사 사례들은 '선군'지도자로서의 그의 이미지를 형성할 것으로 보인다. 이 선군리더십의 강화는 대내적으로 자신의 정당성을 강화하고 군을 통제하기 위해서 김정은의 입장에서는 필요불가결한 측면이 있지만, 대외적으로 주변국들에게 있어서는 안보불안 요인이 되고 있다.

셋째, 김정일 리더십에 나타났던 '속도'가 김정은 리더십에서도 유사하게 나타나고 있다. 김정은 시대에는 '마식령속도,' '조선속도' 등의 용어로 나타나는데, 이러한 용어들에서 김정은의 '속도전적' 리더십을 읽을 수 있다. '마식령속도'는 마식령 스키장 건설을 완성하는 과정에서 나왔고, '조선속도'는 올해 '1월 8일 수산사업소' 건설을 평가하는 과정에서 나온 용어이다.[57] 김정일이 1974년 '속도전' 개념을 발전시킬 때와 유사하게, 김정은도 짧은 시간 내에 큰 성과를 냄으로써 자신의 통치 정당성을 강화하기 위해 '속도전' 원칙을 이용하고 있는 것으로 보인다.

마지막으로 김정은의 리더십에서 '실용적' 성격이 조금씩 드러나고 있으며, 이후 이러한 실용적 성격은 김일성/김정일 리더십에서 보다 김정은 리더십에서 더 강하게 나타날 것으로 추정된다. 2012년 시장친화적인 '6·28경제개선조치'나 2013년 하반기에 발표된 '신의주 경제특구 및 13개 경제개발구'관련 조치들은 경제 분야에서 드러난 김정은 리더십의 실용적 성격을 반영한다. 물론 이러한 실용적 성격이 김정은에게서만 나타났던 것은 아니다. 김정일의 실용적 리더십 성격은 2000년대 북한 경제개혁을 뒷받침했던 '실리 사회주의'라는 개념에서 찾을 수 있다. 이 '실리 사회주의'는 2000년대 중반 이후 반시장적 조치들과 함께 좌초되었는데,[58] 이는 기본적으로 김정일 리더십에서 실용적 성격은

---

57) "전체 근로자들이여, 위대한 당의 영도따라 조선속도를 창조하여 폭풍쳐 나가자," 『노동신문』, 2014년 5월 1일.

58) 김근식, "북한 '실리 사회주의'의 추진과 좌절: 북한 변화에의 함의," 『북한연구학회보』 제14권 2호(북한연구학회, 2010), pp. 1-20.

부차적이었고 이데올로기적/보수적인 성격이 주였음을 알 수 있다. 낙관적인 사회주의적 시대적 배경과 한국전쟁 후 반미적인 사회분위기에서 성장한 김정일을 고려하면, 그의 리더십에서 나타난 이데올로기적/보수적인 성격은 어쩌면 당연한 것인지 모른다. 하지만 김정일과 달리 김정은은 사회주의 몰락·고난의 행군이라는 시대적 배경 속에서 성장하였고, 민주주의국가에 살아본 경험이 있다는 점에서 장기적인 관점에서 역대 다른 북한지도자들 보다 강한 실용적 리더십을 보일 가능성이 높다.

결론적으로 김정은의 이미지 형성은 김정일 보다는 김일성의 이미지를 따르고 있고, 또한 백두혈통 강조를 통한 전통적 리더십으로 이어지고 있다. 군사주의를 강조하는 북한의 전통은 김정은 리더십에서도 나타나며, 김정일 리더십에서 강조되었던 '속도전'은 김정은 리더십에서도 나타난다. 성장과정과 사상적 배경을 고려하면 장기적으로 김정은의 리더십에서 김일성/김정일 리더십에서보다 실용적 성격이 더 두드러질 것으로 보인다.

Ⅵ. 결론

북한 언론에서는 지도자를 간접적으로 지칭하는 용어로써 '최고 존엄'이라는 단어를 사용하는데, 이는 북한 지도자의 절대적 위상을 잘 반영한다. 이 절대적 위상은 해방 직후부터 시작된 김일성 우상화가 김정일, 김정은에 대한 우상화로 이어지면서 주민들의 인식에 깊이 뿌리내리고 있다. 이 절대적 위상은 지도자 상징을 통해 구체적으로 드러나는데, 북한에서 지도자 상징은 다른 상징들에 비해 우월적인 지위를 지닌다. 북한에서 지도자 상징은 국가 상징보다 중요한 위치를 차지하고 있고, 종교적 상징처럼 신성시되며 훼손될 때에는 엄벌에 처해진다.

북한과 같은 절대 권력을 지닌 지도자가 통치하는 국가에서는 지도자가 어떤 '방향'을 가리키는가—즉, 어떤 비전을 제시하는가—가 국가 정책에서 결정적 역할을 한다. 또한 북한처럼 정치적 견제와 균형이 부재하고 선거를 통한 권력교체가 거의 불가능한 상황에서 지도자가 잘못된 방향으로 국가를 지도할 때, 방향을 바꾼다는 것이 어렵고 정책교정이 쉽지 않다. 왜냐하면, 무오류의 '수령'과 그 후계자가 실수를 한다는 것 자체를 인정하기가 어렵고, 이를 인정한다면 지도자는 평범한 '인간'과 다를 바 없기 때문이다.

본 연구는 북한 지도자에 대한 우상화 정도는 지도자가 갖고 있는 권력 의지의 정치적 반영이라고 간주한다. 김일성은 지도자가 된 후 자신의 정적들이 공적 영역에서 완전히 사라질 때까지 숙청에 숙청을 거듭하면서 권력을 독점하고자 하였다. 또한 권력이 자신의 손에 독점되면 될수록 우상화는 강화되었다. 김일성의 권력에 대한 강한 욕망은 권력세습에서도 잘 드러난다. 북한의 권력세습에 대한 (대내외적 불기피성 등) 다양한 옹호에도 불구하고, 다른 사회주의국가와는 달리 김일성이 권력세습을 선택한 근본적인 이유는 자신이 건설해 온 국가가 사후에도 변하지 않고 지속되기를 기대했기 때문이었다. 김일성이 기대했듯이 사후에 김정일은 김일성을 '조선 사회주의의 시조'로 추앙했고, 그의 아버지가 구축했던 체제를 유지하기 위해 온 힘을 다했다. 자신의 아버지가 그랬듯이, 김정일 자신도 아들 김정은을 후계자로 선택했다.

앞에서 언급한 것처럼 리더십을 '특정한 환경 하에서 지도자가 자신(혹은 조직)의 목표를 달성하기 위해 지지자를 설득하고 동원하는 과정에서 나타나는 다양한 활동'으로 정의한다면, 김일성으로부터 시작되어 김정일로, 다시 김정은으로 이어오고 있는 북한 리더십에서 유사성과 상이성을 동시에 발견할 수 있다. 먼저 세 지도자의 리더십에 있어서 '군사주의' 리더십은 공통적으로 나타나고 있다. 김일성의 국방 우선주의가 김정일의 '선군정치'로 이어졌으며, 이는 다시 김정은의 핵-미사일 우선주의로 계승되고 있다.

김일성과 김정일에게 공통적으로 나타나고 있는 리더십 요소는 '철인적' 리더십이다. 김일성은 주체사상이라는 새로운 통치이데올로기를 발전시키는데 상당한 인적·물적 자원을 투입하였으며, 김정일도 후계자가 된 이후 주체사상을 발전시키면서 김일성 사상의 후계자로서 자신의 지위를 강화하였다. 김일성 사후 김정일이 자신의 선군정치를 합리화하기 위해 발전시킨 '선군사상'도 그의 '철인적' 리더십을 뒷받침하는 요소로 볼 수 있을 것이다. '예술가적' 리더십은 김정일에게만 강하게 나타나며, 김일성에게는 거의 나타나지 않았다. 김정은의 경우는 아직 '철인적' 리더십이나 '예술가적' 리더십이 명확하지 않다.

김일성과 김정은에게 있어서도 공통점은 나타나는데, 양자의 이미지와 정책결정 스타일이 유사하다. 김정은이 기본적으로 김일성의 이미지를 기본으로 하여 자신의 이미지를 구축하고 있다는 점에서 외형·말투·행태에 있어서 양자가 유사한 모습을 보인다. 또한 공식 의사결정에 있어서도 김정은은 김일성과 유사하게 당을 중심으로 중요한 사안을 결정하고 있다. 이는 비공식 모임을 통해 중요한 정책을 결정했던 김정일 리더십 스타일과는 다르다.

김정일과 김정은에게 공통적으로 나타나는 리더십 특징은 '속도전적' 성격과 '전통적' 성격이다. 먼저 '속도전적' 성격은 단시간 내에 업적을 쌓음으로써, 자신들의 권력을 강화시키기 위해서 강조되는 것으로 보인다. 또한 '전통적' 성격은 김정일과 김정은 모두 자신들의 정당성을 김일성의 권위로부터 찾고 있다는 데서 기인될 것이다. 김정일의 경우는 후계자가 되기 전부터 김일성의 혁명전통을 강조했다. 이러한 경향은 후계자가 된 이후에도 이어졌고, 김일성 사망이후 자신이 지도자가 된 이후에도 계속되었다. 한마디로 김정일은 김일성의 권위를 높이면서, 자신의 권위도 강화하였다. 김정은도 자신의 정당성을 백두혈통에서 찾고 있다는 점에서 리더십에서 전통적 성격이 나타난다.

앞에서 살펴보았듯이 현재까지 김정은 리더십에서 나타나는 특징들은 크게 네 가지이다. 전통적, 군사주의적, 실용적, 속도전적 성격이 그것이다. 그럼, 이러한 리더십 특징들이 장기적으로 어떻게 변화할까? 먼저 '전통적' 성격과 관련하여 장기적인 측면에서 본다면, 김정은의 경우는 김정일의 경우와는 조금 다를 것으로 예측된다. 김정은의 경우는 자신의 권력이 안착될 때까지는 김일성과 김정일의 혁명전통 계승을 강조할 것으로 예측된다. 하지만 권력이 안착된 이후에는 김정은 리더십에서 전통적 성격이 약화될 가능성이 높다. 왜냐하면, 김정일은 장기간 자신의 정치적 정당성을 김일성의 '혁명 승계'로부터 찾아 왔다는 점에서 '전통적' 리더십이 북한 주민들의 지지를 끌어오는데 큰 어려움이 없었다. 반면, 김정은의 경우는 후계 구축 기간이 짧아 북한 주민들을 설득할 시간이 많지 않았다. 또한 김정일에 비해 김정은은 통치 정당성 강화를 위한 대내적 경제재건에 대한 압력이 훨씬 크다. 대외적으로도 김정일 사후 북한의 외교관계가 (김정일 시대보다) 훨씬 좋지 못한 상황에 있다는 점도 김정은 리더십에서 전통적 성격의 상대적 약화를 초래할 가능성이 높다.

이러한 대내외 환경의 압력은 장기적으로 김정은 리더십에 실용적 성격을 강화시킬 가능성이 있다. 경제 재건에 대한 환경의 압력, 대외관계의 악화, 성장과정에서 겪은 사회주의에 대한 비관적 경험, 자본주의국가에서의 생활 등이 결합되어 장기적으로 김정은은 북한 지도자 중 가장 실용적인 리더십을 보일 가능성이 높다. 이러한 실용적 리더십은 김정은의 권력이 강화되는 과정에서, 그리고 김정일 시대 권력엘리트들이 점진적으로 퇴장하는 과정에서 조금씩 강화될 가능성이 높다.

하지만 김정일 리더십 사례에서 보았듯이 이러한 김정은의 실용적 리더십은 군사주의적 리더십과는 갈등관계에 있을 가능성이 높다. 즉, 선군 리더십이 강화될수록 실용적 리더십은 제약될 가능성이 높고, 선군 리더십이 약화될수록 실용적 리더십은 강화될 가능성이 높다는 것이다. 군사주의의 강조는 대내 경제 발전과 대외 관계 발전의 걸림돌이 될 가능성이 높은 반면, 실용주의의 강조는 경제와 대외 관계 발전에 긍정적인 역할을 할 것이다. 따라서 이후에 북한이 김정은의 선군 리더십과 실용적 리더십의 갈등관계를 피하고 선순환할 수 있는 방안을 찾는 것은 김정은의 정책적 성공을 위해서도 중요하지만, 통치 정당성 강화를 위해서도 매우 중요한 문제가 될 것이다.

'속도전적' 리더십과 관련해서는 김정일 리더십 사례에서도 드러났듯이 속도전적 건설은 단기적 경제성과에는 도움이 되었지만, 장기적인 측면에서는 북한 경제를 회생시키는데 기여하지 못했다. 2014년 5월 평양 아파트 붕괴사건처럼 속도전적 건설은 부실시공으로 이어질 가능성이 높고, 지속적인 부실시공은 민심이반으로 이어질 가능성이 있다. 김정은은 김정일 시대에 이미 실패로 귀결된 산출위주의 '속도전적' 리더십을 고집할 것이 아니라 적절한 절차와 과정에 초점을 맞춘 새로운 리더십을 보여야 할 것이다.

새로운 시대는 새로운 스타일의 지도자를 원한다. 북한이 진정으로 새로운 시대로 진입하고 경제 발전을 통해 새롭게 도약하기 위해서는 김정은이 새로운 리더십을 선보여야 할 것이다. 앞에서 설명한 김정은 리더십에서 나타나는 전통적, 군사주의적, 실용적, 속도전적 특징들은 그의 리더십의 일부분일 뿐이며, 이후 권력 강화과정에서 새로운 리더십 특징들이 나타날 것으로 예상된다. 김정은 리더십 형성과 관련하여 가장 중요한 부분은 그의 국가발전 '비전'이 될 것이다. 하지만 아직까지는 김정은이 새로운 비전을 보여주고 있지는 못 한 것 같다.

참고문헌

고유환. "김정은 후계구축 논리와 징후." 『통일문제연구』 제53호(평화문제연구소, 2010).

김갑식. "김정은 정권의 수령제와 당·정·군 관계." 『한국과 국제정치』 제30권 제1호(경남대학교 극동문제연구소, 2014).

김근식. "북한 '실리 사회주의'의 추진과 좌절: 북한 변화에의 함의." 『북한연구학회보』 제14권 2호(북한연구학회, 2010).

김일성. 『세기와 더불어 1』 평양: 조선노동당출판사, 1999.

김정일. "주체사상교양에서 제기되는 몇 가지 문제에 대하여" (1986년 7월 15일). 『김정일선집』 8권, 평양: 조선노동당출판사, 1998.

김정일, "온 사회를 김일성주의화하기 위한 당사상사업의 당면한 몇 가지 과업에 대하여" (1974년 2월 19일). 『김정일선집』 4권. 평양: 조선노동당출판사, 1994.

김정일. "위대한 수령님을 영원히 높이 모시고 수령님의 위업을 끝까지 완성하자" (1994년 10월 16일). 『김정일선집』 13권, 평양: 조선노동당출판사, 1998.

김창희. "김정은 체제 권력구조와 정치행태 분석." 『통일전략』 제13권 제1호(한국통일전략학회, 2013).

김철우. 『김정일장군의 선군정치』. 평양: 평양출판사, 2000.

박광호. 『전통: 북한사회 이해의 열쇠』. 파주: 한국학술정보, 2004.

서재진. 『김일성 항일무장투쟁의 신화화 연구』. 서울: 통일연구원, 2006.

윤기덕. 『수령형상문학』. 평양: 문예출판사, 1991.

윤황. "북한의 김정은(金正恩) 우상화 실태에 관한 분석." 『북한학보』 제38집 2호(북한연구소, 2013).

와다 하루키. 서동만·남기정 역. 『북조선: 유격대국가에서 정규군국가로』. 서울: 돌베개, 1998.

이관세. 『현지지도를 통해 본 김정일의 리더십』. 서울: 전략과 문화, 2009.

이승열. "김정은 체제하에서 북한 수령체제의 전환 방향: 엘리트의 정책선택을 중심으로." 『전환기 한반도 정치경제의 동학: 구상·정책·실천』, 북한연구학회 동계학술회의 발표논문집(2012년 12월 19일).

이영종. 『후계자 김정은』. 서울: 늘품플러스, 2010.

이종석. 『새로 쓴 현대북한의 이해』. 서울: 역사비평사, 2004.

이찬행. 『김정일』. 서울: 백산서당, 2001.

전영선. "김정일 시대 통치스타일로서 '음악정치'." 『북한 예술의 창작지형과 21세기 트렌드』, 서울: 역락, 2009.

정성장. "주체사상의 이론적 체계와 성격." 『북한연구학회보』 제3권 제2호(북한연구학회, 1999).

정영철. 『김정일 리더십연구』. 서울: 선인, 2005.

정영철. "김정은 체제의 출범과 과제: 인격적 리더십의 구축과 인민생활 향상." 『북한연구학회보』 제16권 제1호(북한연구학회, 2012).

정창현. 『곁에서 본 김정일』. 서울: 김영사, 2000.

최완규. "북한연구방법론 논쟁에 대한 성찰적 접근." 『북한연구방법론』, 경남대 북한대학원 편. 서울: 한울, 2003.

최은희·신상옥. 『내레 김정일입네다』 상·하. 서울: 행림출판, 1994.

편집부. 『선군태양 김정일장군』 4권. 평양: 평양출판사, 2007.

탁진·김강일·박홍제, 『김정일 지도자』 2부. 도쿄: 동방사, 1984.

통일부. 『북한 주요인사 인물정보』. 서울: 통일부, 2012.

한재만. 『김정일: 인간·사상·령도』. 평양: 평양출판자, 1994.

허담. 『김정일위인상』. 동경: 조선신보사, 1996.

후지모토 겐지. 신현호 역. 『김정일의 요리사』. 서울: 월간조선사, 2003.

후지모토 겐지. 한유희 역. 『북한의 후계자: 왜 김정은인가?』. 서울: 맥스미디어, 2010.

황일도. "김정일 권력장악 비화, 고문과 처형으로 얼룩진 '심화조 사건'의 진상." 『신동아』 2005-10(서울: 동아일보사, 2005).

황장엽. 『나는 역사의 진리를 보았다』. 서울: 한울, 1999.

Tait, Richard J. "북한 통치술에 내포된 기독교적 교리 이념에 대한 연구." 서강대학교 공공정책대학원 석사학위논문, 1994.

Arendt, Hannah. *The Origins of Totalitarianism*. New edition. New York: Harcourt Brace & Company, 1968.

Burns, James M. *Leadership*. New York: Harper & Row, Publishers, 1978.

Buzo, Adrian. *The Guerilla Dynasty*. Boulder, Colorado: Westview Press, 1999.

Easton, David. *A Systems Analysis of Political Life*. Chicago: The University of Chicago Press, 1979.

Lim, Jae-Cheon. *Kim Jong Il's Leadership of North Korea*. London: Routledge, 2009.

Lim, Jae-Cheon and Ho-Yeol Yoo. "Institutionalization of the cult of the Kims: Its implications for North Korean political succession." *The Korean Journal of Defense Analysis*, vol. 22, no. 3, 2010.

Lim, Jae-Cheon. "North Korea's Hereditary Succession: Comparing Two Key Transitions in the DPRK." *Asian Survey*, vol. 52, no. 3, 2012.

McCauley, Cynthia D. "Successful and Unsuccessful Leadership." In John Antonakis, Anna T. Cianciolo, and Robert J. Sternberg, eds. *The Nature of Leadership*. Thousands Oaks, California: Sage Publications, 2004.

Rejai, Mostafa and Kay Phillips. *Concepts of Leadership in Western Political Thought*. Westport, Connecticut: Praeger, 2002.

Sadler, Philip. *Leadership*. 2nd ed. London: Kogan Page, 2003.

Schapiro, Leonard. *Totalitarianism*. London: The Pall Mall Press, 1972.

Stevens, Richard. *Erik Erikson: An Introduction*. New York: St. Martin's Press, 1983.

Suh, Dae-Sook. *Kim Il Sung: The North Korean Leader*. New York: Columbia University Press, 1988.

Tucker, Robert C. *Politics as Leadership*. Columbia, Missouri: University of Missouri Press, 1981.

Weber, Max. *The Theory of Social and Economic Organization*. Trans., A. M. Henderson and Talcott Parsons. New York: The Free Press, 1947.

『노동신문』, 1999년 1월 1일.

『데일리NK』, 2010년 8월 5일; 2012년 3월 26일. http://www.dailynk.com/korean/read.php?cataId=nk00100&num=94676 (검색일: 2014 년 5월 23일).

http://www.dailynk.com/korean/read.php?cataId=nk05000&num=85810(검색일: 2014년 5월 23일).

Making Money In The State: North Korea'S Pseudo-State Enterprises In The Early 2000S*

Andrei Lankov (Kookmin University)
Peter Ward (Seoul National University)
Yoo, Ho Yeol (Korea University)
Kim, Ji Young (National Museum of Korean Contemporary History)

Ⅰ. Introduction

The present article is about how entrepreneurs created new de jure state-owned enterprises in North Korea starting from the late 1990s. The major focus of the article is the 2000-2011 period, that is, a decade between the end of the Great Famine (euphemistically known as the 'Arduous March') of 1996-99 and the death of Kim Jong Il in 2011. The changes which happened under Kim Jong Un's rule are beyond the scope of the present article–partially because of paucity of material, but also because the new situation remains somewhat uncertain.

The article seeks to offer some tentative answers to the question of who these people were, the firms they created and how these firms interacted with the state. We call these firms

---

* This paper was first published in *the Journal of East Asian Studies* 17, 2017.

'Pseudo-state Enterprises' (PSE), for this is what they are: on paper, state-run and owned, but in practice controlled by private interests to which much of the profits accrued. Following a detailed discussion of the paper's framework, we focus on nine firm case studies based upon interviews with five individuals. Our purposes are in the first instance descriptive and center on two issues: what kind of the social background of the people started PSEs and what kinds of sums did they invest, i.e. the entrepreneurs themselves; how PSEs were set up and how they interacted with the state, i.e. state-business relations.

However, we nest our discussion in the context of property rights and agency problems in state-socialist systems. We conclude that the PSE is a form of transitional ownership structure created due to a lack of properly functioning, market-constituting legal institutions. The state sector faces agency problems vis-à-vis PSEs, with local but particularly central government officials facing difficulties in monitoring these entities. We show how the incentives of higher and lower level officials diverge (an agency problem for higher officials), with the latter more inclined to tolerate the PSE than the center, which periodically seeks to break them up.

The entrepreneurs themselves face the problem of how to assure at least some property rights over the venture and how to operate in a dangerous and highly uncertain environment. We consider how contracts are constituted to solve these problems, and the problems such contracts face. But these entities necessarily result in the corruption of existing state socialist legal norms and law enforcement mechanisms; corruption is a central theme in these entrepreneurs' stories. A peculiar form of corruption is the "prophylactic bribery" when the entrepreneurs make advance payments to officials who have at least a theoretical ability to disrupt their operations – ostensibly, with no demands, but on the assumption that the officials would keep turning turn blind eye to their activities.

The reason for these dynamics is rooted in the ongoing commitment to state socialism. Under North Korean law there remains no such thing as private property. Until the early 1990s, North Korea was a rather extreme example of a Soviet-type command economy in which the state controlled production and distribution. The North Korean state banned or severely restricted all kinds of private economic activities, including the seemingly innocuous private sale of cereals and the private sale of services (like, say, shoe repair).

The state economy was remarkably inefficient, and began to fall apart when Soviet aid was suddenly discontinued in the early 1990s.[1] Just as marketization took hold in post-socialist Eastern Europe, the USSR and China, it also began in North Korea, in spite of the authorities' attempts to maintain the old order. In the new situation, as state industries largely collapsed and agricultural output declined severely, North Koreans had to adapt to survive. They began to farm privately, turning slopes of neighboring mountains into private plots.[2] They started to steal

1) Haggard, Stephan, Noland, Marcus, *Famine in North Korea: markets, aid, and reform* (New York: Columbia University Press, 2007).

factory equipment and use it in private workshops.[3] The products they manufactured were sold at market, as were the many goods smuggled from China. North Koreans (specifically North Korean women) became a "nation of small shopkeepers".[4] The North Korean market system, hitherto a small and marginal part of the nation's economy, has become increasingly developed and complex, with retail markets, wholesale markets, and specialized export markets spring up in or near all major urban areas.[5]

However, the state sector was not immune to the economic crisis, nor, as we discuss below, were its productive assets and personnel immune from the forces (and allure) of marketization. It is estimated by the late 1990s that North Korean state-owned enterprises operated on average at only 30-40% of normal capacity.[6] State managers that did manage to keep their enterprises operational (partially at least) often had to utilize markets to procure raw material, spare parts and other

---

2) Lankov, Andrei, Kim Seok-Hyang, and Kwak In-ok, "Relying on One's Strength: The Growth of the Private Agriculture in Borderland Areas of North Korea," *Comparative Korean Studies,* 19-1(2010). pp. 325-355.

3) Lankov, Andrei, Kwak In-Ok, Kim Seok-Hyang, and Cho Choong-Bin, "Surviving the Hard Times: Adjustment Strategies of Industrial Workers in a Post-Crisis North Korean City," *Pacific Affairs,* 86-1(March, 2013). pp. 51-71.

4) Jung, Kyungja and Bronwen Dalton, "Rhetoric Versus Reality for the Women of North Korea: Mothers of the Revolution," *Asian Survey,* 46-5(September/October, 2006). pp. 741-760.

5) Joung, Eun-lee, "Pukhansichang-ŭichetohwasuchun-e kwanhanpunsŏk - kongsŏlsichang-ŭioehyŏngchŏkpalchŏn-ŭlkipan-ŭro [A study of the systematization level of North Korean markets - the case study of external development of the public markets]," KDI *Pukhankyŏngcheripyu,* 5(2010). pp. 14-47.

6) Kim, Yŏngyun, "Pukhanenŏchinan-ŭisilsang-kwachŏnmang [The realities and prospects of the energy crisis in North Korea]," *T'ongilyŏnkuwŏnhaksulhoeŭich'ongsŏ,* 97-06, 1997. pp. 37.

equipment because state systems of allocation and distribution no longer functioned.[7] (Park 2011; Joung 2012). Thus they also began to collaborate with market actors, with rights to profits and control over operations becoming blurred, as entrepreneurs began to infiltrate state institutions. It was this crisis of the state economy that generated the opening for the PSE to emerge; we conclude by considering its role in both the state socialist economy if it continues and the reform process.

Ⅱ. Sources

Our analysis is based on interviews with five North Korean refugees residing in South Korea that were involved in nine separate business entities.[8] The nine PSE operations we analyzed

7) Park, Hyeong-Jung, "Pukhan-esŏ 1990nyŏntae chŏngkwŏnkikwan-ŭisangŏpchŏkhwal tong-kwasichanghwaktae [The commercial activity of the state agencies in North Korea of the 1990s, and the growth of the market]," *T'ongilchŏngch'aekyŏnku,* 20-1(2011). pp. 213-237. Joung, Eun-lee, "Pukhanmuyŏkhoesa-e kwanhanyŏnku: puk-chungchŏp kyŏngtosiSinŭichu- rŭlchungsim-ŭro [A study of North Korean foreign trade companies: centred around the border city of Sinuiju]," *t'ongilpusinchinyŏnkuchachŏngch'aek kwache* [The political tasks of the 2012 newly appointed researchers at the Ministry of unification]. 2012.

8) The use of interviews in the study of otherwise 'closed societies' has a long tradition. During the Cold War, there were two major interview projects targeting émigrés from the Soviet Union, including the Harvard Project on the Soviet Social System of 1950-51, and latterly, the Soviet Interview Project of the early 1980s (Engerman, David C, *Know Your Enemy: The Rise and Fall of America's Soviet Experts*. (Oxford, New York: Oxford University Press,2009). pp. 65-70). It is important to note that much of what Soviet émigrés told their interviewers was never written down in official records because it was considered either too trivial or irrelevant to the state and its officialdom (for instance: Berliner, Joseph S, *Factory and Manager in the USSR*. (Cambridge: Harvard University Press, 1957)). Thus, without such interview projects, it is likely that much of the information obtained from informants would have been lost.

appear to be representative of North Korean private businesses. It has been noted that such private operations are especially common in fishing, construction, restaurant industry and inter-city transportation.[9] All these areas of operations are represented in our, admittedly rather small, group, permitting us to generate a stylized portrait of the PSE–an ideal type–which shares a number of features across the cases.

Fieldwork was conducted between April and September 2014. Semi-structured interviews were conducted usually over the course of two-three hours and some informants were interviewed on multiple occasions. The names of places and institutions have been obscured, where necessary, to protect the identity of informants and their families; individuals are identified by what their business involved (for example, Mr Antiques, etc.).

1. The PSE and Superior State Organization: Property rights and agency problems

The PSE is a transitional institution. It emerged in circumstances where state economic power has fragmented and de facto control over nominally state-owned property has become fuzzy or privatized. This is a feature of post-socialism in other countries as well, for as Stark (1996) put it, the post-socialist transformation is the process of "rebuilding organizations and institutions not on the ruins but with the ruins of communism."

9) for example,Yang Moon-soo, Yi Sŏk-ki, ChŏngŬn-i, *Pukhansichangsilt'aepunsŏk [The analysis of the situation in the North Korean markets].* (Seoul: KIEP, 2014). p. 31, p. 95, p. 125, pp. 215-218.

These ruins are the formerly state-controlled command economy. As convincingly argued by Zaleski (1980), and latterly, by Gregory (2004), Soviet-type economies were not actually planned economies. Plans functioned as motivating tools and statements of broad political goals, but actual resource allocation and output were usually handled on an ad hoc basis and through a continual process of multi-lateral barter between superior government institutions and state-owned enterprises (SOEs), as well as between SOEs themselves. These processes occurred in North Korea as well, and created the space where the PSEs can exist and flourish. PSEs allowed for the existence of profitable enterprises and contributed towards the economic recovery, but also exacerbated agency problems from the point of view of the state because state property has been effectively embezzled or otherwise substantively privatized in contravention of the existing legal order.

The first PSEs emerged in the 1990s, the earliest case among our informants was that of MrOil whose oil refinery became operational in the late 1990s. As a first approximation, according to their formal affiliations, PSEs can be divided into three groups. The first kind of PSE is embedded within a peculiar North Korean institution: the Foreign Trade Company (FTC). The FTCs are established by the North Korean state-owned enterprises or government agencies and have a right to conduct foreign trade operations with a great deal of autonomy.[10] The

10) Kim, Sung-chull, *North Korea Under Kim Jong-il*. (Albany: SUNY Press, 2006). pp. 157-160.

second kind of PSE is more straightforward. Private enterprises are registered as regular state companies, and deal mainly with the domestic market. Finally, the third group consist of the PSEs which grew out of state-owned enterprises. These include cases when an investor makes a deal with the existent state enterprise and essentially takes it over. This is of course a simplified account, since the lines are often blurred.

In most cases, the larger a PSE is, the more likely it is to be embedded within the state FTC network. From the early 1990s, FTCs began to enter into agreements with private individuals and businesses. The latter would provide expertise and capital, and in return they were appointed as managers of divisions (kiji, literally "bases") of these companies. Typically, an FTC would have several divisions, semi-autonomous, and all paying a portion of their declared profits to the central office of the company. In this regard, on paper at least, they partially mimic a, ulti-divisional form (MDF) corporation[11], with largely autonomous separate divisions being responsible for the day-to-day management of specific business operations, and incumbent assets and personnel.

In reality, however, it appears that some such divisions are actually PSEs in their own right, being run by a private investor. Thus the divisional managers effectively pay for the right to use the FTC name in the form of a portion of the profits, while keeping most residual income and control over

11) Williamson, Oliver, *The Economic Institutions of Capitalism.* (New York: Free Press, 1985).

day-to-day operations. At the same time, the central offices are, in most cases, headed by people with good political connections who are members of North Korea's semi-hereditary party/state/military elite.

This was, for example, the case with Mr Coal and MrGold. Mr Gold's mine was officially established and managed by an FTC created by a Department of the KWP Central Committee while Mr. Coal's three mines were technically subordinated to a branch of an FTC which was established by the military. Both MrCoal and MrGold were officially considered the branch managers of a respective FTC.

Of the second type PSE, one should mention the restaurant once ran by Mr Barbeque. The restaurant was opened as a result of an agreement Mr Barbeque stuck with the city administration. For a promise to pay a fixed amount of money to the local budget (and also some bribes to officials), he was allowed to use his money o open an eatery which in all official papers was considered to be a state-owned enterprise.

The third type is represented by Mr Imitation Meat. 'Imitation meat', a soya-based food product, first introduced from China in the 1990s, is hugely popular in North Korea. The imitation meat factory was created as a result of a deal between Mr Imitation Meat and the manager of a partially functioning state-owned enterprise. The owner hired personnel and used existing equipment (technically state owned). The investor paid 20% of monthly turnover to the manager of the factory for the right to use the factory and for access to electricity. In a manner of speaking, this situation bears a striking resemblance to a 'management buy-in': the PSE owner obtains the right to use state assets, such as buildings, land and sometimes workers, pays 'dividends' to the supervisory state institution (a de facto 'shareholder'), while obtaining control and income rights with respect to the firm.

As stated above, the PSE is a typical case of fuzzy property, so one has to be careful when applying the term 'property rights' to a PSE and its owner/manager. As observed by Kornai, property rights can be sub-divided into who has the rights to income generated (income rights), who exercises control rights over the firm (control rights), and who has rights of transfer with respect to the firm's assets.[12] PSEs are legally state-owned enterprises in which the entrepreneur(s) is legally defined as the state-appointed manager(s) of the enterprise. Thus, the entrepreneur does not possess income rights or transfer rights de jure, and control rights are also limited to lower tier decisions like shift-patterns. Hiring is formally the purview of supervisory state institutions, as is capital investment.

In fact, however, the entrepreneur is usually the main investor and also the manager who can fire and fire personnel more or less at will. As such, the entrepreneur does possess substantial control rights, as well as income rights. The entrepreneur has transfer rights de facto only in part - land is owned by the state and cannot be disposed of, there is also no

---

12) transfer rights; see Kornai, Janos, *The Socialist System: The Political Economy of Communism*. (Princeton: Princeton University Press, 1992). pp. 64-66.

market for enterprises per se, which necessarily further weakens transfer rights.

The absence of a legal framework means that arrangements between superior state organizations and the entrepreneur take the form of informal contracts, and most of the transactions are unofficial, based on oral agreements, and done in cash with little or no paper trail. This situation, unavoidable in the case of the PSE, implies that the superior state organization– that is, the state institution that agrees to provide the PSE with legal cover–facesa set of agency problems.[13] The principal, the superior state organization (sanggŭpkukkakigwan, as it is normally known), cannot realistically monitor all of the actions of the agent, the entrepreneur, especially when many of his/her actions are illegal in nature and thus done covertly – clearly the case with North Korean PSEs. The entrepreneur (agent) has many opportunities to behave opportunistically by cheating the state organization (principal). For example, the entrepreneur can (and often seemingly does) under–declare revenues or overstate costs, behavior that is actually similar to factory managers in command economies.[14]

As will be shown in more detail below, there is a commonly accepted way around such problems: the state organization and the entrepreneur usually agree on a certain fixed amount that it

13) Kiser, Edgar, "Comparing Varieties of Agency Theory in Economics, Political Science, and Sociology: An Illustration from State Policy Implementation," *Sociological Theory,* 17-2 (July, 1999). pp. 146-170. ; Shapiro, Susan P. "Agency Theory." *Annual Review of Sociology,* 31(February, 2005). pp. 263-284.

14) Harrison, Mark, "Forging Success: Soviet Managers and Accounting Fraud, 1943 to 1962," *Journal of Comparative Economics.* 39-1(March, 2011). pp. 43-64.

shall receive from the entrepreneur on a monthly or annual basis. This is an example of outcome-based contract, in which the state organization surrenders managerial rights to the entrepreneur and in return receives a fixed share of the output - either in the form of hard currency or in kind.[15)]

Another tier of agency problems exists between different parts of the state. At the local level, state agents' lack of interest in carrying out the edicts of the central bureaucracy has led to the rise of what we have termed 'prophylactic bribery', payments made to officials with the power to disrupt the operation of PSEs. Official willingness to engage in such rent-seeking activities has thus allowed for the continued existence of PSEs when faced with a hostile local regulatory environment. At the same time, central state institutions are no longer able to fully control the activities of state agents at the local level, including actions that may be adverse for the contract between the superior state organization and the PSE manager.

2. The Social Origins of Entrepreneurs and their Capital

Marketization wreaked havoc with North Korea's existing social system, once rigid and hierarchical. From the early 1960s until the early 1990s, chances of social advancement greatly depended upon family origins (sŏngbun). Origins were normally defined by what ancestors did in the 1940s and early 1950s.

15) Lassar, Walfried M., and Kerr, Jeffrey L, "Strategy and Control in Supplier Distributor Relationships: An Agency Perspective," *Strategic Management Journal*. 17-8(October, 1996). pp. 616.

Descendants of revolutionaries, war heroes and party/state officials all have good sŏngbun, while sŏngbunof descendants of priests, colonial officials and businessman is bad. Only those with sufficiently good sŏngbuncan make a career within the existing state bureaucracy and can achieve prominence within the managerial hierarchy of state-run economy.[16]

The collapse of the old system in the 1990s changed everything. Many of the PSE managers and other members of North Korea's emerging entrepreneurial class have good sŏngbunand are connected (at least loosely) to the established power elite. Nonetheless, the semi-spontaneous marketization of the 1990s and 2000s was a great social leveller, which much reduced the significance of hereditary family background. North Korea's new business elite includes a large number of people who would have had little or no chance of advancement under the old system. For example, the 1960s returnees from China (and, generally speaking, North Koreans with relatives overseas), hitherto discriminated against, suddenly found themselves in an advantageous situation, since they could rely on support from their overseas relations.[17]

During our interviews, we encountered a widespread opinion that bad sŏngbunand/or dubious political credentials do not exercise much negative influence when officials decide whether

16) Hunter, Helen-Louise, *Kim Il-song's North Korea* (Westport: Praeger, 1999). ; Collins, Robert, *Marked for life: songbun* (Washington D.C.: Committee for Human Rights in North Korea, 2012).

17) Lee, Kyui, "Chungkukchip, hanchungkukkwikukcha-ŭiiyaki [A Chinese house, a story of a returnee from China]," *Imchinkang,* 6(2009). pp. 44-61.

they should enter a PSE-style arrangement with a particular individual. It is one of their features which make the PSEs different fromstate-owned enterprise management. Mr Antiques summed up the new social situation when he said: "If you want to rise up the party-state ladder, you still have to have impeccable sŏngbunand good connections, but being a businessman is different. All you need is money, the more the better. When you want to start a business and are talking with officials they are not interested in your sŏngbun, all they want to know is whether you have money."

The case of Mr Cement provides a perfect example of this trend. Once a successful industrial manager, he was arrested after he had illegally made a trip to China to meet a close relative from South Korea, and then spent some time in prison. This was a severe political crime so he would never be able to find any regular white-collar job in the 'regular' state economy. His dubious past was not seen as any problem, though, for his eventual cooperation with an FTC as a PSE investor/owner, because he was capable of bringing in start-up capital as well as useful experience and connections.

Mr Coal also had a problematic family background due to direct family connections with China. Mr Coal was one of those ethnic Koreans of China whose families moved back to North Korea in the 1960s, during the turbulent times of Great Leap Forward and the Cultural Revolution. While accepted as refugees, and accepted as North Korean citizens, such people and their children faced much discrimination under the old

North Korean system. However, in post-famine North Korea, when connections with China became an important source of monetary and social capital, these individuals flourished in private business.

Admittedly, other informants had less problematic backgrounds (sŏngbun): for example, prior to the collapse of the state economy in the 1990s, Mr Gold was a police officer, while Mr Oil was an officer in the navy (both widely used connections and opportunities provided by such jobs to build foundations for their eventual business success). Nonetheless, it is significant that people with politically dubious pasts, hitherto doomed to life-long discrimination, can exist and flourish in the new economy. This represents a fundamental breakdown of state control over certain productive elements within the economy.

The major requirement for any aspiring PSE founder is access to start-up capital. The sums involved might be small by global standards, but vast for the average North Korean. While no official statistics exist, the refugee interviews indicate that around 2010 the average income of the North Korean family, largely derived from the unofficial economy, fluctuated around $30-35 a month. Thus, $5,000 - the smallest amount of the startup capital for establishing a PSE mentioned by our informants - is, therefore, roughly equivalent to 10-15 times the annual incomes of the average family. Although it is impossible to determine with any degree of accuracy the entry level for an aspiring PSE ownersmos informants switched from other informal market activities to PSE-type businesses when they had capital of more than $10,000.

Normally, the investors themselves need large sums to have a chance of making good returns. There are exceptions, however: Mr Flats, the head of a state construction company, took to doing contract work when the state ceased to be able to provide resources and gradually transformed a state-owned construction company into a de facto PSE without investing any capital at all. He was able to do this because he had a control over a state enterprise whichcould sell its product (flats) to the cash-paying customers with relative ease.

In nearly all the cases under review in this article, initial investment funds were acquired as a result of some prior activities in the private economy or through the de facto privatization of state assets. While some entrepreneurs were lucky to receive a large amount of money from their overseas relatives, the majority began small and grew as North Korea's spontaneous marketization advanced. Mr Coal and Mr Oil both acquired initial funds while working in the seafood industry, making use of their positions to de facto privatize what was technically a state resource: seafood. Mr Oil, being a naval engineer, arranged profitable fishing expeditions to areas for the exclusive utilization of the navy (it also helped that he had access to scarce diesel fuel) while Mr Coal used his family connections with China to start profitable trade in seafood. Ms. Coal (no relation to Mr Coal, but his employee) made substantial sums in smuggling and selling pharmaceuticals manufactured in China - yet again, smuggling represented a theft of state resources, in that the state legally held the right to grant access to foreign markets. Mr Barbeque also, in his capacity as a police officer in a borderland city, made good money through smuggling protected species (a state asset), and from bribery (i.e. access to state power, rent-seeking). The case of Mr Flats, a former manager of a state-owned construction company who gradually developed it into a PSE, has been just mentioned.

Mr Cement was somewhat of an outlier among those interviewed. First, he was not all that rich. While by no means poor, he still only had start-up capital of approximately $5,000 - which he got from his relatives in South Korea via China, a rather unusual source. However, his major investment in a PSE largely took the form of network and social capital, since MrCement had previously worked in his town as a successful state manager and then semi-private business operator.The fact that such activities could be overlooked by the state agents and enforcers of the legal order represents a breakdown of the state.: the regime was simply not able to make effective use of its own agents within established organizational structures due to economic collapse.

3. Pseudo-state Enterprises (PSE): origins and modus operandi

1) The Art of the Deal: Why and how are PSEs set up

The need to grow larger while enjoying a modicum of security are major reasons which compel North Korean businesspeople to enter a PSE arrangement, or, to borrow a Chinese expression, "to wear a red hat" (a modified version of the expression exists in North Korea too, "to wear the [insert state agency's name] hat") . Small businesses, so numerous in post-famine North Korea, have no need for a PSE-type arrangement: they operate independently of the state, avoiding its gaze whenever possible, being satisfied with merely tacit acceptance by the state.

However, once private enterprises grow larger, and become bigger than a food stall or cigarette workshop with three of four teenage employees, the owners discover that in order to survive, they need access to legal and technical infrastructure, like many Chinese business people in the 1980s and 1990s.[18] This is the point when establishing a PSE appears to be the best or only option.

Indeed, scale dictates demand for electricity, land, buildings, the requisite official permissions and some access to industrial resources and equipment. Additionally, the entrepreneurs, whose day-to-day activities under the still existing legal arrangements technically constitute major crimes (often capital crimes), need a modicum of protection from state law enforcement via direct connections to a state institution. As Mr Flats put it, "if one goes it alone without state cover, the chances of being arrested and losing everything are much higher, even though the profits can often be larger". Mr Oil and Mr Coal also chose a PSE

18) Chen, Wenhong, "Does the Colour of the Cat Matter? The Red Hat Strategy in China's Private Enterprises," *Management and Organization Review*. 3-1(February, 2007). pp. 55-80.

because they needed to have some legal status for their large enterprises (an oil refinery or a small network of coal mines), which were way too big to operate below the screen of the authorities.

An FTC established by a military academy, which at the time was in a very bad state financially, technically controlledMr Cement's operations. The military academy made sure that all required paperwork was done properly, but it was his task to use his own money, connections and negotiating skills to make profits by buying and reselling cement, timber and other construction materials. Given Mr Cement's problematic background (a former political prisoner, only recently released), the deal made sense for him: it allowed him to make large sums under the cover of the state.

As stated above, many of the resources and property the entrepreneur uses are legally state owned hence the residual income derived thereof (as per Kornai) is legally meant to accrue to the state. The excess output accrued to the entrepreneur, i.e. the granting of de facto income rights - and to a lesser extent, his staff - can be considered a win-win outcome for both state and PSE managers (and personnel). But it also represents an agency cost for the state in general, and the superior state organization in particular; for the utilization of the services of the entrepreneur, the state surrenders some income and control rights.

At the same time, the superior state organization faces a monitoring problem. They seldom if ever can control the daily activities of the PSE and determine the income of the PSE operators with any certainty. Hence, in most cases the superior state organization arranges a fixed amount of money to be paid at regular intervals (monthly, in most cases). In other words, an output-based contract or a 'dividend' for a state 'shareholder', to use a modern capitalist metaphor.

For example, in the case of Mr Bus's company, the oral agreement between the entrepreneur and a Pyongyang-based FTC envisioned that the bus company would have a revenue of $30,000 a year. Of this amount, $10,000 was to be used for operational expenses and reinvestment, the other $20,000 was to be paid to the foreign trade company headquarters in Pyongyang. In actual fact, the company made significantly more then expected initially, but MrBus kept this secret from the superior state organization, and provided them with the agreed amount of money only.

Similar arrangements were made by MrGold and MrCoal, both of whom made a deal with an FTC and used their money to re-open abandoned mines. Both were expected to pay a fixed amount of money to their superiors - a Party-controlled FTC in the case of MrGold and a military-controlled FTC in the case of MrCoal.

Arrangements for MrOil's oil refinery were essentially similar, but the fixed amount was to be paid in diesel oil (15 tons a month - or roughly 40% of the refinery's actual output). Mr Cement also paid in kind, delivering 20 tons of cement monthly to the head office of the FTC that provided his business with legal cover.

There is always a threat that the 'superior state organization' might unilaterally change conditions, increasing the amount of these obligatory payments. This is the reason why nearly all our informants admit that they underreported their earnings and did what they could to create an impression that their PSEs were not doing well. Mr Gold, for example, was expected to pay a fixed monthly amount ($1,500) to his bosses/protectors at the FTC under the control of the Party Central Committee. But he not merely underreported the actual output of his mine, but also normally did not pay the exact amount required: instead, he cited the ongoing difficulties and paid a couple of hundred dollars less. This was done out of fear that such regular payments would prompt his 'protectors' to increase the size of the obligatory contribution.

Not only can terms be changed. It is widely understood that the superior state organization can shut the PSEs down at any moment or even, in more extreme cases, initiate an investigation of the PSE activities, and thus has efficient means to penalize the entrepreneur if s/he does not make agreed payments or otherwise misbehaves. None of our informants personally experienced such proceedings, but they assured us that the threat was real. Interestingly, a similar situation also existed in China among 'Red Hat enterprises'. In his study of China's economic development Yasheng Huang gives the example of Kelon Group, a very successful pseudo-state company in China that was eventually taken over by the local government it was legally the property of .[19] So, though it might appear that the superior state organization is in full control, this is not the case: closing a PSE would result in the interruption of the cash flow which benefits both organizations as a whole and top managers in particular. Thus, such extreme measures seemingly are only taken in extreme circumstances.

Apart from relations with superior state organizations, PSEs also entered into agreements with bona fide state-owned enterprises (SOEs) and engage in market (though not necessarilyy monetary) transactions. For example, Mr Oil worked directly with a SOE. His refinery was located on a plot of land that was obtained from a non-operational state plant. As rent for the land, the entrepreneur provided the plant with one ton of diesel fuel a month. The location was convenient because it gave the refinery access to communications and the power grid. It seems that such horizontal connections are easier to manage because they are usually based purely on mutual self-interest of the parties involved, without the added complication of rights to particular property.

2) Corruption and day-to-day interactions with the state

Within North Korea's existing legal and social environment, the PSE is essentially a mutually beneficial arrangement that makes sense for all its participants. Nonetheless, it should not be forgotten that every PSE-operating entrepreneur is technically

---

19) Huang, Yasheng, *Capitalism with Chinese Characteristics: Entrepreneurship and the State* (Cambridge; New York: Cambridge University Press, 2008).

guilty of large-scale embezzlement as well as a multitude of other 'economic crimes', many punishable with death.

Additionally, officials create red tape for the entrepreneurs. The desire to minimize such complications is one of the reasons why the interviewees chose to register as PSEs in the first place. However, even when bribes and kickbacks are ignored, a PSE faces restrictions which significantly increase production costs. For example, Mr Oil visited China about ten times, and all of these trips were illegal. His official connections and access to funds would have meant that he could have had a passport issued, but the process was troublesome and time-consuming. Therefore, he decided to take a short cut and crossed the poorly guarded border illegally every time he needed to consult with Chinese partners who livedclose to the border. They discussed shipping and other related issues, and the goods were then shipped quite legally while the goods' owner again had to walk back home crossing a shallow border river under the cover of the darkness. This demonstrates how different state institutions have very different incentives with respect to PSEs and their managers.

Such unaligned incentives lead to corruption. Indeed, it is corruption, i.e. the PSEs' owners' ability to corrupt officials (cum rent-seekers), which enables PSEs to exist. North Korea's state economy and organizations thereof went through a rapid and ad hoc process of decentralization in the 1990s as the command economy collapsed. Unlike China, where the state began a process of managed, gradual decentralization in the

1980s, in North Korea this process was largely spontaneous and unrolled amid the panic and anarchy of economic collapse. Nonetheless, like China, this process produced manifold opportunities for officials in local and regional institutions to engage in rent-seeking behavior.[20] Indeed, bribery and corruption is taken for granted by the people we interviewed. As Mr Oil put it, "if you have power, you can get money. If you have money, you can get power.

Given the dubious nature of the PSE arrangement, opportunities for corruption were (and still are) seemingly plentiful. Indeed, our informants had much to hide from the North Korean state. In the case of coal mines and the oil refinery, for example, there was a large discrepancy between the actual amount of coal (or diesel oil) produced and that reported to have been sold domestically or overseas, and this could be easily discovered by audit teams. There were other criminal transactions as well: for example, Mr Cement's activity required constant purchase of cement from workers of the still functioning cement plants who acquired the product by stealing it in large quantities. Therefore, when subjected to regular audits, the entrepreneurs had to pay hefty bribes to audit officials - a few thousand dollars was a normal payoff for both Mr Coal and Mr Oil. Auditing teams can be seen as an effort by the central government (where they usually are dispatched) to wrestle back income and control rights over the PSE from its manager.

---

20) Wedeman, Andrew H, *From Mao to Market: Rent Seeking, Local Protectionism, and Marketization in China* (Cambridge: Cambridge University Press, 2003).

Another expense is what can be termed “prophylactic bribery”- that is, paying off officials who had thepower to disrupt operations of a PSE and, worse still, to arrest the entrepreneur. The key figures in local criminal and political police, party bureaucracy and city/county administration had to be paid off regularly. For example, MrGold paid bribes to the mid-ranking Central Committee officials, to ensure that they would accept his doctored reports while Mr Flats gave away recently built apartments to influential officials.

3) The central and local bureaucracies

PSEs reflect a fragmentation of state power, particularly the state's control over large parts of the economy and formerly productive assets. The interviewees suggest srongly that the interests of lower-level officials and the center generally do not coincide in the emergent North Korean market economy. On the one hand, there are local officials who interact with entrepreneurs on a day-to-day basis. These officials include local police (both criminal and political), party and government administrators and other quasi-autonomous regulatory agencies responsible for specialist areas like hygiene, occupational safety and the like. On the other hand, there are high-level officials, up to the Party Central Committee and National Defense Commission, as well as the Cabinet and other central state agencies. Such agencies and their powerful administrative personnel might indirectly get a slice of PSE earnings, but they normally do not interact with most PSEs directly on a regular basis. Instead, they occasionally dispatch audit teams and initiate investigations of PSE activities.

Our interviewees (Mr Antiques, Mr Oil) agree that the behavior of these two groups is in some regards distinct. This is not surprising since their respective interests also differ. On one hand, both local and high officials would like the economy to be seen to be doing well in order that they receive plaudits from more senior officials and institutions (including Kim family itself, if you are high enough in the official hierarchy) on the basis of performance. Altruistic considerations may even come into play as well, since many (if not most) officials would like their country to be strong and their people to have affluent lives. Both high and low officials would also like to take bribes and personally benefit from corruption.

In some significant regards, though, these two groups have different and sometimes antagonistic interests. Local officials are interested first and foremost in a steady income, which PSE owners provide as a price of doing business. Local officials also want their area to appear politically stable and the local economy to be in a healthy state. Ideological and macro-political concerns are often quite secondary. Thus, they would much prefer to have PSEs and associated entrepreneurs around. The PSE is an ideal arrangement for them: they are unable to start efficient productive units using the old (but officially prescribed) methods of the command economy. Hence the PSE which are masquerading as state enterprises in the official documents, while also producing the useful output, not to mention steady payments to the local budgets and steady kickbacks to the officials, constitute the ideal arrangements from their point of view. The agency issues are mitigated through the system of fixed payments, which largely liberate the local bureaucrats from the nearly impossible task of monitoring the PSEs' daily activities.

By comparison, high-level officials, while still dependent to some extent on bribes, tend to have a more ambivalent attitude toward PSEs and private business in general. They see unofficial business activities as potentially destabilizing and threatening the long-term stability of the state. Some of them might even have sincere ideological aversions to private commerce. This different set of incentives means that the central bureaucracy occasionally starts campaigns aimed at eradicating, or at least restricting the activities of PSEs. Thus, from time to time the central agencies create pressure powerful enough for the audit team to ignore the prospects of a hefty payout and severely prosecute the PSE and its managers/owners for irregularities.

It seems that the ingrained hostility of the high officials of Kim Jong Il's era can be seen as the major reason driving the occasional crackdowns against the private businesses, including the PSEs. Such campaigns became particularly pronounced in the 2005-09 period when the government seemingly did what it could to roll the spontaneous marketization back largely, out of fear of political consequences.[21] Indeed, until the last days of

---

21) Lankov, Andrei, Kim Seok-Hyang, and Kwak In-ok(2010). pp. 325-355.

Kim Jong Il's rule, the PSE operators faced a small, but nonetheless real risk of getting into serious trouble because of their business activities. A Russian diplomatic source summarized it well when told one of the authors: "The new North Korean entrepreneurial class has a good life and is doing well, but pretty much any (or all) of them can be arrested and executed at any time in strict accordance with the North Korean law."

Our interviewees emphasized that arrest and even executions of PSEs' owners were usually provoked by an audit which could not be handled properly; such audits are commonly instigated by the central authorities. Mr Antiques who was one of the pioneers of private business in North Korea once said that out of the nine private entrepreneurs especially prominent in Pyongyang around 1990 when the unofficial economy began to grow in earnest, only two have survived up until this day. All the othershave been arrested and/or executed. Mr Gold is significantly more optimistic - perhaps, because his activities were somewhat less dubious from the point of view of the North Korean law, but also probably because his activity began much later, in the late 1990s, when the state became lax in its attitude to the private economy. Mr Gold estimated that merely some 5-10% of the PSEs' owners and other large private entrepreneurs have ended up being executed or perished in prisons. Nevertheless, Mr Gold still agrees that this type of activity is not only highly profitable, but also risky.

For Mr Oil, this risk influenced his life strategy. He explained the reasons behind his decision to liquidate his manifold business activities and move to South Korea (via China) by the constant fear for the future of himself and that of his family. While in South Korea his income and living standards are significantly below what they used to be in the North, he believes that he has made the correct decision since some people with whom he used to interact with in his fifteen years of business have been imprisoned.

There is a near consensus that people who become too rich too quickly face bigger risks. Mr Gold mentioned the case of a rich entrepreneur, a PSE owner, who was arrested and executed around 2006. It was rumored that the police found $700,000 worth of foreign currency hoarded in his house so it was widely said that he took more than he should have.

These remarks hint at an interesting possibility, which, unfortunately, cannot be fully verified from the existent sources: it is possible that there are 'glass ceilings' for PSEs. Entrepreneurs who cross this putative line are likely to be arrested or driven into exile. This might mean that within current social arrangements, the PSE is a limiting form, which does not allow for further growth. Put differently, this form might be suboptimal to regularizing property rights.

Ⅲ. Conclusion

The PSE, as a de facto privatization of state assets and/or non-functioning SOEs, emerged as a result of the final collapse of a sclerotic economic system increasingly unable to perform, and suddenly deprived of external assistance. The reasons for a lack of performance are complex, but principal-agent problems - unrealistic targets from principals, agents shirking by exaggerating need for inputs, and the like - were a key element within it.

In economies transitioning from one form of economic relations, in this case a socialist command economy, to another, capitalism, private property rights and formal legal institutions to protect them do not arise instantaneously. Transitions take years, sometimes decades, and during that time, the question of ownership is often a murky issue.

Spontaneous marketization with the absence of a formalized system of private property rights created manifold problems for North Korean entrepreneurs. Admittedly, similar problems were faced by some Chinese entrepreneurs until very recently[22] while property relations that arose during the transition from socialism to capitalism in the former Soviet Union and Eastern Europe were often unclear as well. Factory managers and investors engaged in a number of hedging strategies dubbed by Daniel Stark (1996) as 'recombinant property' in which transfer and control rights of assets, and especially of liabilities were

22) Tsai, Kellee S, *Capitalism without Democracy: The Private Sector in Contemporary China* (Ithica: Cornell University Press, 2007) pp. 53-60.

(often intentionally) made obscure to maximize potential gains during economic transition. However, the situation in North Korea is in many regards extreme.

Post-famine North Korea is in many regards a transition economy, playing host to a largely hollowed out state socialist economy and a far more vibrant set of nascent market economic institutions. Yet, due to manifold political and ideological concerns, the government has been loath to recognize such changes. The PSE is thus an adaptive institution borne of a highly repressive legal and economic order: it is public in form, private in content, and it essentially exists to mask the market nature of the enterprise, providing it with a politically acceptable, facade.

So far, the PSE remains the only way for private economic activity to take place on a larger scale. Tentative economic reforms were proposed in 2002 in North Korea[23) , and as of 2016, there is renewed talk of such reforms being gradually implemented. Nonetheless, in most important regards the North Korean economy remains legally unchanged from its Stalinist origins. There has been no wholesale privatization of SOEs *a la* Russia.[24) Nor was there a gradual process of sustained, if at first tentative, SOE reform, as seen in China, as described by Huang (2008) amongst many others. On paper, the North Korean

23) Eberstadt, Nicholas, *The North Korean Economy: Between Crisis and Catastrophe.* (Piscataway: Transaction Publishers, 2007)

24) Aslund, Anders, *How Capitalism Was Built: The Transformation of Central and Eastern Europe, Russia, the Caucasus, and Central Asia* (Cambridge: Cambridge University Press, 2007).

state still remains formally committed to all the core economic tenets of economic Stalinism, and this commitment exercises significant adverse influence on the performance of the SOEs. This also means that PSEs have advantages, being flexible and efficient, and capable of delivering goods and services the SOEs cannot produce at the same cost and with the same level of quality.

What might happen to the PSEs in the future and how will this peculiar type of enterprise influence ongoing changes in the North Korean society? In one regard, there is little doubt that PSEs, together with other forms of the new private economies, are remarkably productive and thus have made a significant contribution towards the improvement of the economic situation in North Korea in recent years. The existence of PSEs also creates a favorable environment for private capital accumulation on a rather large, if ultimately limited, scale: behind the 'red hat' of a state enterprise, the North Korean entrepreneurs can amass capital and experience which would be unattainable otherwise.

The PSEs' activity strengthen the unofficial connections between the state bureaucracy and private entrepreneurs. Bureaucrats, particularly junior local officials, get involved in networks of businesses and in many cases have begun to perceive private economy as a major source of income which should not and cannot possibly be replaced. This means that they are likely to connect their future with the growth of markets, and look at ongoing changes favorably. While the market in general has such social/political effects (entrepreneurs pay bribes to the officials, as a matter of routine), with the PSE their nature itself ensures that entrepreneurs' connections with and influence over the state bureaucracy are especially strong. In some cases, the PSEs might be construed as an example of the proverbial 'revolving door' providing officials with lucrative business opportunities; many of our informants began as officials and then switched to the PSE-style business. One can surmise that such changes are likely to make bureaucrats less hostile towards the market economy.

At the same time, the transitional nature of the PSE arrangements means that in the long run this form is not likely to last. If and when North Korean government chooses to be more open about ongoing changes, the PSEs are likely to openly admit their actual market and private nature, being transformed into 'regular' private enterprises. On the other hand, in the (admittedly, less likely) case of renewed massive crackdowns on the private businesses, many PSEs will be confiscated or liquidated, as was occasionally the case in the 1990s and 2005-09. So far, however, the PSEs, being the largest private enterprises in the country, seem to play a significant role in the ongoing transition of North Korea towards market economy.

Appendix (1): Table of informants

The table below presents the business people and their operations. The numbers in brackets indicate the actual identity of the people interviewed. As can be seen, one interviewee often had experience running multiple businesses, but in order to minimize confusion informants have been given multiple names corresponding to each separate business operation they had.

Owner	Type of business	Registration	Years of operation	Number of employees	Location	Owner's income
MrFish (#1)	fishing		1995–2005	20	Countryside port city	?
MrOil (#1)	Oil refinery	?	1997–2006	45	Countryside port city	$2,000–3,000
MrBus (#1)	Intercity bus company	Pyongyang-based FTC	2006–2008	6–7	Countryside port city	$3,000
MrCoal (#2)	Coal mines (three)	The military FTC	2000–?	50	countryside	?
MrBarbecue (#3)	restaurant	City council	1998–2003	5	Border town	?
MrGold (#3)	Gold mine	The Party Central Committee FTC	2003–2008	30	countryside	$2,000
MrCement (#4)	Trade (cement and construction material)	The military academy FTC	2006–2009	〈10	Countryside town	$1,500
MrFlats (#4)	Apartment construction	State-owned mining company	Late 1990s–2005	?	Countryside town	$500
MrImitation Meat (#5)	Imitation meat manufacturing	Local food processing plant	Early 2000s	?	Countryside port city	?

Two informants are not given in the above table (Mr Antiques and Ms. Coal). While they both shared valuable information, their operations were not PSEs and are thus largely beyond the scope of this article.

References

Aslund, Anders. *How Capitalism Was Built: The Transformation of Central and Eastern Europe, Russia, the Caucasus, and Central Asia*. Cambridge: Cambridge University Press, 2007.

Berliner, Joseph S. *Factory and Manager in the USSR*. Cambridge: Harvard University Press, 1957.

Chen, Wenhong. "Does the Colour of the Cat Matter? The Red Hat Strategy in China's Private Enterprises." *Management and Organization Review*. 3-1(Februry, 2007).

Collins, Robert. *Marked for life: songbun*. Washington D.C.: Committee for Human Rights in North Korea, 2012.

Eberstadt, Nicholas. "Humanity, Peace, and Security". Presentation at the ICAS, Fall Symposium, 2002. URL: http://www.aei.org/article/foreign-and-defense-policy/regional/asia/humanity-peace-and-security/.

Eberstadt, Nicholas. *The North Korean Economy: Between Crisis and Catastrophe*. Piscataway: Transaction Publishers. 2007.

Engerman, David C. *Know Your Enemy: The Rise and Fall of America's Soviet Experts*. Oxford, New York: Oxford University Press. 2009.

Goodkind, Daniel, Loraine West, and Peter Johnson. "A Reassessment of Mortality in North Korea, 1993-2008." Paper presented at the annual meeting of the Population Association of America, Washington D.C., March 31-April 2. 2011.

Haggard, Stephan, *Marcus Noland. Famine in North Korea: markets, aid, and reform*. New York: Columbia University Press. 2007.

Harrison, Mark. "Forging Success: Soviet Managers and Accounting

Fraud, 1943 to 1962." *Journal of Comparative Economics*. 39-1(March, 2011).

Huang, Yasheng. *Capitalism with Chinese Characteristics: Entrepreneurship and the State*. Cambridge; New York: Cambridge University Press, 2008.

Hunter, Helen-Louise. *Kim Il-song's North Korea*. Westport: Praeger, 1999.

Hyung-gon, Jeong, Kim Byung-yeon, and Lee Suk. 2012. "Pukhanŭisi changhwahyŏnhwangkwakyŏngchech'echeŭipyŏnhwachŏnmang" [The Current Situation of Marketization in North Korea and Prospects for Change in its Economic System]. *Korea Institute for International Economic Policy, Yŏnkupokosŏ* pp. 12-26. URL: http://www.kiep.go.kr/include/filedown.jsp?fname=PA%2012-26.pdfHYPERLINK "http://www.kiep.go.kr/include/filedown.jsp?fname=PA%2012-26.pdf&fpath=Pub0201&NO=185708&FNO=2026"&HYPERLINK "http://www.kiep.go.kr/include/filedown.jsp?fname=PA%2012-26.pdf&fpath=Pub0201&NO=185708&FNO=2026"fpath=Pub0201HYPERLINK "http://www.kiep.go.kr/include/filedown.jsp?fname=PA%2012-26.pdf&fpath=Pub0201&NO=185708&FNO=2026"&HYPERLINK "http://www.kiep.go.kr/include/filedown.jsp?fname=PA%2012-26.pdf&fpath=Pub0201&NO=185708&FNO=2026"NO=185708HYPERLINK "http://www.kiep.go.kr/include/filedown.jsp?fname=PA%2012-26.pdf&fpath=Pub0201&NO=185708&FNO=2026"&HYPERLINK "http://www.kiep.go.kr/include/filedown.jsp?fname=PA%2012-26.pdf&fpath=Pub0201&NO=185708&FNO=2026"FNO=2026.

Joung, Eun-lee. "Pukhansichang-ŭichetohwasuchun-e kwanhanpunsŏk-kongsŏlsichang-ŭioehyŏngchŏkpalchŏn-ŭlkipan-ŭro [A study of the systematization level of North Korean markets - the case study of external development of the public markets]."

KDI Pukhankyŏngcheripyu. 5(2010).

Joung, Eun-lee. "Pukhanmuyŏkhoesa-e kwanhanyŏnku: puk-chung chŏpkyŏngtosiSinŭichu- rŭlchungsim-ŭro [A study of North Korean foreign trade companies: centred around the border city of Sinuiju]." *t'ongilpusinchinyŏnkuchachŏngch'aekkwache [The political tasks of the 2012 newly appointed researchers at the Ministry of unification]*. 2012.

Jung, Kyungja and Bronwen Dalton. "Rhetoric Versus Reality for the Women of North Korea: Mothers of the Revolution," *Asian Survey*. 46-5(September/October, 2006).

Kim, Byung-yeon and Moon-soo Yang. *Pukhankyŏngche-esŏŭisichang-kwachŏngpu [Market and government in the North Korean economy]*. Seoul: Sŏultaehakkyoch'ulp'anpu, 2012.

Kim, Chunho. "Pukmuyŏkhoesa - kaeinchaponka 'tongŏp' kŭpchŭng" [The fast growth on cases of joint ventures between private capitalists and foreign tyrade companies]. 『Radio Free Asia』, May 14, 2014.
URL: www.rfa.org/korean/in_focus/food_international_org/trade-05142014091052.html

Kim, Sung-chull. *North Korea Under Kim Jong-il*. Albany: SUNY Press. 2006.

Kim, Yonghun. "Sin puyuch'ŭng 'tonchu' kunkanp'ankŏlkounsuhoesa unyŏng [The new rich, known as 'masters of money', run transport companies using the army name]." 『DailyNK』, August 16, 2011.

Kim, Yŏngyun. "Pukhanenŏchinan-ŭisilsang-kwachŏnmang [The realities and prospects of the energy crisis in North Korea]." *T'ongilyŏnkuwŏnhaksulhoeŭich'ongsŏ* 97-06, 1997.

King, Lawrence Peter. *The Basic Features of Postcommunist Capitalism in Eastern Europe: Firms in Hungary, The Czech Republic, and Slovakia*. Westport: Praeger, 2001.

Kiser,Edgar. "Comparing Varieties of Agency Theory in Economics, Political Science, and Sociology: An Illustration from State Policy Implementation." *Sociological Theory*. 17-2 (July,1999).

Kornai, Janos. *The Socialist System: The Political Economy of Communism*. Princeton: Princeton University Press. 1992.

Lankov, Andrei and Kim,Seok-hyang. "North Korean Market Vendors: The Rise of Grassroots Capitalists in a Post-Stalinist Society." *Pacific Affairs*. 81-1(Spring, 2008).

Lankov, Andrei. "Pyongyang Strikes Back: North Korean Policies of 2002-08 and Attempts to Reverse 'De-Stalinization from Below." *Asian Policy*. 9(January, 2009).

Lankov, Andrei, Kim, Seok-Hyang, and Kwak, In-ok. "Relying on One's Strength: The Growth of the Private Agriculture in Borderland Areas of North Korea." *Comparative Korean Studies*. 19-2 (2010).

Lankov, Andrei, Kwak In-Ok, Kim Seok-Hyang, and Cho Choong-Bin. "Surviving the Hard Times: Adjustment Strategies of Industrial Workers in a Post-Crisis North Korean City." *Pacific Affairs*. 86-1(March, 2013).

Lassar, Walfried M., and Kerr, Jeffrey L. "Strategy and Control in Supplier Distributor Relationships: An Agency Perspective." *Strategic Management Journal*. 17-8(October, 1996).

Li, Kyui. "Chungkukchip, hanchungkukkwikukcha-ŭiiyaki [A Chinese house, a story of a returnee from China]." *Imchinkang* 6(2009).

Noland, Marcus and Haggard, Stephan. "Reform from below: Behavioral and institutional change in North Korea." *Journal of Economic Behavior & Organization*. 73-2(September, 2009).

Park, Hyeong-Jung. "Pukhan-esŏ 1990nyŏntae chŏngkwŏnkikwan-ŭisangŏpchŏkhwaltong- kwasichanghwaktae [The commercial activity of the state agencies in North Korea of the 1990s, and the growth of the market]." *T'ongilchŏngch'aekyŏnku*. 20-1(2011).

Shapiro, Susan P. "Agency Theory." *Annual Review of Sociology*. 31 (Fabruary, 2005).

Stark, David. "Recombinant Property in East European Capitalism." *American Journal of Sociology*. 101-4(January, 1996).

Stoica, Catalin Augustin. "From Good Communists to Even Better Capitalists? Entrepreneurial Pathways in Post-Socialist Romania." *Eastern European Politics and Societies*. 18-2(May, 2004).

Tsai, Kellee S. *Capitalism without Democracy: The Private Sector in Contemporary China*. Ithica: Cornell University Press. 2007.

Wedeman, Andrew H. *From Mao to Market: Rent Seeking, Local Protectionism, and Marketization in China*. Cambridge: Cambridge University Press. 2003.

Williamson, Oliver. *The Economic Institutions of Capitalism*. New York: Free Press, 1985.

Yang, Moon-soo. *Pukhankyŏngche-ŭisichanghwa: yangt'ae, sŏngkyŏk, mek'ŏnichŭm, hamŭi [North Korea's marketization: shape, nature, mechanism, implications]*. Seoul: Hanŭl. 2010.

Yang Moon-soo, Yi Sŏk-ki, ChŏngŬn-i. Pukhansichangsilt'aepunsŏk [The analysis of the situation in the North Korean markets]. Seoul: KIEP. 2014.

Yi, Young-hun. "Pukhan-uichesaengjoksojanghwa-wakyongjekaehyok-uichongae [The Spontaneous Marketization and Development of North Korean Economic Reform]." *T'ongilmunjeyongu*. 17-2(2005).

사드 논쟁의 국내정치와 북한의 압박

남광규(고려대학교)

Ⅰ. 서 론

한국 내 사드(THAAD, 고고도미사일방어체계) 배치가 본격적으로 공론화되기 시작한 것은 2014년 6월 3일 스캐퍼로티 당시 주한미군 사령관이 사드 배치를 본국에 건의하면서 부터인데[1] 북한이 2016월 1월 7일 4차 핵실험에 이어 2월 7일 광명성을 발사하면서 한미 간에 사드 배치와 관련한 공식 협상개시가 선포되었다. 그러나 북한은 2016년 9월 9일 5차 핵실험에 이어 2017년 2월 12일 북극성 2형 중거리 미사일을 발사하고 이어서 3월 7일에는 스커드 계열의 중거리 미사일 4발을 동해상에 발사함으로써 핵위협과 군사적 도발을 더욱 높여나갔다. 이에 한미는 2017년 3월 4일 사드의 주한미군 배치를 논의하기 위해 〈한미공동실무단〉을 공식 출범시켰고 예정되었던 사드 배치 일정을 앞당겨 3월 7일 한국 내 사드 배치를 일부 전격적으로 진행했다.

그러나 사드의 한국 배치는 미중의 전략적 경쟁관계로 인해 미·일동맹이 주도하는 미사일방어(MD)체계에 한국이 편입되는 결과라는 중국의 반발과 사드로 인해 느끼는 중국 내 안보 위협주장으로 미·중 갈등을 고조시키고 있다. 군사기술적인 측면에서는 사드가 북한의 핵공격을 완전히 방어하지 못한다는 사드 배치의 효율성문제로 한국 내에서

---

* 본 글은 2017년도 『통일전략』, 제17권 2호에 게재된 논문이다.

1) 『조선일보』 (2014. 06. 04).

도 찬반 의견이 갈리고 있다. 또한 중국의 반발로 한중관계 악화와 국제적 대북공조의 이완 가능성, 경제적 측면에서는 중국의 한국에 대한 경제재제로 인한 한국 내 경제적 위기감이 팽배하고 있다.[2)]

이처럼 사드 배치 여부를 둘러싸고 전개되는 한국 내 안보 논쟁과 중국의 사드 배치 반대는 이론적으로 보면 국제관계에서 핵시대 국가들이 직면하게 되는 '안보 딜레마'(security dilemma)와[3)] 연관해 설명할 수 있다. 한국은 북한의 핵위협을 방어하기 위한 수단으로 사드를 배치하나 중국은 이를 미국의 중국에 대한 안보 위협으로 인식하고 있다. 사드배치를 극렬하게 반대하는 중국 입장에서 보면 '2차 핵시대'에서 핵보유국이 처할 수 있는 안보위협으로 한국과 미국의 방어 조치가 제3국인 중국의 안보를 불안하게 하는 '트릴레마 상황'으로 설명하기도 한다.[4)] 또한 국내정치와 국제정치가 서로에게 침투, 반응하고 모방하는 외교정책결정이론인 '연계정치'(linkage politics)이론으로도 설명할 수 있다.[5)] 한국 내 사드 배치를 둘러싼 주요 정치세력과 정치지도자들 사이의 찬반 입장은 한미관계, 한중관계, 나아가 남북관계를 포함한 대외관계 설정에 있어서 차이점과 함께 국내정치에서 우위에 서기 위한 권력투쟁의 양상을 보여 주고 있다. 또한 국내정치와 분리해 생각할 수 없는 국제협상 속에서 나타나는 이익과 설득이라는 '투 레벨게임'(The

---

2) 정경영, 『"사드 배치 결정 파장과 정책 대안," 「한반도 사드배치」 어떻게 풀어갈 것인가? : 현상 진단, 전략적 선택과 해법을 중심으로』 (서울: 더불어민주당 민주정책연구원, 2017), pp. 52-57. 채소현, "중·미 안보 갈등과 한반도 : 사드배치를 중심으로," 『국제학원우논집』 (한양대 국제학대학원, 2015), pp. 132-137.

3) John Herz, "The Security Dilnmma in the Atomic Age," in John Herz, *International politics in the atomic age* (New York : Columbia University Press 1959), pp. 231-243.

4) Mira Rapp-Hooper and Linton F. Brooks, "Extended Deterrence, Assurance, and Reassurance in the Pacific during the Second Nuclear Age"(2014), *National Bureau of Asian Research*. 안성규·최강·권은율·Rachel Leng, 『한반도 사드 배치와 중국』," (서울: 아산정책연구원, 2016), p. 7에서 인용.

5) James N. Rosenau, "Toward the Study of National-International Linkages," in James N. Rosenau ed., *Linkage politics : essays on the convergence of national and international systems* (New York : Free Press 1969), pp. 44-63.

Logic of Two-level Games)과도 연관되어 있다.[6] 그러나 투 레벨게임이 타국과의 협상 의제에 있어 국내적 압박을 최대한 활용해 자국의 이익을 증진시키는 것임에 반해 사드 배치에 대한 국내적 찬반입장과 미국, 중국 및 북한에 대한 다른 인식과 이익 설정의 충돌이라는 점에서 투 레벨게임으로 설명하기는 어려운 부분이 있다. 또한 투 레벨게임이 주로 국가 간 현안이 되는 경제 이슈를 중심으로 전개되는 대외협상이론이기 때문에 북한핵 및 사드와 같은 안보문제를 적용하기도 어렵다.

따라서 현재 진행되고 있는 사드 관련 국내외 논쟁의 성격은 위에서 언급한 안보와 외교정책과 관련한 이론들을 적용해 설명할 수도 있지만 그보다는 강대국에 둘러싸인 한반도의 정치현상에서 발생하는 국제정치현상과 남북한을 포함하는 한반도 내 국내정치세력들의 대응 및 인식과 관련된 한반도적 특수상황으로의 이론적 고찰이 더 적실성이 있다. 19세기 말 이후 한반도를 중심한 국제관계에 있어서 나타는 정치적 현상은 국제세력들 간 관계와 남북을 포함하는 국내 정치행위자들 간 상호관계에 의해 결정되는 모습을 보이고 있다. 이는 한반도와 관련한 주요 강대국간 관계와 힘의 분포가 어떠한 양상으로 나타나며 이에 대해 북한을 포함한 국내적 차원의 대응이 어떻게 전개되는가를 상호 고려해야 한다는 것이다.[7] 그런 점에서 본 논문에서는 사드 배치의 군사전략적, 국제정치적 성격과 관련된 기존 논의보다는[8] 중국에 초점이

---

6) Robert D. Putnam, "Diplomacy and Domestic Politics : The Logic of Two-Level Games," in Peter B. Evans, Harold K. Jacobson and Robert D. Putnam eds., D*ouble-edged diplomacy : international bargaining and domestic politics* (Berkeley: Univ. of California Press, 1993), pp. 431-468.

7) 이호재, 『한국외교정책의 이상과 현실』(서울: 법문사, 1988), p. 25.

8) 이와 관련된 연구들로는 다음을 참조. 박건영, "한국의 안보와 사드(THAAD)," 『한국과 국제정치』 제32권 제3호 통권 제94호(경남대학교 출판부, 2016); 박근재, "사드(THAAD)의 한국 배치를 둘러싼 논란과 정책적 함의," 『전략연구』 제23권 제1호 통권 제68호(한국전략문제연구소, 2016); 박휘락, "한미동맹과 한중관계에서 사드(THAAD) 논란이 갖는 의미 : 자율성-안보 교환 모델의 적용," 『국제관계연구』 제21권 제1호 통권 제40호(일민국제관계연구원, 2016); 이기완, "사드와 AIIB를 둘러싼 미중관계와 한국," 『국제정치연구』 제18

모아진 사드 배치에 대한 주변 강대국의 인식과 한국 내부의 경쟁하는 정치세력 및 주요 지도자들의 사드 배치와 관련한 입장과 사드 압박을 통해 한국의 국내정치에 영향을 미치려는 북한의 의도 등을 살펴보고 있다. 무엇보다도 대통령 탄핵과 조기 대통령선거라는 한국 내 비상적인 정치상황이 국내외 사드논쟁에 미친 영향이 매우 크다. 이런 국내적 정치상황을 배경으로 해서 본문에서는 사드 배치를 둘러싼 주요 쟁점들을 살펴보고 사드배치와 관련 대외 및 북한 인식에 대한 국내 주요 정치세력을 대표하는 정당과 대통령후보자들의 인식을 중심으로 분석하고 있다. 이 부분의 내용에서는 현재 시점이 대통령선거 기간인 만큼 대선과 관련된 시사적인 내용을 바탕으로 정리하고 있다는 점을 전제하고 있다. 이와 함께 한국의 국내정치, 특히 대선에 영향을 미치려는 북한의 사드 반대 압박에 대해 말하고 있다. 결론에서는 이상의 논의들을 정리하고 이미 진행되고 있는 사드 배치의 향후 대선 이후 논쟁이 어떻게 전개될 것인가를 짚어보고 있다.

Ⅱ. 사드 배치 쟁점들과 중국의 반발

사드 배치와 관련한 주요 쟁점들은 사드의 북핵 억지 효용성, 사드배치로 인한 한국의 미국 미사일방어체계(BMD)로의 편입, 사드배치로 인한 동북아 신냉전구도의 형성, 미중관계에 끼인 한국의 외교적 딜레마, 대북제재의 이완 가능성, 사드배치에 대한 중국의 한국에 대한 보

집 1호(동아시아국제정치학회, 2015); 이헌경, "'고고도미사일방어체계'(THAAD)의 한반도 배치 구상에 의한 북핵 문제 해결 방안 모색 : 자극·반응의 극대화,"『통일전략』 제15권 제2호(한국통일전략학회, 2015); 홍규덕, "사드(THAAD) 배치에 관한 주요쟁점과 미사일방어(MD) 전략,"『신아세아』 제22권 제4호 통권85호(신아시아연구소, 2015년 겨울); 刘冲, "美国酝酿在韩部署"萨德"系统问题辨析,"『現代國際關係』 2015年 第5期 總第307期(北京: 現代國際關系編輯部, 2015年 5月).

복 및 경제제재 등으로 정리할 수 있다. 따라서 사드논쟁은 군사안보전략, 국제관계, 한국외교, 핵문제를 중심한 북한문제 등이 복합적으로 상호 연계된 특성을 보이고 있다. 사드 논쟁의 다층적 성격의 저변에는 남북한을 포함해 미중을 중심한 동북아국가들이 한반도를 중심으로 상대방 국가들에게 어떤 인식을 갖고 있는가 하는 부분이 논쟁 내용들을 통해서 나타나고 있는데 구체적으로 살펴보면 다음과 같다.

1. 군사전략과 기술적 측면

사드는 유사시 북한의 핵과 미사일을 방어하기 위한 킬 체인(Kill Chain), 한국형미사일방어체계(KMD)와 함께 구성될 수 있는 다층미사일방어체계다. 사드는 적의 핵탄두를 포함한 미사일공격으로부터 종말단계에서 하층방어보다 높은 고도에서 상대방 미사일을 요격하는 상층미사일방어체계로 현재 40km 이하로 공격해 오는 적 미사일을 요격하기 위한 한국 내 패트리어트 미사일을 보완하는 기능을 하게 된다. 사드는 최대 50㎞ 고도까지 요격이 가능한데 여기에 현재 한국군이 개발중인 고도 40~70km 한국형 장거리지대공미사일(L-SAM), 중거리지대공미사일M-SAM), 페트리어트미사일 체계를 합치면 한국형 다층방어망 구축은 완료된다. 그러나 한국의 다층방어망 구축이 완료되려면 향후 최소 5년 이상의 시간이 걸리기 때문에 북핵 능력이 하루기 다르게 고도화되어 가는 지금 시점에서 사드배치는 불가피한 선택이다. 기술적인 측면에서도 사드의 요격률은 1발 발사 시 85%, 두발 이상 발사 시 거의 100%에 이르는 것으로 나타나고 있다. 북한처럼 한국이 핵을 개발할 수 없는 현실 속에서 북한의 핵위협을 저지할 수 있는 가장 유용한 수단은 한미동맹의 전략자산을 최대한 활용하는 것이고 그 중 하나가 사드 배치다.

사드 배치는 날로 고도화되어가는 북한의 핵과 미사일에 대응하기 위한 한미 '확장억지전략'(extended deterrence strategy)의 일환이기 때문에 미국 미사일방어체계로의 편입이라는 중국의 주장은 사실에 맞지도 않을뿐더러 사실을 과장해서 현실을 오도하는 것이라고 본다. 사드가 한국에 배치되어도 사드의 레이더 탐지거리는 최대 800km를 전후한 범위로 북한을 포함한 한반도 전역과 중국 일부 지역에 한정되어 있다. 사드의 AN/TPY-2FBM레이더의 종말단계 타격용은 탐지 거리가 600km로 일본에 배치된 사드레이더 탐지거리 2,000km에도 미치지 못한다.[9] 그리고 사드미사일 사거리는 200km에 불과하기 때문에 중국의 대륙간탄도탄(ICBM)을 타격할 수 없다. 중국의 전략무기에 대한 감시 가능성은 현재 가동되고 있는 미국 태평양사령부의 우주-지상-해상기반 조기경보체제로도 충분한데 예로 일본 해상에 배치된 최대 탐지거리 4,800km인 미국의 해상기반 X밴드 레이더(SBX)는 한반도 전역과 중국 대부분의 공역(空域)을 감시할 수 있다.[10] 오히려 현재 중국이 헤이룽장성에 배치하고 있는 JY-26레이더는 한국 전역을 탐지할 수 있다. 사드 포대를 수도권이 아닌 성주에 설치한 것도 서울은 PAC 체계로 방어하는 것이 효율적이라는 점과 사드 배치를 반대하는 중국의 입장을 고려한 것이다.

반면에 사드 배치에 반대하는 입장은 사드가 수도권을 제외한 한국의 1/2 내지 1/3만 방어하며 사드 요격성공률이 높지 않다는 점에서 북한의 핵과 미사일 대응에 효용성이 없으며 사드의 한국 배치는 중국을 견제하려는 미국의 미사일방어체계에 한국이 참여하는 것으로 본다. 중국은 사드의 레이더망 체계가 중국의 주요 군사전략지역 및 대륙간탄도미사일(ICBM), 둥펑(東風)미사일 등 관련 시설들을 감시할 수 있다는 이유로 사드가 북한핵에 대응하는 것이 아니고 미국의 중국 봉쇄

---

9) 조한범, "사드(THADD)배치와 한반도 안보,"『안보현안분석』Vol. 116(국방대 국가안전보장연구소, 2016), p. 2.

10) 구본학, "중국 반(反)사드 협박, 덩샤오핑 개혁개방 물거품 되나."『중앙일보 J플러스』. (중앙일보사, 2017).

에 이용된다고 본다. 더 나아가 사드배치는 한국방어가 아니라 주한미군만을 위한 것이며 한일 간 '군사정보보호협정'도 미국의 미사일방어체계 구축의 일환으로 보고 반대하고 있다. 그러나 한일 간 '군사정보보호협정'은 미국의 미사일방어체계 구축과는 별개이며 고체연료와 이동식 발사대를 이용한 북한의 핵과 미사일 도발에 효과적으로 대응하기 위해서는 미사일 발사 관련 사전 정보공유가 매우 중요하다. '군사정보보호협정'도 대부분의 국가끼리 체결하는 통상협정으로 한국의 경우 19개국과 정부 간 협정을 맺고 있고, 14개국과 정부 간 약정을 맺고 있으며, 11개국과 정부간 협정을 추진하고 있다. 정부간 협정을 맺은 19개국 국가 중에는 러시아, 우크라이나, 폴란드, 불가리아, 우즈벡 등 이전 공산권 국가들도 포함되어 있다.[11]

2. 동북아 신냉전 형성 가능성과 한국외교의 딜레마

중국이 사드의 한국 배치를 반대하는 가장 중요한 이유는 사드를 통해 중국의 대미 안보전략의 핵심인 '반접근 지역 거부 전략'(anti-access area denial) 역량이 약화되고 반대로 미국에 대한 위협수단은 무력화되어 중국의 안보취약성이 증대된다는 것이다. 한국 내 사드 배치로 미국이 주도하는 미사일방어체계의 확대와 한·미·일 3각 공조 및 미일동맹의 강화를 중국에 대한 심각한 안보위협으로 인식하고 있다.[12] 이로 인해 미중관계와 한중관계가 악화될 수밖에 없으며 미국의 미사일방어망 확산에 반대하는 러시아가 중국 편을 들어 결국 한·미·일 대 중·러, 여기에 북한을 포함하면 동북아에 신냉전구도가 형성된다는 것이다. 이럴 경우 한국은 미국과 중국 사이에서 외교적 선택을 강

---

11) 박휘락. "한일군사정보보호협정의 오해와 진실," 『한일군사정보보호협정, 어떻게 볼 것인가?- 바른사회시민회의 토론회 자료집』 (2016. 11. 29).

12) 김한권, "북한 4차 핵실험 이후 북중관계 전망," 『주요국제문제분석』 (국립외교원 외교안보연구소, 2016), p. 4.

요당하게 되며 결국 이것은 우리의 국익에 심대한 타격을 준다는 것이다.

그러나 사드 배치를 찬성하는 입장에서는 앞에서 살펴본 것처럼 사드 배치가 중국의 군사전략에 커다란 위해를 가한다는 주장은 과장된 것이며 동북아 신냉전구도의 형성은 핵보유를 기정사실화하려는 북한의 동북아 국가들 간 갈등 형성에 중국이 말려드는 것이라고 본다. 사드 배치가 중국에 위협이 된다고 주장하는 논리도 애초 중국 내 북한에 우호적인 군부 인사들에 의해 제기되었는데 그 근거로 한국 내 사드배치 반대논리가 오히려 영향을 미쳤다.[13] 무엇보다도 사드 배치의 근본적인 원인인 북한의 핵 및 미사일에 대해서는 중국이 사실상 방치하면서 북한핵과 미사일을 방어하려는 한국의 사드배치를 반대하는 것은 앞뒤가 맞지 않는 태도라는 것이다. 따라서 한국의 사드배치는 미국과 중국 어느 편을 드는 것이 아니라 당면한 북핵 위협에 맞서는 한국 및 한미동맹이 방어적 차원에서 취하는 불가피한 선택이라는 것이다. 그렇기 때문에 정부도 북핵 위협이 사라지면 사드는 즉시 철수할 것이라고 했다. 일부에서는 논쟁에 휘말리기 보다는 사드보다는 공세적 방어를 위해 차라리 미국의 전술핵을 재배치해야 한다는 주장도 한다.

그리고 만약 중국이 제기하는 것처럼 동북아에 신냉전구도가 형성되고 고착될 경우도 미국보다는 중국이 훨씬 더 어려운 국제환경에 놓일 수밖에 없다고 본다. 중국이 동북아에서 가장 우려하는 일본의 군사역할 강화를 통한 미일동맹 및 한·미·일 3각동맹의 강화는 중국에게 가장 불리한 환경이 될 것이다. 경제적으로도 최소 년 6% 이상의 고성장을 해야 하는 중국에게 신냉전구도는 불리하게 작용할 것이다. 반면에 러시아는 미국을 견제하기 위해 중국에게 말로만 군사적 협조를 말할 뿐 러시아로서는 실익이 없는 동북아문제에 자국의 비용을 지출할 가능성

---

13) 남광규, "표류하는 사드배치와 대안의 모색," 『자유마당』 통권 86호(자유총연맹, 2016), pp. 31-32.

이 적다. 여기에다 중국도 무시하고 핵능력을 향상시키는 북한이 군사적으로 중국과 결속할 수 있는 여지도 크지 않다. 북한이 계속 핵실험을 하고 미사일을 발사하면 사드 배치를 반대하는 중국의 명분이 약해질 수밖에 없다. 만약 사드 배치를 계기로 동북아에 신냉전구도가 형성되면 중국으로서는 허울뿐인 혈맹국으로 북한을 계속 안고 한미일과 맞설 것인지, 아니면 지금처럼 애매모호한 상태에서 중국의 안보적, 경제적 취약점이 높아지는 것을 감수해야 할 것이다.

3. 대북제재 이완가능성과 중국의 보복

사드 배치를 반대하는 측에서는 사드 배치로 인해 현재 유엔을 중심으로 진행되고 있는 대북제재에서 중국이 이탈할 수 있고 북중관계가 개선될 수 있다고 본다. 특히, 한국의 최대 교역국인 중국이 사드배치에 대한 보복으로 경제제재를 할 경우 한국경제가 구조적 위기에 처할 수 있다고 우려한다. 실제 사드 배치가 본격화되자 중국은 롯데를 비롯한 중국 내 일부 한국 기업들의 영업활동을 금지시키고 한국산 수입품에 대한 검역과 감시를 강화시켰고 한국에 대한 관광을 사실상 중단시키는 조치를 취했다. 중국의 시진핑 주석은 2016년 4월에 열린 〈핵안보정상회의〉에서 오바마와 가진 미중정상회담에서 사드의 한국 배치를 반대한다고 공개적으로 말했다. 한편으로 한국에 대한 압박을 시작했는데 2016년 7월 9일 중국 관영 매체인 〈環球時報〉는 사드 배치에 대해 중국이 취할 수 있는 대응으로 기업, 서비스기구 제재, 사드배치를 주장하는 정계 인사의 중국 입국 제한, 사드 대응의 탄도미사일 배치 등의 군사적 조치, 대북제재영향 재평가, 중러 공동대응 등을 열거한 적이 있다.[14] 2016년 7월 24일 한중외교장관회담에서는 왕이 외교부장이 만약 사드가 한국에 배치되면 한중관계는 깨질 것이라고까지 했

---

14) 『環球時報』 (2016. 07. 09).

다.[15] 그리고 올 3월 사드배치가 시작되자 중국은 모든 분야에 걸쳐 전방위적으로 한국을 위협하면서 압박하고 있다.

이에 대해 사드배치를 찬성하는 측에서는 사드를 이유로 중국이 대북제재에서 이탈하거나 북중관계가 개선되면 이것은 결국 중국이 북한의 핵개발을 저지할 의도가 애초에 없었고 오히려 북한의 핵보유를 인정하는 증거라고 본다. 그리고 사드를 이유로 자행되고 있는 한국에 대한 중국의 경제보복은 〈WTO무역규범〉에 어긋나는 행동이며 한중FTA 2조와 12조에 규정한 교역관련 비관세조치도 위반하는 것이다. 사드 배치 반대에 나타난 중국의 이런 행태는 정상적인 국가관계, 외교관계를 벗어난 것으로 이는 한국에 대한 일종의 '길들이기'이라고 본다. 사드 배치 반대에 대한 정당한 주장과 외교적 공세는 이해할 수 있지만 중국 내 사드배치 반대 관제데모, 현지 한국 교민들에 대한 위협적 언사 등은 사드갈등을 오히려 더 증폭시키고 있다. 사드 배치의 원인이 되고 있는 북한의 핵능력 향상에는 의례적인 우려 말고는 아무 말도 하지 못하던 중국이 북한핵에 대한 자위적 수단으로 배치되는 사드에 대해 이렇게 격한 반응을 보이는 것은 이해할 수 없다는 것이다. 따라서 사드 배치를 철회하면 우리의 사활이 걸린 안보문제에 대해 중국의 압력에 굴복하고 안보 주권을 포기하는 나쁜 선례가 될 것이라고 본다.[16] 한국이 중국의 보복에 굴복하게 되면 앞으로도 계속 비슷한 상황이 반복될 것이며 따라서 차제에 주권 보호의 차원에서 경제적 손실을 감수하더라도 중국의 잘못된 행동에 분명하게 맞서야 한다는 것이다. 이상의 사드배치를 둘러싼 논쟁의 시작과 본질은 북한핵에서 기인한다. 그러나 중국은 사드배치의 근원적 원인을 무시하고 사드 대응에서 북핵 위협에 노출되어 있는 한국은 생각하지 않고 미·중의 군사전략적 관점에서만 보고 있다.[17] 사드의 한국 배치와 관련한 중국의 인식 저변에는 사

---

15) 『동아일보』 (2016. 07. 25).
16) 박동선, "사드배치와 한·미·중 삼국지," 『외교광장』 (한국외교협회, 2017).

드 배치를 마치 한국이 미국과 중국 사이에서 어느 편을 드느냐 하는 관점에서 이 문제를 바라보고 있다. 따라서 당사자인 한국의 입장은 무시한 채 미국에 대해 사드 배치의 부당성을 주장하면서 한국에 대해서는 보복과 협박을 가하고 있다.

Ⅲ. 사드 관련 주요 정당들과 대통령후보들의 입장

1. 주요 정당 및 대선 후보들의 사드 입장

사드 배치에 대한 한국 내 여론 추이를 보면 〈아산정책연구원〉에서 조사한 여론조사를 보면 사드 배치에 대해 2015년 3월에 찬성 61.4%, 반대 20.3%, 모름 18.3%에서 몇 번의 변화를 거치다가 2016년 11월에는 찬성 46.3%, 반대 45.7%, 모름 8.0%로 찬반 여론이 비슷해졌다. 반대하는 주요 이유로는 정부 결정에 대한 불신 53.9%, 중국과의 관계 악화가 22.7%로 나타났다.[18] 사드 배치 반대가 증가한 요인들 중에는 정부에 대한 불신과 함께 때마침 대통령탄핵을 가져온 최순실사태가 영향을 미친 것으로 보인다. 한편 사드 배치와 관련해 실시된 좌우, 중도를 망라한 동북아 안보 전문가를 대상한 한 설문조사의 결과를 보면 정치적 이념에 따라 사드 배치에 대해 극명한 이견을 나타나고 있으며 가장 큰 이견을 보인 부분은 사드의 실효성에 대한 평가로 나타났다. 그 다음이 사드 배치가 가져다줄 대외관계에 대한 영향인데 사드 배치가 한미관계에 긍정적 영향을 미칠 것이라는 점에서는 큰 차이가 없지만, 한중관계에 대해서는 가장 큰 이견을 보이고 있다.[19]

---

17) 이지용, "사드(THADD) 배치 논쟁과 한·중관계," 『IFANS FOCUS-IF 2016-03K』 (국립외교원 외교안보연구소, 2016), p. 2.

18) 김지윤·강충구·이지형, "미중 패권경쟁 속 한국인의 사드(THAAD) 인식," 『이슈브리프』 (아산정책연구원, 2017), pp. 10-11.

사드에 반대하는 입장에서는 사드가 한반도에 배치되면 중국이 미국을 향하여 발사하는 대륙간탄도탄(ICBM)을 요격할 수 있고, 그렇게 되면 중국의 핵억제태세가 무력화되기 때문에 중국이 좌시하지 않을 것이며, 따라서 미국과 중국 간에 무력충돌까지도 발생할 것이고, 그러면 한국은 그 사이에서 희생자가 될 수밖에 없다고 주장한다.[20] 사드 배치를 반대하는 측은 특히, 사드의 효용성에 대한 의문과 함께 한편으로는 북한이 한국에 대해 미사일을 포함한 핵공격을 하지 않을 것이라는 생각에서 사드 배치 무용론을 말하기도 한다.[21] 그들 중 일부는 사드 배치를 둘러싼 국내외 갈등의 원인을 남북관계의 악화, 그중에서도 한국정부의 비타협적인 태도에서 기인하는 것으로 본다. 즉, 남북관계가 악화되지 않고 북핵문제의 평화적 해결을 위한 대화가 이어졌더라면 애초부터 유엔의 대북제재 결의나 사드 포대의 한국 배치, 한·일 군사정보협력의 필요성은 없었을 것이라는 입장이다.[22] 이런 인식은 결국 현재의 남북관계 악화와 북한의 핵실험 원인에 대한 책임이 북한보다는 한국에 더 있다는 논지다.

그렇다면 5월 9일의 대통령선거를 앞둔 지금 시점에서 각 정당들과 대통령후보들의 사드에 대한 입장은 무엇인지 살펴보자. 정당들로는 여당인 자유 한국당, 야당인 더불어 민주당, 국민의 당을, 대선후보자들은 자유 한국당의 홍준표 후보, 더불어 민주당의 문재인 후보, 국민의 당의 안철수 후보를 대상으로 사드에 대한 각 당 및 대통령후보자의 입장을 살펴보았다.

---

19) 최영미·곽태환, "한반도 사드 배치를 둘러싼 논쟁과 평가기준 : 전문가 조사 분석을 중심으로," 『한국과 국제정치』 제32권 제3호(경남대학교 극동문제연구소, 2016), p. 82.

20) '싸드'(THAAD)라는 소설에서도 사드가 전쟁의 연계선으로 중국이 한국을 공격한다는 내용을 담고 있는데 이런 국내의 주장이 중국에까지 확산되었다. 박휘락, "중국의 내정간섭에 무릎? 또 다시 속국이 되고 싶은가," 『데일리안』 (2017. 03. 03). http://www.dailian.co.kr/news/view/615968 (검색일: 2017. 03. 17).

21) 홍진표, "사드배치의 합리적 논쟁을 위해," (자유경제원, 2016), p. 25.

22) 평화연구원, "국정동력 잃은 박근혜 정부, '해서는 안될 일'과 '해야 할 일'," 『현안진단』 153호(평화연구원, 2016).

우선 집권 여당인 자유 한국당은 사드배치를 찬성하며 중국의 부당한 간섭과 한국에 대한 경제제재를 성토했다. 그러나 자유 한국당의 대선 후보인 홍준표는 사드로는 불충분하며 전술핵을 들여와 북한핵과 균형을 이루어야 한다는 주장을 하고 있다.[23] 홍준표 후보는 보수층을 대변하는 후보로써 야당과는 물론 여당 내에서도 강한 안보관을 통해 다른 후보들과 차별성을 드러내고 있다.

제1야당인 더불어 민주당은 사드 배치가 정당한 절차 없이 졸속으로 속전속결로 진행되고 있다며 사드 배치는 헌법 제60조 1항에 따라 국회 비준동의를 걸쳐야 한다는 입장이다. 그 이유는 우리 측 사드 부지인 성주골프장을 미국에 내줘 국가재정에 부담이 되고, 사드 배치가 동북아 정세에 큰 영향을 미치며, 군사주권에 관한 국가안전보장 사안이기 때문에 조약이나 협정과 마찬가지로 국회동의 절차가 필요하다는 것이다.[24] 그러나 주한미군의 사드 배치는 〈한미상호방위조약〉과 〈한미주둔군 지위협정〉(SOFA)에 따른 조치로 조약이나 협정으로 보기 어렵다. 이와 관련해 〈법제처〉도 2016년 7월 사드 배치에 따른 새로운 조약 체결과 국회 동의의 필요성이 없다는 유권해석을 내렸다. 더불어 민주당의 대선 후보인 문재인은 사드 배치와 관련해 다음 정부로 넘기는 것이 정권 교체기에 있는 정부의 도리라고 생각한다는 입장을 밝혔다.[25] 그러면서 문재인 후보는 사드 배치 여부에 대해서는 일종의 'NCND'의(시인도 부정도 하지 않는) 전략적 모호성이 필요하다고 했다.

국민의 당도 더불어 민주당과 마찬가지로 사드 배치는 국회 동의를 얻어야 한다는 입장이다.[26] 반면에 국민의 당 대선후보인 안철수 후보

---

23) 『한국경제』(2017. 03. 08).

24) 민주당 사드 대책특별위원회 1차 회의(2017. 03. 17). 헌법 제60조 1항은 상호 원조 또는 안전보장에 관한 조약이나 국가 및 국민에게 중대한 재정적 부담을 지우는 조약은 국회의 비준 동의를 받아야 한다고 돼 있다.

25) 『서울경제신문』(2017. 02. 16).

26) 『서울신문』(2017. 03. 07).

는 사드 배치는 예정대로 해야 하며 국가 간 합의는 다음 정부에서 존중해야 한다며 당론과 다른 입장을 보이고 있다.[27] 안철수 후보는 이전까지는 사드 배치에 반대하는 입장이었으나 사드의 한반도 배치가 진행되면서 부터는 사드 배치를 기정사실화해 수용하는 입장으로 변했다. 안후보의 입장이 사드 배치 인정으로 바뀐 것에는 여론조사에서 1위로 나타나는 문재인 후보와의 차별성과 중도세력을 표방하는 정당의 후보로서 안보에 민감한 보수층을 끌어안기 위한 의도로 보인다.

2. 정당 및 대선 후보들의 대외 및 대북 인식

현재 국내에서 치열하게 전개되고 있는 사드 배치에 대한 찬반논쟁과 이를 통해 읽을 수 있는 미국과 중국에 대한 입장은 19세기말 한반도를 중심으로 각축을 벌였던 주변 강대국들에 대한 당시 조선 내의 인식과 유사한 성격을 갖고 있다. 당시 청, 일, 러의 각축장에서 쇠잔해 가는 조선은 새로운 대외관계 설정을 모색하면서 어느 외세가 조선의 협력국이고 적국인지를 둘러싸고 다양한 주장들이 개진되었고 외세에 대한 인식에 따라 친청파(親淸派), 친일파(親日派), 친러파(親露派)가 형성되었다.[28] 비슷하게 사드 배치를 둘러싼 논쟁에는 미국과 중국 중 향후 어느 나라와 더 우호적인 관계를 유지하는 것이 우리에게 유리한지에 대한 인식과 북한에 대한 인식의 차이도 반영되고 있다. 비록 한미동맹이 유지되고 있지만 과거에 비해 미국과 중국에 대한 상대적 선호 입장이 계속 변하고 있는데 사드와 같이 미중관계가 관련된 군사안보적 사안에서는 그것이 비교적 선명하게 드러날 수 있다.

따라서 사드 찬반을 둘러싼 국내정치세력과 대선 후보들의 논쟁은 미국, 중국, 북한에 대한 인식과 연관되기 때문에 대선 이후의 대외관

27) 『조선일보』(2017. 03. 21).
28) 이호재, 『한국인의 국제정치관』(서울: 법문사, 1994), 2장.

계와 남북관계에 큰 영향을 미칠 수밖에 없다. 즉, 특정 정치이슈에 대한 국내 정치세력 간 내쟁이 도를 넘으면 이슈와 연관된 주변 강대국의 간섭과 개입을 야기할 수 있다는 것이다. 예를 들어, 2016년 2월 추궈홍 중국대사가 더불어 민주당 대표와의 면담에서 사드를 배치하면 한중관계가 파괴될 것이라 말하고 이 내용을 언론매체에 알려줄 것을 특별히 요청한 것은 중국의 이익과 입장을 한국의 야당 대표의 입을 빌려 한국 내 여론 형성에 영향을 끼치려는 것으로 볼 수 있다.[29] 그리고 사드 배치가 확정된 이후 사드 배치에 반대하는 더불어 민주당 의원들이 중국을 방문해 중국 외교부를 비롯한 중국 인사들을 만난 것은 결과적으로 친중노선으로 해석될 수 있으며 이것은 국내 정쟁에 대한 주변 강대국의 개입을 초래할 수 있다.

따라서 사드 배치를 둘러싼 다양한 논쟁에도 불구하고 사드 배치에 대한 찬반 입장은 결과적으로 미국과 중국에 대한 우호적 입장의 정도로 귀결될 수밖에 없다. 사드는 북핵을 방어하기 위한 한국의 방어적 억지 수단이지만 외교적으로 볼 때, 사드를 반대하는 입장은 중국에 대해 우호적이고 사드를 찬성하는 입장은 미국에 대해 우호적인 태도를 보인다고 할 수 있다. 특히, 한미관계가 동맹으로 연결된 만큼 사드 배치에 대해 부정적인 태도를 갖거나 혹은 미중 간 등거리입장을 취하는 모습은 미국으로부터 동맹에 대한 의혹과 불신을 받을 수 있다. 이럴 경우 미국은 전시작전권의 조기 이양과 주한미군 감축을 통한 한국의 자주국방 촉구와 함께 미일동맹 강화를 통해 중국을 견제하려 할 수도 있다.[30] 그렇기 때문에 사드 배치를 둘러싼 국내외 논쟁의 성격은 '정치화'되었다고 볼 수 있다.

사드 배치에 대해 모호한 입장 혹은 사드 배치 시기를 조정하자는 대

---

29) 이성현, "中대사, 사드발언과 한국의 대응전략." 『세종논평』 No. 313(세종연구소, 2016), pp. 1-2.

30) 이헌경, 『북한 핵문제 딜레마와 북한과 미국의 대응전략』 (서울: 매봉, 2017). pp. 215-216.

선 후보들의 미국과 중국에 대한 인식을 보면 구체적으로 특정 국가를 선호하는 것보다는 특정 국가에 대한 비판적 인식과 반대가 기저에 깔려 있는데 그중 미국에 대한 중도적 혹은 반대의 인식에서 강하게 나타나고 있다. 여기서 반대의 인식이란 한미동맹이 존재하는 현실에서 대놓고 반대한다는 것은 아니고 사안에 따라 미국에 대한 입장을 달리하는 일종의 비미(非美)적인 태도도 포함하는 것이다. 그런 점에서 문재인 후보의 대외인식은 노무현 전대통령이 '동북아균형자론'을 제시한 것처럼 한국이 미국과 중국 사이에서 어떤 역할을 할 수 있으리라는 혹은 해야 한다는 인식에 기초하고 있는 것으로 보인다. 사드 배치에 찬성하는 입장에서도 안철수 후보의 경우 중도노선을 표방하는 만큼 상황에 따라 미국과 중국에 대한 입장을 취하고 있다. 이러한 인식과 입장은 미국 관점에서 보면 한미동맹의 이완, 혹은 이탈로 해석될 여지가 있다. 한미동맹을 중시하는 사드 배치에 찬성하는 여권 대선후보들 사이에도 미국과 중국에 대한 대외인식에서 약간의 편차는 있다. 기본적으로 한미동맹을 중심으로 대북정책을 펴나가야 한다는 입장에서 중국보다는 미국과의 관계를 중시한다. 그러나 북한핵에 맞서기 위한 실질적 대응이라는 대중적 여론에 호응해 홍준표 후보는 사드보다 한 발 더 나가 전술핵 재배치를 요구하고 있는데 이 부분은 한반도 비핵화를 견지하는 미국과도 부딪힐 수 있는 주장이다.

사드 배치에 대한 입장은 북한에 대한 인식과도 연관되어 해석될 수 있다. 여기서 전제할 부분은 각 당의 대선 후보들이 표를 의식해 북한에 대한 인식에서 말을 바꾸거나 모호한 입장을 취할 수 있으며 또한 선거과정에서의 북한에 대한 인식이 당선 후 정책에 반영될 것인지는 또 다른 차원의 문제라는 점을 인식하고 평가해야 한다는 점이다. 사드 배치에 대해 유보적이거나 부정적인 입장을 취하고 있는 야당과 대선 후보들은 북한문제에 대한 인식에도 여당과 여당 대선후보와 차이가 있다. 여당인 자유 한국당과 홍준표 후보는 튼튼한 안보관을 바탕으로 북한에 대한 강경한 대응을 요구하고 있으며 북한핵에 대해 국제사회와 공조하면서 대북제재를 강화시키고 북한에 대한 지원에도 부정적인 태도를 갖고 있다. 반면에 야당인 더불어 민주당과 국민의 당은 북한과 대화를 병행할 필요가 있으며 대북 인도적지원이나 개성공단과 같은 남북협력사업은 유지되어야 한다는 입장이다. 따라서 북한에 대해 상대적으로 유화정책을 펼쳐야 한다는 입장인데 문재인 후보의 경우 대통령에 당선되면 김정은을 먼저 만나겠다고 말했다. 야당과 야당 대선 후보들은 대북정책에 있어 과거 김대중, 노무현 시기에 추진되었던 '햇볕정책'을 지금의 상황과 환경에 맞추어 업그레이드해 실시해야 한다는 입장을 갖고 있다. 따라서 야당이 집권할 경우 당장은 아니지만 전체적으로 이명박, 박근혜정권에서 나타났던 대북정책이 수정 혹은 폐기되고 새로유 형태의 대북유화정책이 실시될 가능성이 높다.

Ⅳ. 북한의 사드배치 반대와 대남 압박

북한은 한국의 사드 배치를 미국의 패권전략으로 보면서 사드 배치시 한국이 중국, 러시아의 1차 타격대상이 될 것이라고 위협했다.[31] 그러면서 북한은 핵능력 고도화를 통해 한국 내 사드를 무력화 시키려는 의도를 보이고 있다. 북한이 올 들어 2차례 실시한 미사일 발사는 군사기술적 측면에서 대륙간탄도미사일(SLBM) 능력을 갖추기 위한 시험적 도발의 성격을 갖고 있다. 북한은 2월 12일 미사일을 발사한 직후 자신들이 쏜 미사일을 '북극성 2호'라 하면서 잠수함발사탄도미사일(SLBM) 체계를 이용한 새로운 고체연료 전략미사일이라고 주장했다.[32] 북한의 주장이 사실이라면 2016년 8월 잠수함발사탄도미사일(SLBM) 시험발

31) 『국민일보』 (2016. 02. 20).
32) 『노동신문』 (2017. 02. 13).

사를 하면서 사용한 고체연료 엔진을 미사일 발사에도 적응한 것으로 추정할 수 있다. 북한의 미사일 발사가 고체연료를 이용해 이동식 발사 차량에 탑재해 발사한 것이라면 우리의 미사일방어체계가 유사시 북한의 미사일 발사 요격에 어려움을 겪을 수도 있다. 우리의 미사일방어시스템에 포착되지 않는 이른바 '회피기동'을 통한 미사일 도발로 국내적으로 사드 배치 무용론을 조장할 수 있다. 회피기동이란 은폐, 엄폐가 가능한 장소에 이동식 발사차량을 숨겨 놓았다가 발사 직전 개방된 장소로 이동해 탄도미사일을 쏘는 방법이다.

북한이 2016년 5월의 〈7차 당대회〉 이후 보여주는 대외 및 대남정책의 기본 방향은 핵능력 고도화와 동북아국제환경의 갈등 조장이다. 〈7차 당대회〉에서 항구적 핵국지위를 선포한 북한은 지속적인 당의 과학기술노선중시라는 명분을 내세워[33] 핵능력 고도화를 통해 핵국 지위를 기정사실화하고 있다. 〈7차 당대회〉를 통해 김정은은 집권 이후 강행된 2차례의 핵실험, 4차 핵실험에서 주장한 수소탄 실험, 잠수함발사탄도미사일(SLBM) 시험발사, 각종 미사일 능력 시험 등 핵능력 고도화 업적을 강조했다. 김정은은 4차 핵실험 이후 안보리의 대북제재가 발표된 직후인 2016년 3월 4일 핵탄두 실전배치와 핵공격 선제타격으로 위협했다.[34]

또한 북한은 〈7차 당대회〉를 통해 '핵보유국'을 〈당규약〉에까지 규정하면서 '세계 비핵화'을 말해 사실상 미국과 핵 군축협상을 갖겠다는 의도를 드러냈다. 북한이 만약 핵보유국으로 인정받으면 고농축우라늄(HEU)을 비롯한 핵 프로그램을 계속 진행할 수 있는 명분도 얻고 미국을 상대로 군축 협상을 거쳐 평화협정까지 요구할 수 있는 길이 열릴 수 있다. 북한은 핵카드로 미국을 북한과의 협상장으로 끌어내고 〈평화협정〉을 비롯해 핵문제 및 한반도문제를 북미 구도로 만들어 논의, 해

34) 조선로동당, "조선로동당 제7차대회 결정서" (평양: 조선로동당, 2016년 5월 8일).
35) 『조선중앙통신』 (2016. 03. 04).

결해 나가겠다는 것이다. 북한은 핵무기 개발과 함께 그동안 평화협정의 주체는 북한과 미국이 되어야 한다고 주장해 왔다. 북한은 평화공세의 일환으로 1962년 10월 김일성이 주한미군철수를 전제한 남북평화협정을 제의한 적이 있으며 1974년 3월에는 북한 〈최고인민회의〉가 미국의회에 보내는 편지를 통해 대미 평화협정을 제의한 이래 지속적으로 북미평화협정 체결을 요구해 왔다. 이러한 북한의 주장은 미·북간 평화협정을 통해 한국을 고립시키고자 하는 의도에 기반하고 있다. 북한은 평화보장체계는 국제적으로 해결해야 할 문제로 분리해 인식하면서 핵심을 미국과의 평화협정 체결에 두고 있다.[35]

한편 〈7차 당대회〉에서 나타난 대남관련 내용은 통일 부분과 대남부분으로 나누어 볼 수 있는데 전체적인 내용은 1980년에 개최된 〈6차 당대회〉때 밝힌 내용과[36] 거의 같다고 보면 될 정도로 유사한 내용을 담았다. 북한은 남한이 제도통일의 허황된 꿈을 버리고 연방제방식의 통일로 방향 전환해야 한다면서[37] 남북 정상 간 합의 내용인 '6·15선언'과 '10·4선언'에 대한 이행을 강조하면서 미군철수를 강하게 주장, 자주적 민족단결을 강조했다. 남북 사이의 다양한 형태의 대화가 필요하다고 언급했는데[38] 이것은 기존의 북한 통일방안을 재확인하고 반미 민족공조를 재차 강조한 것이다. 이와 관련해 북한이 지난 해 6월 29일 〈최고인민회의〉 13기 4차회의를 통해 〈조국평화통일위원회〉(조평통)를 국가기구화한 것은 앞으로 통일문제를 포함한 대외관계를 강화할 것이라는 전망을 가능케 한다. 앞으로 남북대화에서 노동당 통일전선부가 아닌 국가 기구인 〈조국평화통일위원회〉가 한국 정부 통일부의 카운터파트로 나설 가능성이 크다.[39]

---

36) 『내외통신』 제9692호(1995. 09. 20).

37) 편집부 편, 『북한 '조선로동당' 대회 주요 문헌집』 (서울: 돌베개, 1988), pp. 385-398.

38) 조선로동당, "조선로동당 중앙위원회 사업총화에 대하여,"(평양: 조선로동당, 2016년 5월 8일).

39) 조선로동당, "조선로동당 제7차대회 결정서"(평양: 조선로동당, 2016년 5월 8일).

따라서 북한은 사드의 한국 내 배치결정을 기회로 미·중간 나아가 한·미·일 대 북·중·러의 동북아 신냉전 구도를 확대하기 위해 동북아 국가들 간 대립과 갈등을 의도적으로 조성하고 있다. 이를 통해 북중, 북러관계 복원을 모색하면서 국제사회의 대북제재 공조를 이완시키려 한다.[40] 북한은 사드의 한국 내 배 결정으로 미중관계와 한중관계 사이에 갈등이 높아진 틈을 이용해 한반도와 동북아 불안정의 근본 원인을 미국 탓으로 돌리면서 자신들의 핵개발 정당성을 기정사실화하고 있다. 더구나 중국이 한국 내 사드 배치 결정의 근본 원인이 북한의 핵개발 때문인 것을 알면서도 사드 배치에 노골적으로 반대하는 것을 십분 이용하고 있다. 북한으로서는 사드 배치로 인해 중국에 있어 북한의 중요성이 새롭게 부각될 것이라고 생각할 수 있다. 중국도 북핵문제와 한국 내 사드 배치를 양 손에 잡고 한반도문제를 조정해 나기고 있기 때문에 국제사회의 대북제재에는 계속 참가하면서도 북한과 중국 사이의 외교관계도 점진적으로 개선해 나갈 가능성도 있다. 여기에는 현재 진행되고 있는 국제사회의 대북제재 국면을 진환시킬 필요가 있는 양국의 공동 필요성도 나타날 수 있다. 즉, 북한은 국제사회의 대북제재 국면을 북중관계 회복을 통해 이완시킬 필요성이 있고 중국도 북한을 대화국면으로 유도해 6자회담 재개를 비롯한 협상의 장을 만들 필요성이 있기 때문이다. 결국 북중관계에서 북한이 중국에 대해 주도권을 갖고 중국이 어쩔 수 없이 끌려들어가는 모습으로 나타날 수 있다.

대남관계에 있어서도 지금은 북한에게 좋은 환경이 조성될 수 있는 기회다. 북한이 대남관계에 있어 남한에 비해 유리한 구조적 조건은 남한의 주기적인 정권교체다. 현재 한국 국회가 여소야대이고 대선에서 야당 후보가 당선될 가능성이 높기 때문에 북한으로서는 남한 내 정치

---

40) 이관세, "김정은체제, 앞으로 대외, 대남공세 강화하나," 『IFES현안진단』 (경남대 극동문제연구소, 2016).

40) 한재진 외, "사드 배치에 따른 주요 이슈와 전망," 『이슈리포트』 4호(현대경제연구원, 2017), p. 3.

환경이 북한에 유리하다고 판단하고 사드를 중심으로 대남 정치공세를 강화하고 있다. 한국의 정권이 바뀌면 새로운 대북정책이 들어서기 때문에 대선에서 현재의 야당이 집권하면 보수정권 10년과는 다른 새로운 대북정책이 수립될 것으로 보고 북한이 원하는 방향으로의 대북정책을 압박하고 있다. 북한과의 대화와 교류협력을 중시하는 야당이 집권할 경우 대북제재 무용론이 제기될 가능성도 있다. 혹은 북한이 극단적 행동을 함으로서 한국의 새로운 정부가 북한을 관리하고 한반도의 평화를 유지한다는 명분으로 대북지원과 협력을 재개할 수도 있다. 사드 배치의 추가적 진행도 일단 유보하고 다시 검토할 가능성도 배제할 수 없다. 사실 한미 양국이 사드배치를 3월에 전격적으로 진행한 것은 사드배치가 한국의 대선결과에 영향을 받지 않게 위한 측면도 있다. 그렇기 때문에 북한은 한미의 사드배치에 대해 반발과 대남협박을 하면서 '남남갈등'을 격화시키고 있다.

V. 결론 : 사드논쟁 전망

위에서 살펴본 것처럼 사드 배치를 둘러싼 국내외 논쟁은 군사기술적, 국제정치적 측면보다는 오히려 각 국의 국내정치와 북한핵에 대한 인식과 정책을 반영하는 부분이 더 크다. 이처럼 사드 배치와 관련한 각종 논쟁은 이미 '국내정치화'되어 있는데 중국의 사드반대도 미국과의 군사전략적 성격보다는 시진핑의 정치적 위상과 연계해 국내정치적 측면이 더 강하다. 시진핑은 한국의 사드 배치를 자신이 추진해 왔던 친한정책(親韓政策)의 배신으로 인식하고 보수 군부를 비롯한 국내 반대세력에게 빌미를 제고할 것을 우려한다. 따라서 앞으로 중국은 한국의 정치불안과 사드 배치에 중국과 입장이 비슷한 야당 집권의 가능성이 높은 점을 최대한 활용할 것으로 보인다. 경제를 비롯해 전방위적으로 한국에 대한 보복조치를 계속 시행하면서 한국의 차기 정부에 사드 배치 철회와 관련한 요구를 강하게 지속할 가능성이 높다.[41] 중국이 이렇게 나오는 것은 사드 자체가 중국에 위협이 된다기보다는 차제에 사드논쟁을 계기로 한국에 대한 중국의 영향력을 확실하게 해 두겠다는 의도가 더 크다. 현재 한국의 야당이 여당보다는 중국과 북한에 우호적인 입장이기 때문에 야당이 정권을 잡으면 중국의 대한정책은 지금보다 유리한 환경에서 전개될 가능성이 크다. 중국으로서는 한국의 신정부가 중국을 의식하게끔 강하게 밀고 나갈 필요성이 있는데 사드는 활용하기 좋은 소재가 된다. 이미 배치가 시작된 사드 배치를 결국에는 받아들일 수밖에 없더라도 향후 중국은 사드보다 더 크고 많은 것을 한국의 신정부로부터 얻으려 할 것이다.

그렇기 때문에 사드에 대한 중국의 태도와 주장을 보면 본말이 전도되고 편협한 자국 이기주의에 매몰된 모습임을 알 수 있다. 설사 한국의 사드 배치가 미국의 미사일방어체계의 확대라는 중국의 주장을 인정한다고 하더라도 그렇다고 사드 배치 반대로 한국을 위협하고 제재하는 중국은 태도는 비유하건데 "옆집에 불이 나서 자기 집 마당으로 연기가 스며드는 것을 갖고 불난 집을 꾸짖는 것"과 같은 것이다. 중국이 반대하는 사드가 아니면 북한핵을 억지하기 위해 전술핵 재배치가 대안으로 거론될 경우 중국의 군사안보전략 환경은 더 어려워질 것이다. 나아가 동북아에 신냉전구도가 고착되면 고도성장을 지속하면서 초강대국으로 발전하려는 중국에게도 불리하다.

그러나 한미의 일정을 앞당긴 사드배치 진행, 사드에 대한 중국의 과장된 주장과 한국에 대한 협박과 경제제재를 노골화한 이면에는 현재

---

41) 신원식. "미 BMD 소개 및 THAAD 관련 대응방향." 『미국의 BMD(미사일방어) 체계와 THAAD, 우리의 선택은-고려대 아세아문제연구소 북한연구센터 세미나 자료집』 (2017. 03. 31).

한국의 국내정치가 자리 잡고 있다. 대통령탄핵에 이어 조기 대선이 실시되고 야당 집권이 유력한 상황에서 한미는 사드 배치의 불확실성을 제거하기 위한 측면이, 반면에 중국은 한국의 신정부에 대한 영향력 확보 차원의 성격이 강하다. 만약 대선에서 야당이 승리할 경우 시기적 선택만 있을 뿐 지난 10년 간 진행되어온 한국의 대북정책과는 다른 방향으로 대북정책이 전개될 것이 거의 확실시되기 때문에 한미공조도 갈등을 빚을 가능성이 높다. 여기에 트럼프행정부의 주한미군 주둔비용 인상 요구, 한미FTA 재논의, 신정부가 이전보다 더 친중노선으로 경도될 가능성 등이 있기 때문에 한미관계와 한중관계가 요동칠 수 있다. 새로운 정부가 한미공조보다는 남북공조로 나가면 한미관계는 더욱 어려워질 것이고 한중관계는 더 밀접해 질 수 있다. 현재의 나타는 국내의 사드논쟁은 그 전초전의 성격이 될 수 있다.

북한으로서도 야당이 집권하게 되면 남북관계와 대남전략에서 여유와 자신감을 갖고 새로운 대외전략을 모색할 수 있는 기회가 될 것이다. 야당이 사드 배치에 대해 수동적인 입장을 보이고 있기 때문에 북한은 한국의 신정부에 대해 사드 공세를 더 강화할 수 있으며 사드 배치를 이유로 자신들의 요구조건들을 신정부를 상대로 관철시키려 할 것이다. 신정부의 한미관계에 있어서도 북한은 갈등 요소를 최대한 이용하려 할 것이고 한국 사회 내에 반미정서가 팽배해지도록 하고 미국이 한국을 불신토록 하는 전략전술을 펼칠 가능성이 크다. 사드는 그러한 전략전술들 중 작은 부분에 해당할 것이다. 장기적으로는 북한은 핵능력을 최대한 끌어올려 놓고 불편해 질 수 있는 한미관계를 이용해 핵협상을 통해 평화협정과 미군철수도 관철시킬 수도 있다. 따라서 미국과 중국의 대한정책과 북한의 핵능력고도화보다 대선 이후 나타날 한국의 새로운 정치세력과 대외정책이 미국, 중국뿐만 아니라 북한의 대한정책에 미칠 영향이 더 클 것이다.

따라서 사드 배치와 관련한 국내의 찬반 논쟁에서 우리가 주의할 점은 중요한 안보문제에 대한 논쟁이 주변 국가들과 북한에게 악용되지 않기 위한 이성적 자제와 한계 설정이 중요하다. 사드 배치가 북한의 핵위협으로부터 우리를 보호하기 위한 현실적 조치라는 점에 대해서는 찬반 입장을 떠나 생각을 같이 해야 한다. 따라서 유사시 북한의 핵공격에 대한 사드의 효용성이나 사드 배치 시기의 적절성, 사드배치로 인한 한중관계 악화에 대한 대비책 등은 정책결정과정에서 논의의 대상이 될 수 있다. 그러나 사드 배치가 결정된 이후 지역 주민들뿐만 아니라 사드 배치를 반대하는 일반대중을 대상으로 하는 주장들 중에서 사드의 전자파 유해성 주장은 2009년의 '광우병사태'에서 나타난 선전선동의 재판을 보는 듯 해 사드논쟁의 본의를 초기부터 훼손시켰다. 뿐만 아니라 사드 배치를 우리 국민보호 대 주한미군 보호의 이분법으로 나누어 한미대립 구도로 유도하려는 것은 국민들의 판단력을 오도하려는 정치적 선동이다. 한미동맹이 우리 국민뿐만 아니라 한국에 있는 미군도 보호해야 하는 것은 지극히 당연하다. 그럼에도 불구하고 사드논쟁의 본질에서 벗어난 주장과 정치적 선동은 우리의 국익뿐만 아니라 우리의 대외관계에도 악영향을 미친다는 점을 돌이켜 생각해 반성해야 할 것이다.

참고문헌

김지윤·강충구·이지형. "미중 패권경쟁 속 한국인의 사드(THAAD) 인식." 『이슈브리프』 (아산정책연구원, 2017).

김한권. "북한 4차 핵실험 이후 북중관계 전망." 『주요국제문제분석』 2016-02 (서울국립외교원 외교안보연구소, 2016).

구본학. "중국 반(反)사드 협박, 덩샤오핑 개혁개방 물거품 되나." 『중앙일보 J플러스』. (중앙일보사, 2017).

남광규. "표류하는 사드배치와 대안의 모색." 『자유마당』 통권 86호(자유총연맹, 2016).

박건영. "한국의 안보와 사드(THAAD)." 『한국과 국제정치』 제32권 제3호(경남대학교 극동문제연구소, 2016).

박근재. "사드(THAAD)의 한국 배치를 둘러싼 논란과 정책적 함의." 『전략연구』 제23권 제1호(한국전략문제연구소, 2016).

박동선. "사드배치와 한·미·중 삼국지." 『외교광장』 (한국외교협회, 2017).

박휘락. "한미동맹과 한중관계에서 사드(THAAD) 논란이 갖는 의미 : 자율성-안보 교환 모델의 적용." 『국제관계연구』 제21권 제1호(일민국제관계연구원, 2016).

박휘락. "한일군사정보보호협정의 오해와 진실." 『한일군사정보보호협정, 어떻게 볼 것인가?-바른사회시민회의 토론회 자료집』 (2016. 11. 29).

박휘락. "미국 사드의 한국 배치 논란에서 드러난 오인식(misperception)과 집단사고(groupthink) 분석." 『국가정책연구』 제29권 제3호(중앙대 국가정책연구소, 2015).

신원식. "미 BMD 소개 및 THAAD 관련 대응방향." 『미국의 BMD(미사일방어)체계와 THAAD, 우리의 선택은-고려대 아세아문제연구소 북한연구센터 세미나 자료집』 (2017. 03. 31).

안성규·최강·권은율·Rachel Leng. 『한반도 사드 배치와 중국』. 서울: 아산정책연구원, 2016.

이관세. “김정은체제, 앞으로 대외, 대남공세 강화하나.” 『IFES현안진단』 (경남대 극동문제연구소, 2016).

이기완. “사드와 AIIB를 둘러싼 미중관계와 한국.” 『국제정치연구』 제18집 1호(동아시아국제정치학회, 2015).

이성현. “中대사, 사드발언과 한국의 대응전략.” 『세종논평』 No. 313(세종연구소, 2016).

이지용. “사드(THADD) 배치 논쟁과 한·중관계.” 『IFANS FOCUS-IF 2016-03K』 (국립외교원 외교안보연구소, 2016).

이호재. 『한국인의 국제정치관』. 서울: 법문사, 1994.

이호재. 『한국외교정책의 이상과 현실』. 서울: 법문사, 1988.

이헌경. 『북한 핵문제 딜레마와 북한과 미국의 대응전략』. 서울: 매봉, 2017.

이헌경. “ ‘고고도미사일방어체계’(THAAD)의 한반도 배치 구상에 의한 북핵문제 해결 방안 모색 : 자극·빈응의 극대화.” 『통일전략』 제15권 세2호(한국통일전략학회, 2015).

조선로동당. “조선로동당 제7차대회 결정서.” 평양: 조선로동당, 2016년 5월 8일.

조선로동당. “조선로동당 중앙위원회 사업총화에 대하여.” 평양: 조선로동당, 2016년 5월 8일.

조한범. “사드(THAAD)배치와 한반도 안보.” 『안보현안분석』 Vol. 116(국방대 국가안전보장연구소, 2016).

정경영. 『“사드 배치 결정 파장과 정책 대안.” 「한반도 사드배치」 어떻게 풀어갈 것인가? : 현상 진단, 전략적 선택과 해법을 중심으로』. 서울: 더불어민주당 민주정책연구원, 2017.

채소현. “중·미 안보 갈등과 한반도 : 사드배치를 중심으로.” 『국제학원우논집』 (한양대 국제학대학원, 2015).

최영미·곽태환. “한반도 사드 배치를 둘러싼 논쟁과 평가기준 : 전문가 조사 분석을 중심으로.” 『한국과 국제정치』 제32권 제3호(경남대학교 극동문제연구소, 2016).

편집부 편. 『북한 ‘조선로동당’ 대회 주요 문헌집』. 서울: 돌베개, 1988.

평화연구원. “국정동력 잃은 박근혜 정부, ‘해서는 안될 일’과 ‘해야 할 일’.” 『현안진단』 153호(평화연구원, 2016).

한재진 외. “사드 배치에 따른 주요 이슈와 전망.” 『이슈리포트』 4호(현대경제연구원, 2017).

홍규덕. “사드(THAAD) 배치에 관한 주요쟁점과 미사일방어(MD) 전략.” 『신아세아』 제22권 제4호(신아시아연구소, 2015).

홍진표. “사드배치의 합리적 논쟁을 위해.” 서울: 자유경제원, 2016.

Herz John. “The Security Dilnmma in the Atomic Age.” in John Herz. *International politics in the atomic age*. New York : Columbia University Press, 1959.

Putnam. Robert D. “Diplomacy and Domestic Politics : The Logic of Two-Level Games.” in Evans. Peter B. Jacobson. Harold K. and Robert D. Putnam eds. *Double-edged diplomacy : international bargaining and domestic politics*. Berkeley : Univ. of California Press, 1993.

Rosenau. James N. “Toward the Study of National-International Linkages.” in James N. Rosenau ed. *Linkage politics : essays on the convergence of national and international systems*. New York : Free Press, 1969.

刘冲. “美国酝酿在韩部署“萨德”系统问题辨析.” 『現代國際關係』 第5期 總第307期(北京: 現代國際關系編輯部, 2015).

『국민일보』

『노동신문』

『내외통신』

『동아일보』

『서울경제신문』

『서울신문』

『조선일보』

『조선중앙통신』

『한국경제』

『環球時報』

http://www.dailian.co.kr/news/view/615968(검색일: 2017. 03. 17).

대북정책 유형에 따른 개인선호의 변화와 결정요인, 2007-2014*

권수현(경상대학교)

Ⅰ. 문제제기

'대북정책'이라는 단어가 일상적으로 사용되고 있지만 대북정책의 구체적인 정의 또는 학술적 정의는 찾아보기 어렵다. 한 학자는 "통일정책은 통일과정과 절차, 이념, 체계 등을 다루는 장기적이고 종합적인 정책인 반면, 대북정책은 통일정책을 달성하기 위한 수단 개념으로, 북한의 특정한 행동이나 전략에 대응하며 현재의 상황을 관리하는 정책"이라고 정의했다.[1)]

그런데 그동안 한국 정부의 대북정책을 살펴보면, 대북정책과 통일정책은 명확히 구분되어 있지 않다. 그리고 다수 정부의 대북정책은 현상(남북관계)에 대한 변화를 목표로 하고 있다는 점에서 현상 유지나 관리에 머무르는 정책이라고 보기 어렵다. 또한 정부의 대북정책에는 국내나 국외에 거주하는 북한이탈주민이나 남한주민을 대상으로 한 정책도 포함되어 있어 체제 차원의 북한이나 행위자로서 북한정부만을 대상으로 한 정책이라고 볼 수 없는 부분이 있다. 더욱이 대북정책을 북한이나 북한정부를 대상으로 한 정책이라고 할 경우에도 핵이나 미

---

* 본 글은 2017년도 『통일정책연구』, 제26권 1호에 게재된 논문이다.

1) 김문성, "초국가적 제도주의에 근거한 박근혜정부의 대북정책의 새로운 접근법: 신기능주의와 신제도주의적 정책에 대한 비교평가를 바탕으로," 『GRI 연구논총』 제15권 2호(경기연구원, 2013). p. 122.

사일과 관련된 내용, 경제협력과 관련된 내용, 인권과 같이 북한주민과 관련된 내용 등 다양하고 광범위한 영역과 내용이 포함되어 있다.

통일정책 또한 사회적으로 합의된 장기적 계획과 정책으로 존재하기보다는 정권교체에 따라 접근법과 내용이 달라진다. 그리고 실제 정부가 추진하는 통일정책 다수는 한국시민들을 대상으로 정부의 통일정책을 선전하는 방향으로 운영되고 있다. 또한 매년 통일부에서 발행하는 『통일백서』의 내용을 보면, 통일정책이 대북정책의 하위 범주로 제시된 경우도 있다. 이렇듯 개념상의 통일정책과 실제 운용되는 통일정책 간의 차이는 통일정책을 대북정책의 상위 개념으로 보기 어렵게 한다.

한편, 한국정부의 대북정책은 이념적·정치적 성향에 따른 갈등과 대립을 불러일으키는 정책이라는 인식이 강화되고 있다. 그런데 앞서 언급했듯이 정부의 대북정책은 하나가 아닌, 여러 개의 세부적인 정책들로 구성되어 있으며, 개별 정책에 대해 한국인들이 어떤 선호를 갖고 있는지는 분명하지 않다. 그리고 그러한 선호가 개인의 정치적 이념에 따라 다른 양상을 보이는지, 아니면 선호에 영향을 미치는 또 다른 요인이 있는지, 또는 정책에 따라 선호에 영향을 미치는 요인이 다른지 등도 불명확하다.

이러한 문제의식 하에서 본 연구는 일반적으로 통용되고 있는 대북정책이 아닌, 하위 차원으로 세분화된 대북정책을 대상으로 각각의 대북정책에 대해 한국인들이 어떤 선호를 갖고 있으며, 그러한 선호에 영향을 미치는 요인들이 무엇인지를 경험적으로 분석해보고자 한다. 이를 위해 본 연구는 서울대학교 통일평화연구원이 2007년부터 실시해오고 있는 『통일의식조사』 설문조사 자료를 사용한다. 특히 현재까지 공개된 2007년부터 2014년까지의 자료를 종합한 자료를 사용함으로써 시간의 흐름 속에서 대북정책에 대한 한국인들의 선호에 일관성이 존재하는지 또는 변화하는지, 그리고 선호에 영향을 미치는 요인의 영향력이 지속성을 갖는지 여부를 살펴보고자 한다. 본 연구는 대북정책에 대한 한국인들의 선호를 시계열적으로 파악하고 이해하는 데 도움이 될 뿐만 아니라 향후 대북정책에 대한 정치적·정책적 함의를 제공해줄 수 있을 것이다.

본 연구는 다음과 같이 구성된다. 2장에서는 대북정책에 대한 개인 선호와 관련된 기존 연구들을 비판적으로 검토하고 본 연구와 이전 연구의 차이점을 제시한다. 3장에서는 본 연구에 사용되는 데이터와 분석 방법에 대해 설명한다. 4장에서는 3장에서 언급한 분석방법을 활용해 도출된 분석결과를 제시한다. 마지막 5장에서는 본 연구의 분석결과를 정리하고 정치적·정책적 함의를 제시하며 마무리한다.

Ⅱ. 기존연구 검토

1. 대북정책에 대한 개인선호

개인 수준에서 북한과 관련한 선호를 분석하는 연구들은 1990년대 중·후반부터 등장하기 시작해 현재는 다양한 연구들이 활발하게 진행되고 있다. 그런데 이들 대다수 연구는 통일과 관련된 개인의 선호를 분석하는 데 집중되어 있다. 즉 통일의 필요성이나 기대, 통일비용에 대해 개인들이 어떤 선호를 갖고 있으며, 이러한 선호에 미치는 요인이 무엇인가를 밝히는 연구가 다수를 이루고 있다.[2] 반면, 정부의 대북정책

2) 김경은·윤노아, "청소년의 국민정체성, 통일, 다문화수용성에 대한 인식," 『사회과교육』 제51권 1호(한국사회과교육연구학회, 2012). pp. 123~140.; 김병조, "민주화 선호경향과 통일의식 간의 관계 분석," 『통일과 평화』 제1권 2호(서울대학교 통일평화연구원, 2009). pp. 63~102.; 백시내, "한국인의 국민정체성, 다문화 수용성과 통일 태도," 『사회과학연구』 제32집 1호(충남대학교 사회과학연구소, 2016). pp. 337~356.; 변종헌, "20대 통일의식과 대학 통일교육의 과제," 『통일정책연구』 제21권 1호(통일연구원, 2010). pp. 157~186.; 윤옥경, 2010. "중학교 교사와 학생의 북한에 대한 지식과 통일에 대한 태도의 관계: 서울 지역 중학교 교사와 학생을 중심으로," 『한국지리환경교육학회지』 제18권 3호(한국지리환경교육학회, 2010). pp. 269~279.; 이내영, "한국인의 통일의식의 결정요인: 새로운 분석모델

에 대한 선호 연구는 상대적으로 많지 않다. 그런데 통일로 가기 위한 가장 중요한 수단이자 방법이 정부의 대북정책이고, 정부의 대북정책은 한국인들의 전폭적인 지지를 기반으로 할 때 추진의 탄력성이 생길 수 있다. 이러한 점에서 한국인들이 통일에 대해 어떤 선호를 갖고 있는지도 중요하지만 정부의 대북정책에 대한 선호도 주목할 필요가 있다.

정부의 대북정책 선호에 관한 연구로는 김세진(1973)[3], 윤광일(2013)[4], 김병로·최경희(2012)[5], 박균열·송도선(2014)[6], 송영훈·권수현(2013)[7] 등의 연구가 있다. 이들 연구에서 사용되는 대북정책 또는 통일정책은 학자들마다 다르게 구체화되고 있다. 김세진(1973)은 남북교역으로, 윤광일(2013)은 '북한과의 통일방식, 북한과의 교류협력방식, 북한과의 협상방식, 북한에 대한 지원 여부'로, 김병로·최경희

의 모색,"『평화연구』 제22권 1호(고려대학교 평화와민주주의연구소, 2014). pp. 167~206.; 이성우, "통일의식에 영향을 미치는 통일여건의식의 상호관계: LISREL을 통한 구조방정식 모델 분석,"『통일과 평화』 제5권 1호(서울대학교 통일평화연구소, 2013). pp. 115~153.; 장민수·김준서, "북한 주민에 대한 상충적 태도와 적극적 통일인식에의 영향,"『한국정치연구』 제24권 1호(서울대학교 한국정치연구소, 2015). pp. 111~139.; 전우영·조은경, "북한에 대한 고정관념과 통일에 대한 거리감,"『한국심리학회지: 사회 및 성격』 제14권 1호(한국심리학회, 2000). pp. 167~184.; 정기선, "북한 주민에 대한 사회심리적 태도가 통일열망에 미치는 영향,"『한국사회학』 제32권(한국사회학회, 1998). pp. 427~448.; 조복희·강완숙, "청소년의 북한에 대한 이해, 통일에 대한 태도 및 심리적 거리감과 정보종류에 따른 통일에 대한 태도의 차이연구,"『청소년학연구』 제5권 3호(한국청소년학회, 1998). pp. 287~311.; 조진만·한정택, "남북한 젊은 세대의 통일의식 비교 분석: 민족적 당위와 현실적 이익의 문제를 중심으로,"『동서연구』 제26권 1호(연세대학교 동서문제연구소, 2014). pp. 149~178.; 최영준·황태희·최우선·주형민, "박근혜 정부의 통일정책의 정책수용성에 대한 실증연구: 2013년과 2015년 국민인식조사 비교,"『국제관계연구』 제21권 1호(고려대학교 일민국제관계연구원, 2016). pp. 5~32.

3) 김세진, "남북한결합에 대한 태도 분석,"『통일문제연구』 제3권(평화문제연구소, 1973). pp. 223~243.

4) 윤광일, "북한 주민에 대한 태도가 대북정책 선호에 미치는 영향,"『사회과학연구』 제25집 2호(충남대학교 사회과학연구소, 2013). pp. 29~63.

5) 김병로·최경희, "남북한 주민의 통일의식 비교 분석,"『통일과 평화』 제4권 1호(서울대학교 통일평화연구원, 2012). pp. 101~139.

6) 박균열·송도선, "대학생과 성인의 통일의식 및 통일교육 시사점,"『통일전략』 제14권 2호(한국통일전략학회, 2014). pp. 135~159.

7) 송영훈·권수현, "대북정책에 대한 개인선호 결정요인: 노무현 정부와 이명박 정부 비교,"『아세아연구』 제56권 1호(고려대학교 아세아문제연구소, 2013). pp. 153~182.

(2012)는 '대북지원, 경제투자, 남북회담, 경제협력, 사회문화교류, 인도적 지원'으로 구체화했다. 박균열·송도선(2014)과 송영훈·권수현(2013)은 대북정책에 대한 구체적인 정의를 하고 있지 않다.

일반적으로 통용되는 한국 정부의 대북정책은 하나의 구체화된 정책이기보다는 북한에 대한 총체적인 접근법(approach)이라고 할 수 있다. 즉 북한(문제)에 대한 한국 정부의 접근 방향과 태도라고 할 수 있다. 따라서 총체적인 접근법으로서 대북정책에 대한 개인선호와 이를 구체화한 하위 개별 대북정책에 대한 개인선호 간에는 차이가 존재할 수 있다. 그리고 이러한 선호에 영향을 미치는 요인들 또한 어떤 대북정책이냐에 따라 달라질 수 있다.

대북정책 선호와 관련된 연구들에 있어 이러한 선호에 영향을 미치는 요인들에 대한 분석은 여전히 기초적인 단계에 머물러 있다. 다시 말해, 한국인들이 정부의 대북정책에 대해 어느 정도 만족하고 불만족하는지에 대해서는 알 수 있지만 그러한 선호에 영향을 미치는 요인들이 무엇인지에 대해서는 경험적인 연구가 부족하다. 특히 대북정책이 한국사회 내 남남갈등을 일으키는 중요한 요인으로 이야기되고 따라서 정치적 이념 성향이 대북정책 선호에 영향을 미친다는 논의는 많지만 경험적으로 충분히 증명되었다고 할 수 없다. 그리고 정치적 이념 성향 이외에 다른 요인들이 영향을 미칠 가능성도 배제할 수 없다.

대북정책 선호에 영향을 미치는 요인들을 파악하는 일이 중요한 이유는 대북정책이 다른 어떤 정책보다 아래로부터의 지지를 필요로 하기 때문이다. 아래로부터의 지지를 받지 못하는 정부의 대북정책은 제대로 추진될 수도, 효과를 발휘할 수도 없다. 또한 시민들의 선호를 파악하고 이를 정책에 반영하는 것은 민주주의 정부의 의무이자 책임이다. 따라서 대북정책을 둘러싼 갈등이 과연 한국사회 내 어떤 균열에 기초해 있는지를 경험적으로 분석할 필요가 있으며, 이를 바탕으로 갈등을 최소화하고 지지를 극대화할 수 있는 방향과 방법을 구체화하고 실천할 필요가 있다.

이러한 문제의식 하에서 본 연구는 정부의 대북정책을 세분화하고 각각의 대북정책에 대해 개인들이 어떤 선호를 갖고 있으며, 그러한 선호에 어떤 요인이 영향을 미치는지를 경험적으로 분석해보고자 한다. 특히 본 연구는 시계열 자료를 사용함으로써 시간의 변화와 정권교체 또는 남북관계의 상황 변화 등과 같은 외부적인 정치환경의 변화에 따라 개인의 선호가 어떻게 변화하는지 그리고 이러한 선호에 영향을 미치는 요인들의 영향력도 시간에 따라 변화하는지를 함께 분석하고자 한다.

2. 대북정책에 대한 개인선호 결정요인

정책에 대한 개인선호를 설명하는 이론은 크게 인구통계학적 시각, 정치성향 시각, 사회문화적 시각, 경제적 시각으로 구분해볼 수 있다.[8] 인구통계학적 시각은 연령, 성별, 결혼, 종교, 거주지 등과 같은 인구사회학적 요인들이, 정치성향 시각은 개인의 정치적 성향이나 지지정당에 대한 선호 요인들이 개인의 정책선호에 영향을 미친다는 것이다. 사회문화적 시각은 개인이 속한 민족에 대한 소속감이나 충성, 애착을 의미하는 민족정체성(national identity)이나 한 국가의 시민으로서의 자격을 의미하는 시민적 정체성(civic identity) 또는 자신과 다른 문화적 배경을 가진 집단을 사회의 구성원으로 받아들이는 정도를 의미하는 다문화 수용성(multi-cultural acceptability) 등을 정책선호의 중요요인으로 가정한다. 경제적 시각은 수입이나 교육 수준, 직업 등에 따라 달라지는 개인의 경제적 수준과 지위, 또는 개인에게 돌아오는 이익에 대한 기대(기대이익: expected benefit) 등이 개인의 정책선호에 영향

---

8) 손애리·이내영, "탈북자에 대한 한국인의 태도 연구: 국가정체성과 다문화 수용성을 중심으로," 『아태연구』 제19권 3호(경희대학교 국제지역연구원, 2012). pp. 10~14.; 송영훈·권수현, "대북정책에 대한 개인선호 결정요인: 노무현 정부와 이명박 정부 비교," pp. 155~159.; 이내영, "한국인의 통일의식의 결정요인: 새로운 분석모델의 모색," pp. 172~183.

을 미친다고 강조한다.

본 연구는 이 중에서 인구통계학적 시각을 제외한 정치성향 시각과 사회문화적 시각, 그리고 경제적 시각에 초점을 맞추고 각 시각에서 강조하는 요인들이 대북정책에 어떤 영향을 미치는지를 분석한다. 왜냐하면 인구통계학적 변수들은 일반적으로 변수들의 영향력이 일정한 모습을 보이지 않는 것으로 나타나기 때문이다.[9] 따라서 본 연구에서 인구통계학적 변수들은 다른 독립변수들의 영향력을 측정하기 위한 통제변수로 사용하고자 한다.

우선, 정치성향 시각에 초점을 맞추는 이유는 남한사회에서 정부의 대북정책이 '남남갈등'을 일으키는 중요한 요인으로 인식되고 있고[10] 실제 개인의 정치적 성향에 따라 각 정부의 대북정책에 대한 선호가 달라지는 것으로 나타나기 때문이다.[11] 그런데 대북정책의 하위정책 내용이 다양하게 구성되어 있다는 것을 고려할 때, 과연 세부적인 대북정책에 대해서도 개인의 정치적 성향이 중요한 영향을 미치는지 여부는 검증해볼 필요가 있다. 왜냐하면 정치적 성향에 따라 선호가 달라지는 정책이 있는 반면, 그렇지 않은 정책도 존재할 수 있기 때문이다.

다음으로 사회문화적 시각에 초점을 맞추고 그 영향력을 살펴봐야 하는 이유는 우선, 남한사회에서 '단일민족'이라는 관념이 남북통일의

---

9) Ceobanu,Alin M. and Escandell, Xavier, "Comparative Analyses of Public Attitudes Toward Immigrants and Immigration Using Mutinational Survey Data: A Review of Theories and Research," *The Annual Review of Sociology*, Vol. 36(Annual Reviews, 2010). pp. 209~238.

10) 남한사회에서 '남남갈등'은 일반적으로 "남북관계를 둘러싼 남한사회 내부의 갈등"이라는 뜻으로 사용되고 있다(손호철, "남남갈등의 남남갈등을 넘어서: 뉴라이트와 분단체제론의 비판적 고찰," 『진보평론』 제30호(진보평론, 2006). p. 216.

11) 김재한, "남남갈등의 연계성: 대북정책에 관한 조선일보-한겨레신문 태도 간 연계성 및 대북정책-대중정책-대미정책 태도 차이 간 연계성을 중심으로," 『통일과 평화』 제2권 2호(서울대학교 통일평화연구원, 2010). pp. 137~158.; 송영훈·권수현, "대북정책에 대한 개인선호 결정요인: 노무현 정부와 이명박 정부 비교," pp. 153~182.; 윤광일, "북한 주민에 대한 태도가 대북정책 선호에 미치는 영향," pp. 29~63.; 이정희, "통일관련 사회단체의 이념적 차별성 연구: 남북관계와 대북정책의 인식을 중심으로," 『국제정치논총』 제42권 4호(한국국제정치학회, 2002). pp. 17~149.

필요성과 정당성을 뒷받침해주고 있을 뿐 아니라 정부의 대북정책에 있어서도 핵심적인 수사(rhetoric)로 주로 사용되고 있기 때문이다. 그리고 2007년부터 2014년까지 『통일의식조사』를 살펴보면, 전체 응답자 중 약 45%가 통일을 해야 하는 가장 중요한 이유로 '같은 민족'을 선택하고 있다. 그런데 이러한 결과는 반대로 전체 응답자의 55%가 통일의 필요성이나 대북정책의 정당성을 더 이상 민족정체성에서 찾고 있지 않다는 것을 의미하기도 한다. 즉 과반을 조금 넘는 사람들이 민족정체성을 통일의 이유로 보고 있지 않다. 이는 통일과 대북정책에 대한 시민들의 지지를 이끌어내는 데 있어 민족정체성이 더 이상 유용하지 않은 전략일 수 있다는 것을 말해주는 동시에 대북정책에 대한 지지의 정당성 기반을 다양화할 필요성을 말해준다. 이러한 차원에서 민족정체성이 다양한 대북정책에 대해 실제로 어떤 영향을 미치는지를 경험적으로 검증해볼 필요가 있다.

사회문화적 시각에서 강조하는 또 다른 요인으로 다문화 수용성이 있다. 남한과 북한이 70년 이상을 서로 다른 체제와 이념 속에서 살아오고 있기 때문에 같은 민족임에도 불구하고 동질성보다는 이질성이 더 클 가능성이 높다. 그리고 이러한 이질성은 통일 이후만이 아닌 그 이전의 과정에서도 갈등을 야기할 가능성이 높다. 이러한 점에서 다문화 수용성이 대북정책에 어떤 영향을 미치는지에 대한 경험적 연구가 진행될 필요가 있다. 그런데 본 연구에서 사용하는 자료에는 다문화 수용성을 측정할 수 있는 문항이 최근에 신설되었기 때문에 2007년부터 다문화 수용성의 영향력을 파악할 수 없는 한계가 있다. 그리고 다문화 수용성은 대북정책에 직접적인 영향을 미치기보다는 손애리·이내영(2012)의 연구에서와 같이 북한주민이나 북한이탈주민에 대한 태도에 영향을 미친다고 할 수 있다. 이에 따라 본 연구에서는 다문화 수용성에 의해 영향을 받는 북한이탈주민에 대한 태도를 사회적 거리감(social distance)으로 측정하고 이것이 대북정책 선호에 미치는 영향력을 살펴보고자 한다.

마지막으로 경제적 시각에 초점을 맞추는 이유는 남한사회의 변화와 이로 인한 구성원의 인식 변화 가능성 때문이다. 통일의 이유로 민족정체성을 강조하는 사람들의 비율이 50% 이하라는 결과에서도 나타나듯이 이미 일부 연구에서는 북한(문제)과 통일에 대한 남한시민들의 인식이 당위적 차원에서 실용적 차원으로 이동하고 있다는 주장이 등장하고 있다.[12)] 이에 따라 본 연구는 개인이 갖고 있는 경제적 요인에 기초한 대북정책 선호가 일시적인 현상인지, 지속적인 현상인지, 모든 대북정책에 적용되는지, 일부 대북정책에만 적용되는지 여부를 검증해보고자 한다.

경제적 요인의 영향력을 분석하는 데 있어 일반적으로 직업과 교육수준, 수입 등이 주요 변수로 사용된다. 본 연구에서는 이러한 변수들에 기대이익 변수를 추가한다. 기대이익 시각은 어떤 정책에 대한 인식이 그 정책으로 인해 기대되는 이익과 상관성이 높다고 본다.[13)] 이를 대북정책에 적용하면, 대북정책에 대해 갖는 개인의 선호는 대북정책으로 인해 기대되는 개인의 이익과 상관성이 높다고 할 수 있다. 본 연구에서 사용하는 『통일의식조사』 자료는 기대이익을 국가 차원의 이익과 개인에 대한 이익으로 나누고 있는데 두 차원의 이익을 동시에 크거나 적다고 인식하거나 두 차원을 분리해 인식할 수 있다.[14)]

---

12) 송영훈·권수현, "대북정책에 대한 개인선호 결정요인: 노무현 정부와 이명박 정부 비교," pp. 176~177.; 김병로·최경희, "남북한 주민의 통일의식 비교 분석," pp. 131~134.; 정은미, "남북한 주민들의 통일 의식 변화: 2011~2013년 설문조사 분석을 중심으로," 『통일과 평화』 제5권 2호(서울대학교 통일평화연구소, 2013). pp. 98~101.; 최영준·황태희·최우선·주형민, "박근혜 정부의 통일정책의 정책수용성에 대한 실증연구: 2013년과 2015년 국민인식조사 비교," pp. 19~26.

13) 이내영, "한국인의 통일의식의 결정요인: 새로운 분석모델의 모색," p. 180.

14) 위의 글, p. 182.

Ⅲ. 연구방법: 데이터와 변수

본 연구에서 사용하고자 하는 자료는 서울대학교 통일평화연구원이 2007년부터 실시하고 있는 『통일의식조사』 이다. 『통일의식조사』 는 매년 7-8월 사이에 구조화된 설문지를 사용해 제주도를 포함한 전국의 만 19세 이상 성인 남녀 1,200명을 대상으로 1:1 면접조사를 실시하고 있으며, 표본추출은 지역별·연병령·성별로 층화하여 비례 할당하는 다단층화무작위추출법(multi-stage stratified sampling)을 사용하고 있다. 2007년부터 2014년까지 이뤄진 조사의 표본오차는 95% 신뢰수준에서 ±2.8%이다.15)

1. 종속변수

『통일의식조사』의 내용은 크게 통일, 북한, 대북정책, 국제환경, 남한사회로 나뉘어져 있다. 본 연구에서는 정부가 추진하는 대북정책의 하위정책에 해당하는 내용을 선정해 각 정책에 대한 개인의 선호와 선호의 결정요인을 분석한다. 본 연구에서 선정한 하위 대북정책은 '남북 합의사항 계승, 대북지원, 대북지원과 북핵과의 연계, 남북경제협력, 북한인권, 북한이탈주민 지원'으로 6개이다. 여기에 정부의 '대북정책'에 대한 만족도를 추가했는데 이는 총체적인 접근법으로서 정부의 '대북정책'에 대한 선호와 구체화된 대북정책에 대한 선호 간에 유사점 또는 차이점이 존재하는지를 살펴보기 위해서이다. 따라서 본 연구의 종속변수는 총 7개이다.

'남북 합의사항 계승'은 정부가 대북정책을 수립·추진하는 데 있어 현(또는 미래) 정부가 이전(또는 현) 정부의 대북정책을 계승해야 한다고 생각하는지 여부에 대한 남한시민의 선호를 살펴보기 위해 선택했

---

15) 통일평화연구원, 『통일의식조사 2007-2014코드북』 (서울: 통일평화연구원, 2014). p. 30.

다. 이를 측정하기 위해 "남북 간 체결한 합의사항은 정부의 교체와 무관하게 계승되어야 한다는 의견에 동의하십니까? 혹은 동의하지 않습니까?"라는 문항을 활용했다. 이 문항은 '전혀 동의하지 않는다'(1점)부터 '매우 동의한다'(4점)까지 점수가 높아질수록 남북 합의사항을 계승하는 것에 찬성하는 것으로 코딩했다.

'대북지원' 정책에 대한 선호를 측정하기 위해 "대북지원이 북한주민의 생활에 얼마나 도움이 된다고 생각하십니까? 혹은 도움이 되지 않는다고 생각하십니까"라는 문항을 선택했다. 대북지원이 북한주민의 생활에 도움이 된다고 생각하는 사람일수록 대북지원을 지지할 가능성이 높기 때문에 '전혀 도움이 되지 않는다'를 1점으로 '매우 도움이 된다'를 4점으로 코딩했다. 점수가 높아질수록 정부의 대북지원 확대에 긍정적인 태도를 갖는 것을 의미한다.

대북지원은 북핵문제와 분리해 추진할 것인지, 아니면 연계해 추진할 것인지가 항상 논란의 대상이 되어 왔다. 이에 따라 '대북지원과 북핵지원 간의 연계' 여부에 대한 선호를 살펴보기 위해 "북핵문제가 해결되기 전에는 대북지원을 하지 말아야 한다"는 문항을 선택했고, 대북지원과 북핵의 연계를 적극 지지하는 사람을 1점으로, 연계를 적극 반대하는 사람을 5점으로 코딩했다. '남북경제협력'에 대한 선호를 측정하기 위해 "남북경제협력이 북한의 개혁개방에 얼마나 도움이 된다고 생각하십니까?"라는 문항을 선택했고, '전혀 도움이 되지 않는다'(1점)부터 '매우 도움이 된다'(4점)까지 4점 척도로 코딩했다. 점수가 높을수록 남북경협에 대해 긍정적인 선호를 갖는다.

'북한인권' 문제와 관련된 정책 선호를 측정하기 위해 "정부는 북한인권 문제를 끊임없이 제기해야 한다"는 문항을 선택했다. 응답은 5점 척도로 구성되었으며, 점수가 높을수록 정부가 북한인권 문제에 적극적으로 개입하는 것을 선호하지 않는 것으로 코딩했다. '북한이탈주민' 정책과 관련해서는 "정부가 북한이탈주민을 더 많이 지원해야 한다"는 문항을 선택했다. 응답은 4점 척도로 구성되었으며, 점수가 높아질수록 정부의 북한이탈주민 지원을 찬성하는 것으로 코딩했다. 마지막으로 대북정책에 대한 선호와 관련해 “현 정부의 대북정책에 대해 얼마나 만족하십니까?”라는 문항을 선택했고, ‘매우 불만족’(1점)부터 ‘매우 만족’(4점)까지 점수가 높아질수록 정부의 대북정책에 찬성하는 것으로 코딩했다.

이상 7개의 종속변수는 2007년부터 2014년까지 모든 시기에 모두 측정되지는 않았다. 다시 말해, 일부 종속변수(대북지원, 남북경협, 북한이탈주민 지원, 대북정책 만족도)는 2007년부터 2014년까지 매년 설문조사가 이뤄진 반면, 남북 합의사항 계승(2008-2014), 대북지원과 북핵 연계(2008-2014), 북한인권(2009-2014)은 일부 년도가 제외되어 있다.

2. 독립변수와 통제변수

정치성향 시각, 사회문화적 시각, 경제적 시각이 세부적인 대북정책 선호에 어떤 영향을 미치는지를 경험적으로 검증해보기 위해 각 시각에 해당하는 독립변수를 선정했다.

우선, 정치성향 시각을 측정하는 변수로 정치성향 변수와 지역 변수를 선택했다. 정치성향을 측정하는 변수로 지역 변수를 추가한 이유는 한국정치가 영남과 호남이라는 지역주의에 기초해 움직이는 동시에 개인들 또한 정부와 국회의원에 대한 선호나 정책 지지에 있어 지역주의에 기초한 태도를 보여주고 있기 때문이다. 정치성향 변수는 개인이 스스로 판단한 정치성향 문항을 선택했다. 본 문항은 5점 척도로 구성되어 있으며, ‘매우 보수적’을 1점으로, ‘매우 진보적’을 5점으로 코딩했다. 숫자가 높아질수록 진보적인 정치적 성향을 갖는 것을 의미한다. 지역 변수는 개인의 현재 거주지를 묻는 문항을 사용했으며, 영남지역

(부산·대구·울산·경북·경남), 호남지역(광주·전남·전북), 기타지역(충청·강원·제주) 거주자들을 각각 1로 하고 다른 지역 거주자들을 모두 0으로 하는 세 개의 이항변수를 만들었다.

다음으로 사회문화적 시각을 측정하는 변수로 민족정체성 변수와 북한이탈주민에 대한 사회적 거리감 변수를 선택했다. 민족정체성을 측정하기 위해 "우리나라가 통일이 되어야 하는 가장 큰 이유가 다음 중 무엇이라고 생각하십니까"라는 문항을 사용했고, '같은 민족이니까'라고 답변한 사람을 1로, 나머지 답변은 0으로 하는 이항변수로 재코딩했다. 북한이탈주민에 대한 사회적 거리감을 측정하기 위해 "북한이탈주민과 다음과 같은 관계(동네이웃, 직장동료, 사업동반자, 결혼상태)를 맺는 데 대해 어떤 느낌이 드십니까?"라는 네 개의 문항을 사용했다. 각 질문에 대해 '전혀 꺼리지 않음'은 0점, '매우 꺼림'을 4점으로 코딩해 점수가 높아질수록 사회적 거리감이 커지도록 했다. 그 다음에 네 개 질문에 대한 응답자의 점수를 모두 합해 0점부터 16점까지 연속적인 값을 갖는 사회적 거리감 변수를 만들었다.

마지막으로 경제적 시각을 측정하기 위한 변수로 교육[16]과 소득, 기대이익을 선택했다. 교육 변수는 중학교 이하는 1, 고등학교는 2, 대학교 이상은 3으로 하는 구간척도로 코딩해 숫자가 높아질수록 교육 수준이 높아지는 것으로 코딩했다. 소득 변수는 100만원을 단위로 하는 구간척도로 구성했다. 100만원 이하는 1로, 100-199만원은 2, 200-299

16) 교육 변수는 학자들에 따라 경제적 요인으로 포함되기도 하고 사회문화적 요인으로 포함되기도 한다. 이는 교육에 대한 다른 가정 때문인데 교육 변수를 개인의 경제적 지위를 타나내는 지표로 보는 학자들은 교육 수준이 높아질수록 좋은 직업을 얻을 가능성이 높다고 가정한다. 반면, 사회문화적 특성을 나타내는 지표로 보는 학자들은 교육 수준이 높아질수록 다양한 문화에 대한 이해와 경험이 많아진다고 가정한다. 본 연구에서는 전자의 가정을 수용해 교육 변수를 경제적 요인으로 포함시키고자 한다. 왜냐하면 한국사회에서 교육은 더 좋은 직업과 사회적 지위를 얻기 위한 수단으로 인식·활용하는 경향이 강하며, 더 높은 수준의 교육을 통해 타국가나 타문화에 대한 이해가 높아진다고 해서 모든 국가나 문화에 대해 긍정적인 태도를 갖는 것은 아니기 때문이다(권수현·송영훈, "피를 나눈 형제, 이웃보다 못한 친척? 북한이탈주민에 대한 남한주민의 사회적 거리감 결정요인, 2007-2014," p. 135.).

만원은 3, 300-399만원은 4, 400-499만원은 5로, 500만원 이상은 6으로, 숫자가 높아질수록 소득 수준이 높아지는 것으로 코딩했다.

한편, 기대이익 변수는 "통일이 남한에 얼마나 이익이 될 것이라고 생각하십니까? 혹은 이익이 되지 않을 것이라고 생각하십니까?"라는 문항과 "통일이 자신에게 얼마나 이익이 될 것이라고 생각하십니까?"라는 두 문항을 사용했으며, 전자를 집단이익(국가 차원의 이익)으로, 후자를 개인이익(개인 차원의 이익)으로 구분했다. '전혀 이익이 되지 않을 것이다'를 1점으로, '매우 이익이 될 것이다'를 4점으로 코딩했고 점수가 높아질수록 기대이익이 크다는 것을 의미한다.

인구통계학적 요인인 성별, 연령, 세대, 결혼, 종교는 통제변수로 포함시켰다. 성별은 남성은 0, 여성은 1인 이항변수로 코딩했으며, 연령은 연속변수로 코딩했다. 세대는 19-29세는 1, 30-39세는 2, 40-49세는 3, 50-59세는 4, 60세 이상은 5로 하는 구간척도로 코딩했다. 결혼은 미혼을 0, 기혼과 이혼/별거, 사별을 모두 1로 코딩해 이항변수로 재구성했다. 종교도 무교인 사람을 0으로, 불교, 기독교, 천주교, 기타 종교 등 종교를 갖고 있는 사람을 1로 하는 이항변수로 재코딩했다.

Ⅳ. 분석결과

분석은 크게 두 부분으로 진행했다. 우선은 기술통계분석방법을 사용해 년도별로 개별 대북정책에 대한 평균점수와 평균점수 간 차이를 살펴봤다. 다음에는 개별 대북정책에 대한 개인선호에 영향을 미치는 요인을 검증하기 위해 Stata 12를 사용해 회귀분석(regression analysis)을 실시했다.

1. 기술적 분석: 대북정책 유형에 따른 개인선호의 변화

〈표 1〉은 여섯 개의 대북정책에 대한 개인선호의 평균점수를 연도별로 표시한 것이다. 2007년부터 2014년까지 전체 평균점수를 살펴보면, 남북 합의사항 2.69점, 대북지원 2.38점, 대북지원과 북핵 연계 2.61점, 남북경협 2.68점, 북한인권 2.22점, 북한이탈주민 지원 2.22점, 대북정책 2.32점이다. 각 대북정책의 척도가 다르고, 최저점과 최고점의 의미가 다르기 때문에 평균점수에 대한 해석은 주의를 요한다.

남북 합의사항의 척도가 4점 척도이고 중간점수가 2.5점이라는 것을 고려할 때 남북 합의사항에 대한 전체평균이 2.69점이라는 것은 한국인들이 정권교체에 상관없이 남북 합의사항을 이행하는 것에 대해 조금 더 긍정적으로 생각하는 경향이 높다는 것을 의미한다. 대북지원의 경우는 중간점수인 2.5점보다 낮은데 이는 한국인들이 대북지원을 하는 것이 북한주민들에게 별로 도움이 되지 않는다고 생각하는 경향이 더 많고 따라서 대북지원에 대해 다소 소극적이라는 것을 의미한다고 할 수 있다. 대북지원과 북핵 연계의 경우, 중간점수가 3점이기 때문에 전체 평균점수가 2.61점이라는 것은 한국인들이 대북지원과 북핵을 연계하는 것에 조금 더 높은 선호를 갖고 있다는 것을 말한다. 한편, 남북경협에 대해서는 중간점수보다 높게 나왔는데 이는 남북경협이 북한의 개혁개방에 도움이 된다고 생각하는 사람이 더 많은 것으로 남북경협에 우호적인 선호를 가진 한국인들이 더 많다는 것을 의미한다. 북한인권은 중간점수보다 낮게 나왔는데 이는 정부가 북한인권에 대해 문제제기 하는 것을 지지하는 한국인들이 그렇지 않은 한국인들보다 조금 더 많다는 것을 말한다. 북한이탈주민 지원에 대해서는 더 지원해야 한다는 입장과 덜 지원해야 한다는 입장이 비슷하게 존재한다고 할 수 있다. 마지막으로 정부의 대북정책은 중간점수보다 낮아 전반적으로 대북정책에 대해 만족하는 경향이 높지 않은 모습을 보인다.

〈표 1〉 대북정책 유형별 개인선호의 연도별 평균과 전체 평균

유형	2007	2008	2009	2010	2011	2012	2013	2014	전체 평균
남북 합의사항(1-4점)	-	2.49	2.58	2.75	2.79	2.66	2.74	2.79	2.69
대북지원(1-4점)	2.46	2.36	2.38	2.38	2.37	2.33	2.33	2.44	2.38
대북지원과 북핵 연계(1-5점)	-	2.69	2.64	2.61	2.65	2.70	2.43	2.55	2.61
남북경협(1-4점)	-	2.63	2.73	2.72	2.74	2.68	2.59	2.70	2.68
북한인권(1-5점)	-	-	2.32	2.14	2.18	2.22	2.30	2.17	2.22
북한이탈주민지원(1-4점)	2.63	2.39	2.57	2.60	2.64	2.52	2.49	2.52	2.54
대북정책(1-4점)	2.17	2.21	2.19	2.32	2.30	2.23	2.60	2.51	2.32

〈표 1〉에 제시된 각 대북정책의 연도별 평균점수 변화와 그 의미를 좀 더 자세히 살펴본다. 우선, 남북 합의사항의 평균점수 변화를 살펴보면, 정권 교체와 무관하게 계승되어야 한다고 응답하는 비율이 최근으로 올수록 높아지고 있다. 그리고 일원분산분석(Oneway ANOVA) 결과, 2008년, 2009년, 2012년의 평균점수와 2010년, 2011년, 2013년, 2014년 평균점수 간에 통계적으로 유의미한 차이가 존재하는 것으로 나타났고 전자의 해보다 후자의 해에 남북 간 합의사항을 계승해야 한다는 응답이 높게 나왔다. 노무현 정부 때보다 이명박과 박근혜 정부 시기에 남북 합의사항 계승에 대한 선호가 높아졌는데 이는 남북 합의사항 이행을 거부해왔던 이명박과 박근혜 정부의 대북정책 노선과 반대되는 선호이다. 이는 한 방향만을 고수하는 정부의 정책 노선이 오히려 개인 차원에서는 정부의 정책 노선에 대한 반감을 증가시키고 다른 방향으로 선호를 이동시킬 수 있다는 것을 보여준다.

대북지원에 대한 평균점수는 증감의 폭이 상당히 미세한데 2007년의 평균점수가 2008년, 2012년, 2013년의 평균점수와 유의미한 차이를 갖고 있으며, 2012년과 2013년의 평균점수는 2014년의 평균점수와 통계적으로 유의미한 차이가 존재하는 것으로 나타났다. 한편, 대북지원에 대한 태도를 응답유형별로 살펴보면, 전반적으로 대북지원이 북한

주민에게 '전혀' 또는 '별로' 도움이 되지 않는다는 부정적인 태도가 '약간' 또는 '매우' 도움이 된다는 긍정적인 태도보다 미세하게 높거나 비슷한 비율을 보인다.

대북지원에 대한 상반된 입장이 비슷한 비율을 보이는 것은 대북지원의 효과를 판단할 만큼 충분한 정보를 갖고 있지 못하기 때문이라고 할 수 있다. 더욱이 이명박 정부 이후에 남북관계가 악화되면서 대북지원 규모가 상당히 축소되었기 때문에 대북지원의 효과를 판단하기 어려운 상황이라고 할 수 있다. 그럼에도 불구하고 대북지원에 대한 부정적인 입장이 다소 높게 나타난 것은 악화된 남북관계 하에서는 대북지원의 효과가 크지 않을 것이라고 판단하는 사람들이 많아졌기 때문이라고 할 수 있다. 하지만 또 다른 한편으로 대북지원에 대한 평균적인 선호가 8년 동안 큰 등락 없이 유지되었다는 점에서 대북지원의 필요성에 대해 어느 정도 수용하고 있다고도 볼 수 있다. 특히 2014년 대북지원에 대한 부정적인 입장이 급격히 감소하고 다소 긍정적인 입장이 급격히 증가했다는 것은 한국인들이 박근혜 정부의 '통일 대박론'에 대해 기대를 가졌고, 대북지원 정책이 긍정적인 효과를 가져올 것이라고 기대했다고 생각해볼 수 있다.

대북지원과 북핵 연계에 대한 연도별 평균점수를 살펴보면, 평균점수의 변화에도 불구하고 어느 정도 연계해야 한다고 생각하는 사람들이 그렇지 않은 사람들보다 많은 경향을 보이고 있다. 연도별 평균점수 간 차이를 살펴보면, 2013년의 평균점수가 다른 모든 해의 평균점수와 유의미한 차이를 갖는 것으로 나타난다. 즉 2013년에 대북지원과 북핵을 연계해야 한다는 선호가 상당히 강하게 나타났다. 대북지원과 북핵 연계를 강조하는 방향으로의 선호 변화는 박근혜 정부 취임 직전인 2013년 2월 12일에 실시된 북한의 3차 핵실험을 비롯한 북한의 물리적 도발이 영향을 미친 것으로 보인다.

남북경제협력에 대한 연도별 평균점수 간 차이를 살펴보면, 2008년의 평균점수는 2009년과 2010년, 2011년의 평균점수와 유의미한 차이를 보이며, 2013년의 평균점수는 2010년과 2011년, 2012년과 유의미한 차이를 보이는 것으로 나타났다. 그리고 2013년과 2014년의 평균점수 간에도 차이가 존재하는 것으로 나타났다. 노무현 정부 때보다도 이명박 정부 때 남북경제협력에 대한 선호가 더 높게 나타났는데 이는 한국인들이 악화된 남북관계 상황에서 대북지원과 북핵을 연계하더라도 남북경제협력은 지속하기를 원한다는 것을 보여준다고 할 수 있다. 그리고 이는 한국인들이 대북지원과 남북경제협력을 분리해 사고하거나 다르게 접근하고 있을 가능성을 암시한다. 다시 말해, 북한에 대한 접근에 있어 당위적이거나 윤리적인 접근보다는 실용적이고 경제적인 접근을 선호하는 것으로 해석해볼 수 있다.

북한인권문제에 대한 평균점수의 연도별 차이를 살펴보면, 2009년과 2012년, 2013년의 평균점수가 2010년, 2011년, 2014년의 평균점수와 통계적으로 유의미한 차이를 갖는 것으로 나타난다. 이는 2010년과 2011년, 2014년에 정부의 북한인권 문제제기를 지지하는 개인들의 비율이 유의미하게 증가했다는 것을 말한다. 응답유형별 비율을 살펴보면, 전체 응답자 중 '다소' 찬성한다(2점)는 응답자 비율이 40% 전후로 가장 높은 비율을 차지하고 있으며, '매우' 찬성한다(1점)는 비율까지 합하면, 60% 정도이다. 약 60%의 한국인들이 정부가 북한인권에 대해 문제를 제기하는 것을 긍정적으로 인식하고 있는 모습을 보이고 있다.

이는 다양한 해석을 가능하게 하는데 한편으로는 한국사회가 보수화되었다는 의미를 가질 수 있다. 왜냐하면 한국사회에서 북한인권문제를 적극적으로 제기하는 집단은 주로 보수적인 종교적·정치적 성향을 갖고 있기 때문이다. 그런데 다른 한편으로는 한국사회가 그만큼 인권에 대해 민감해졌다는 것을 의미할 수도 있다. 다시 말해 한국인들이 진보적이 되었다는 것을 의미할 수도 있다. 왜냐하면 인권문제는 역사적으로 보수의 의제가 아닌, 진보의 의제였기 때문이다. 그런데 한국사회에서 진보는 북한만이 아닌 남한을 포함한 전 세계적 차원에서 인권문제를 다루는 반면, 보수는 북한인권문제만 다루고 있다. 이러한 점에서 북한인권문제에 대한 선호의 정확한 의미는 기술적 통계분석만으로는 정확하게 파악하기 어려운 측면이 있다.

북한이탈주민에 대한 지원과 관련해서는 노무현 정부 때 평균점수가 가장 높고 이명박 정부 시기인 2008년에 가장 낮다. 그리고 2008년 평균점수가 다른 해의 평균점수와 통계적으로 유의미하게 차이를 보인다. 즉 지난 8년이라는 기간 중 2008년에 유독 북한이탈주민 지원에 대해 한국인들의 선호가 가장 부정적이었다. 응답유형별 비율의 변화를 살펴보면, 최근으로 올수록 북한이탈주민에 대한 정부 지원을 지지하는 입장은 줄어든 반면, 지지하지 않는 입장이 증가해 2014년에는 지지하는 비율과 지지하지 않는 비율이 거의 비슷해졌다.

북한이탈주민 지원에 대한 한국인들의 태도가 부정적인 방향으로 바꾼 데는 여러 가지 이유가 있을 수 있는데 가장 큰 가능성으로 한국경제의 침체와 이로 인한 개인 경제상황의 악화를 고려해볼 수 있다. 즉 개인의 경제상황에 대한 부정적인 인식이 북한이탈주민에 대한 정부 지원에 대해서도 부정적인 태도를 갖게 했을 가능성이 있다. 이러한 가능성은 현재 북한이탈주민에 대한 지원뿐 아니라 통일된 이후 북한주민에 대한 지원과 관련해서도 중요한 함의를 준다. 통일 이후에 경제통합이 원활하게 이뤄지지 않거나 경제상황이 악화된다면, 북한주민에 대한 정부 지원은 남북주민들 간에 갈등을 불러올 가능성이 높기 때문이다. 따라서 통일 이후의 경제모델은 경제적 측면만이 아닌 남북주민에 대한 복지 측면을 함께 고려하는 속에서 수립될 필요가 있다.

마지막으로 정부의 대북정책 전반에 대한 선호를 살펴보면, 노무현 정부 때인 2007년이 2.17점으로 가장 낮고 박근혜 정부가 집권한 첫 해인 2013년이 2.60점으로 가장 높다. 노무현 정부 때보다 이명박 정부 때 대북정책 만족도가 더 높지만 두 정부의 평균점수 간에는 통계적으로 유의미한 차이가 존재하지 않다. 반면, 박근혜 정부 시기의 평균점수는 노무현·이명박 정부 시기의 평균점수와 통계적으로 유의미한 차이를 갖는다.

이명박·박근혜 정부의 대북정책에 대한 만족도가 노무현 정부의 대북정책에 대한 만족도보다 높다는 것은 한국인들이 북한에 대한 정부의 강경한 대응을 더 선호하는 방향으로 움직였다는 것을 의미한다. 그리고 이러한 선호 변화는 이명박 정부 이후 악화된 남북관계라는 정치환경적 요인이 큰 영향을 미쳤다고 할 수 있다. 그런데 이명박 정부 말기인 2012년에 대북정책 만족도가 낮아졌다는 것은 한국인들이 정부의 강경한 대북정책에 대해 다소 피로감을 보이기 시작했다는 것을 의미할 수 있다.

한편, 이명박 정부와 박근혜 정부의 대북정책이 전체적인 기조에 있어 큰 차이가 없음에도 불구하고 박근혜 정부의 대북정책에 대한 만족도가 이명박 정부 때보다 급격히 상승했다. 이는 새로운 정부에 대한 기대, 집권효과가 어느 정도 영향을 미쳤다고 할 수 있다. 왜냐하면 박근혜 정부 집권 2년차인 2014년에 대북정책 만족도가 하락했고 2015년 결과에서도 2014년보다 하락했기 때문이다.[17)]

그럼에도 불구하고 박근혜 정부의 대북정책에 대한 만족도는 이전 노무현과 이명박 정부의 대북정책에 대한 만족도보다 높으며, '다소'와 '매우'를 모두 포함해 만족하는 비율이 50%를 넘는다. 2015년과 2016년의 자료가 포함되지 않았고 2014년 이후에 여러 가지 일들이 있었기 때문에 이러한 선호가 지속되는지 여부는 추후에 다시 살펴봐야 하지만 최소한 박근혜 정부 집권 2년 동안에는 한국인들이 박근혜 정부의 대북정책에 대해 다른 두 정부보다 높은 기대를 가졌다고 할 수 있다.

---

17) 장용석, "대북정책에 대한 인식," 『통일의식의 분화와 역동성: 2015 통일의식조사』 (서울: 서울대학교 통일평화연구원, 2015), p. 61.

〈그림 1〉은 각 대북정책의 연도별 평균점수를 그래프로 나타낸 것인데 이 그림은 대북정책에 대한 개인들의 선호와 관련해 몇 가지 해석과 함의를 제시해준다. 우선은 일반적으로 예상할 수 있듯이 정책에 대한 개인들의 선호가 변화한다는 것이다. 즉 개인의 선호는 결코 고정되어 있는 것이 아니라는 것이다. 다음은 개인들의 선호 변화가 특정 해에 특정한 방향으로 집단적으로 변화하고 있다는 것이다. 다시 말해, 평균점수가 등락을 반복한다는 것은 특정 해에 개인들이 집합적으로 특정 방향으로 움직였다는 것을 말한다. 이러한 방향의 변화는 각 년도의 남북관계를 둘러싼 정치적 맥락에 의한 것이라고 할 수 있으며, 따라서 각 년도의 평균점수는 정치적 맥락에 대한 고려 속에서 해석될 필요가 있다. 마지막으로 집단적 선호의 변화에도 불구하고 그 변화의 폭이 크지 않다는 것이다. 각 대북정책의 척도가 다르기는 하지만 평균점수의 변동이 2점과 3점 사이에서 움직이고 있다. 물론 이들 평균점수 간에는 통계적으로 유의미한 차이를 보이는 경우도 있고 그렇지 않은 경우도 존재한다. 그럼에도 불구하고 각 척도의 중간점수를 전후해 선호의 변화가 일어난다는 것은 한국인들의 대북정책에 대한 선호가 양 극단에 집단적으로 위치해 있기보다는 중간에 집단적으로 몰려 있다는 것을 의미한다.

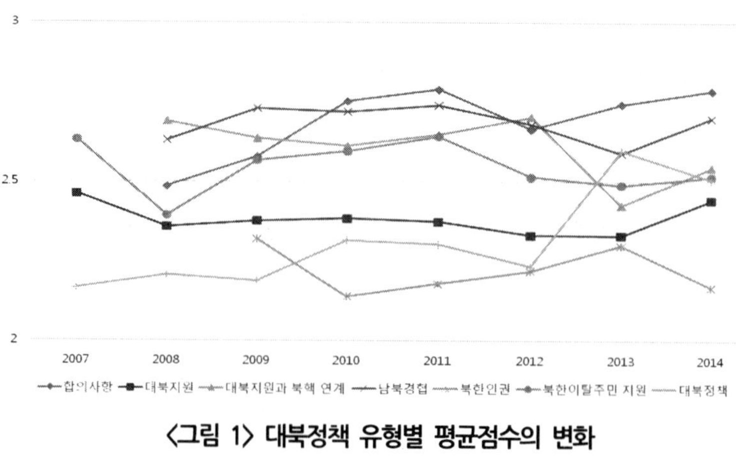

〈그림 1〉 대북정책 유형별 평균점수의 변화

개인의 선호가 변화한다는 것, 정치적 맥락에 따라 선호가 변화한다는 것, 그리고 그 선호의 변화가 양극이 아닌, 중간 지점에서 변화한다는 것은 대북정책을 둘러싼 한국사회 내 갈등과 대립이 실제보다 과장된 것일 수도 있다는 가능성을 제시한다. 다시 말해, 대북정책을 둘러싼 갈등이 존재하지 않는 것은 아니지만 그 갈등의 크기와 폭이 정치권이나 언론이 이야기하는 것처럼 크지 않을 수 있다는 것이다. 그리고 대북정책을 둘러싼 갈등은 어떤 정치력을 발휘하느냐에 따라 충분히 해소될 수도 있다. 민주주의 사회는 기본적으로 갈등을 전제로 한다. 따라서 갈등이 있다는 것 자체가 문제가 될 수는 없다. 문제는 갈등을 해소하려는 노력이 정치 차원에서 이뤄지고 있지 않다는 것이다. 그런데 남남갈등의 해소 없이 남북갈등이 해소될 수 없다. 따라서 한국의 정치세력은 대북정책을 둘러싼 갈등을 조장하는 태도에서 벗어나 갈등을 조정하는 데 힘을 기울이고 그러한 연습을 할 필요가 있다. 이러한 노력과 연습은 미래의 남북갈등을 해소하는 데 분명히 좋은 경험과 밑거름이 될 것이다.

1. 회귀분석: 대북정책 유형에 따른 개인선호 결정요인

개별 대북정책에 대한 개인선호에 영향을 미치는 요인들이 무엇인지 그리고 이러한 요인들이 시간의 변화와 정권교체에 의해 어떻게 달라지는지를 살펴보기 위해 2007년부터 2014년까지의 모든 데이터를 종합해 개별 대북정책에 대한 회귀분석(ordinary least square regression)을 실시했다. 〈표 2〉는 각 대북정책에 대한 회귀분석 결과이며, 시간 변수와 정권 변수의 회귀계수 값은 지면상 생략했다. 따라서 통계적으로 유의미하게 나온 독립변수의 회귀계수 값은 시간의 변화와 정권 교체에도 불구하고 종속변수인 각각의 대북정책 선호에 영향을 미친다는 것을 의미한다.

본 연구의 핵심 독립변수들의 영향력을 살펴보면 다음과 같다. 우선, 정치성향 시각과 관련한 변수 중 하나인 정치적 성향 변수는 북한인권을 제외한 나머지 6개 대북정책에 대해 99% 신뢰수준에서 통계적으로 유의미한 영향력을 가진 변수로 나타난다. 영향력의 방향과 관련해서는 진보적인 성향을 가진 사람일수록 남북 합의사항 계승과 대북지원, 남북경제협력, 북한이탈주민 지원에 찬성하는 경향을 보인다. 반면, 대북지원과 북핵을 연계하는 것에 대해서는 반대하는 경향을 보이며, 이명박·박근혜 정부의 대북정책에 대해 만족하지 않는 경향을 보인다. 이러한 결과는 대북정책을 둘러싼 남남갈등의 균열이 기본적으로 이념적 성향에 기초한다는 것을 확인해준다.

한국정치의 균열을 야기하는 또 다른 요인이라고 할 수 있는 지역 변수의 영향력을 살펴보면, 개인이 거주하는 지역이 대북정책 선호에 영향을 미치기는 하지만 모든 대북정책에 대해 일관적이거나 일방향적인 경향성을 보이지 않는 것으로 나타난다. 구체적으로 살펴보면, 남북 합의사항 계승에 대해서는 영남과 호남, 충청·강원·제주 지역에 거주하는 사람들이 서울과 경기도에 거주하는 사람들보다 남북 합의사항을 정권교체에 상관없이 계승해야 한다는 입장을 지지하는 것으로 나타난다. 그러나 대북지원과 남북경제협력에 대해서는 영남 지역에 거주하는 사람들일수록 부정적인 태도를 보이는 경향이 높게 나타나는 반면, 호남 지역에 거주하는 사람들일수록 긍정적인 태도를 보이는 경향이 높게 나타난다. 한편, 대북정책에 대해서는 영남 지역 사람들일수록 이명박·박근혜 정부의 대북정책에 만족하는 경향이 높은 반면, 호남과 충청·강원·제주 지역 사람들은 불만족하는 경향이 높게 나타난다.

대북지원과 북핵을 연계하는 것에 대해서는 호남과 충청·강원·제주에 거주하는 사람들이 서울·경기에 거주하는 사람들보다 부정적으로 인식하는 경향이 높은 것으로 나타났고 영남 지역에 거주하는 사람들은 서울·경기에 거주하는 사람들과 선호의 차이가 없는 것으로 나타났다. 북한인권에 대한 정부의 개입과 관련해서는 오히려 영남 지역 사람들이 서울·경기 지역 사람들보다 소극적인 태도를 갖는 경향이 높은 반면, 충청·강원·제주 지역 사람들은 더 적극적인 태도를 갖는 경향이 높은 것으로 나타났다. 북한이탈주민 지원에 대해서는 영남 지역 사람들만이 서울·경기 지역 사람들보다 소극적인 경향을 보이는 것으로 나타났다.

이러한 결과는 대북정책을 둘러싼 남남갈등의 원인이 지역에 기초한 균열일 수는 있지만 반드시 그런 것만은 아니라는 것을 말해준다. 다시 말해, 특정 지역에 거주한다는 사실이 반드시 대북정책에 대한 특정한 선호를 결정하는 것은 아니라고 할 수 있다. 특히 남북 합의사항 계승이나 북한인권에 대한 정부 개입과 관련한 회귀분석 분석결과는 기존의 언론이나 전문가들이 주장하던 내용과 다를 뿐만 아니라 반대의 결과라고 할 수 있다. 이러한 점에서 대북정책을 둘러싼 남남갈등을 지역 균열로 등치하는 것은 문제가 있다고 할 수 있다.

다음으로 사회문화적 변수들의 영향력을 살펴보면, 민족정체성 변수는 대북지원, 대북지원과 북핵 간 연계, 남북경제협력에 대해 통계적으로 유의미한 영향을 미치는 것으로 나타났다. 즉 민족정체성이 강한 사람이 그렇지 않은 사람보다 대북지원이 필요하다고 생각하는 경향이 높고, 대북지원과 북핵을 연계하는 것에는 소극적이며, 남북경제협력을 선호하는 경향이 높은 것으로 나타났다. 자세히 살펴보면, 민족정체성 변수가 영향을 미친 대북정책은 모두 경제와 관련된 대북정책이다. 민족정체성이 강한 사람들이 그렇지 않은 사람보다 경제적 측면의 대북정책을 더 선호하는 모습을 보인다. 그런데 한국의 보수주의자들은 그동안 북핵 폐기 없이는 북한과 경제교류와 협력을 하는 것을 반대해왔다. 이를 고려할 때 본 연구에서 분류한 민족정체성이 강한 사람들은 언론을 통해 알려진 보수주의자들과 동일한 집단이라고 할 수 없다. 그리고 한국에서 독립운동의 맥을 잇는 민족주의(자)는, 서구와 달리, 보수가 아닌 진보로 분류된다는 점에서[18] 민족정체성이 강한 사람들이 경제와 관련된 대북정책에 대해 우호적인 태도를 갖는 경향이 높게 나타나는 것은 한국적 맥락에서 자연스러운 결과라고도 할 수 있다.

북한이탈주민에 대한 사회적 거리감 변수는 7개 대북정책 선호에 모두 영향력을 미치는 것으로 나타났다. 그리고 사회적 거리감이 낮을수록, 즉 북한이탈주민에 대해 거리감을 느끼지 않을수록 남북 합의사항을 계승하고, 대북지원과 남북경제협력을 지지하고, 북한이탈주민에 대한 지원을 늘리는 것에 대해서는 찬성하는 경향을 보이는 반면, 대북지원과 북핵을 연계하는 것과 북한인권에 정부가 개입하는 것에 대해서는 반대하는 경향을 보이고 있다. 한편, 이명박·박근혜 정부의 대북정책에 대해서는 만족하는 경향이 높은 것으로 나타났다. 이러한 분석 결과는 사회적 거리감 변수가 정치적 이념이나 지역, 민족 정체성 등의 변수보다 더 중요한 변수일 수 있으며, 따라서 중요하게 고려할 필요성이 있다는 것을 말해준다. 사회적 거리감이 타인, 타집단, 타민족에 대한 개방성과 관용성을 의미한다는 점에서 향후 대북정책은 개인이나 집단으로서 한국사회가 북한이탈주민과 북한주민에 대한 개방성과 관용성을 배양하는 방향으로 수립될 필요가 있다.

<표 1> 개별 대북정책에 대한 선호 결정요인 회귀분석

종속변수		(1) 남북 합의사항 계승	(2) 대북지원	(3) 대북지원과 북핵 연계	(4) 남북 경제협력	(5) 북한인권	(6) 북한이탈 주민지원	(7) 대북정책
독립변수	정치적 성향	0.09***	0.06***	0.08***	0.04***	−0.00	0.04***	−0.06***
		(0.01)	(0.01)	(0.02)	(0.01)	(0.01)	(0.01)	(0.01)
	영남	0.05**	−0.09***	0.03	−0.06***	0.12***	−0.14***	0.15***
		(0.02)	(0.02)	(0.03)	(0.02)	(0.03)	(0.02)	(0.02)
	호남	0.38***	0.26***	0.39***	0.19***	−0.00	0.03	−0.23***
		(0.03)	(0.03)	(0.04)	(0.03)	(0.04)	(0.02)	(0.03)

18) 김귀옥, "세계화 시대의 열린 민족주의: 한국의 민족문제와 민족주의를 둘러싼 성찰과 전망," 제2권 1호(2009), p. 70.

종속변수		(1) 남북 합의사항 계승	(2) 대북지원	(3) 대북지원과 북핵 연계	(4) 남북 경제협력	(5) 북한인권	(6) 북한이탈 주민지원	(7) 대북정책
	강원·충청·제주	0.10***	−0.02	0.07**	0.03	−0.08***	−0.01	−0.05**
		(0.03)	(0.02)	(0.04)	(0.02)	(0.03)	(0.02)	(0.02)
	민족 정체성	0.02	0.08***	0.12***	0.04**	−0.00	0.01	0.02
		(0.02)	(0.02)	(0.02)	(0.02)	(0.02)	(0.01)	(0.01)
	사회적 거리감	−0.02***	−0.01***	−0.04***	−0.01***	0.01*	−0.05***	0.00*
		(0.00)	(0.00)	(0.00)	(0.00)	(0.00)	(0.00)	(0.00)
	교육	0.04***	0.04***	0.07***	0.08***	−0.09***	0.06***	0.00
		(0.02)	(0.01)	(0.02)	(0.01)	(0.02)	(0.01)	(0.01)
	소득	0.01	−0.00	−0.00	0.00	−0.01	0.01	−0.00
		(0.01)	(0.01)	(0.01)	(0.01)	(0.01)	(0.01)	(0.01)
	국가적 이익	0.14***	0.14***	0.08***	0.15***	−0.08***	0.11***	0.02**
		(0.01)	(0.01)	(0.02)	(0.01)	(0.02)	(0.01)	(0.01)
	개인적 이익	0.08***	0.13***	0.08***	0.10***	−0.03*	0.10***	0.02
		(0.01)	(0.01)	(0.02)	(0.01)	(0.02)	(0.01)	(0.01)
통제변수	연령	0.00	−0.00	0.00	0.00	−0.01*	−0.00	0.01***
		(0.00)	(0.00)	(0.00)	(0.00)	(0.00)	(0.00)	(0.00)
	세대	0.04	0.04*	−0.02	0.03	0.01	0.06***	−0.03
		(0.03)	(0.03)	(0.04)	(0.02)	(0.03)	(0.02)	(0.02)
	성별	−0.02	−0.02	0.01	0.01	−0.02	−0.03*	0.01
		(0.02)	(0.02)	(0.02)	(0.02)	(0.02)	(0.02)	(0.02)
	결혼	0.02	0.05*	0.05	0.00	0.04	−0.02	−0.02
		(0.03)	(0.03)	(0.04)	(0.02)	(0.03)	(0.02)	(0.02)
	종교	−0.03	−0.01	−0.02	0.01	−0.05**	0.08***	0.01
		(0.02)	(0.02)	(0.02)	(0.02)	(0.02)	(0.01)	(0.01)
Constant		1.69***	1.54***	1.82***	1.57***	3.06***	2.11***	1.97***
		(0.10)	(0.09)	(0.13)	(0.09)	(0.12)	(0.08)	(0.08)
표본수		7,412	9,357	8,199	8,197	7,026	9,363	9,354
Adjusted R2		0.12	0.10	0.06	0.11	0.030	0.153	0.076

주1) 괄호( ) 안의 숫자는 강건표준오차(Robust standard errors in parentheses) 값
주2) 정권별/연도별 회귀계수는 지면상 생략
*** p<0.01, ** p<0.05, * p<0.1

마지막으로 경제적 변수들이 대북정책 선호에 미치는 영향력을 살펴보면, 우선, 교육 수준은 대북정책을 제외한 개별 대북정책들에 대해 통계적으로 유의미한 영향을 미치는 것으로 나타났다. 구체적으로 교육 수준이 높아질수록 남북 합의사항이 정권교체와 상관없이 계승되어야 하고, 대북지원과 남북경제협력을 지지하며, 북한이탈주민에 대한 정부 지원을 늘려야 한다는 입장을 선호하는 경향이 증가하는 것으로 나타났다. 한편, 대북지원과 북핵을 연계하는 것에 대해서는 부정적인 선호를 보이면서도 북한인권에 대해서는 정부가 적극 개입하는 것을 지지하는 경향을 보이는 것으로 나타났다. 기대이익 변수들인 국가적 이익과 개인적 이익 변수들도 교육 변수와 비슷한 방향으로 영향을 미치는 것으로 나타났다. 반면, 소득 변수는 아직까지 대북정책 선호에 어떠한 영향도 주지 않는 것으로 나타났다.

경제적 변수와 관련한 회귀분석 결과는 몇 가지 함의를 가진다. 우선은 본 연구에서 경제적 변수로 가정한 교육 변수가 경제적 변수로서의 의미를 갖지 않는다는 것이다. 경제적 변수로서 교육 변수는 교육 수준이 높을수록 임금 수준이 높은 직장에 취직할 가능성이 높다고 가정한다. 그런데 본 회귀분석 결과에서 교육 변수는 대북정책 선호에 영향을 미치는 반면, 소득 변수는 어떠한 영향도 미치지 않는 것으로 나타났다. 이는 한국사회에서 교육 수준과 소득 수준이 비례하지 않는다는 것을 보여준다.

이러한 점에서 두 번째로 교육 변수는 개인의 경제적 이해를 판단하는 지표이기보다는 사회문화적 성향을 판단하는 지표일 가능성이 높다. 사회문화적 변수로서 교육은 교육 수준이 높아질수록 다른 국가에 대한 지식과 이해를 넓힐 수 있는 기회가 많기 때문에 사회적·문화적 다양성에 대해 높은 수용력과 포용력을 가질 가능성이 높다고 가정한다. 교육 수준이 높아질수록 북한과의 적대적인 관계를 유지하는 정책보다는 북한과의 협력을 강화하는 정책을 선호하는 것으로 나타난 본 연구의 결과는 이러한 가정의 설명력을 뒷받침해주는 결과라고 할 수 있다. 북한인권에 대한 한국정부의 개입을 지지하는 것도 인권을 보편적인 규범으로 보고 북한주민들도 그러한 인권을 보장받아야 한다고 생각하는 것으로 해석해볼 수 있다.

세 번째는 교육 변수와 기대이익 변수들이 대북정책에 대해 거의 유사한 선호와 영향력을 보인다는 것을 고려할 때, 교육 변수가 갖고 있는 경제적 특성을 완전히 무시하기 어렵다고 할 수 있다. 다시 말해, 교육을 많이 받은 사람들일수록 (국가적 차원이든 개인적 차원이든) 이익의 관점에서 대북정책을 평가할 가능성이 높다고 할 수 있다.

마지막으로 기대이익 변수들은 대북정책에 대한 선호에 있어 경제적 이해관계가 중요하게 작용하고 있다는 것을 보여준다. 그동안 대북정책을 둘러싼 한국사회 내부의 갈등을 이야기할 때 정치적인 요인만을 강조하는 경향이 있었다. 그런데 본 연구의 분석결과는 개인의 정치적 특징만이 아니라 경제적 특징들도 중요하다는 것을 보여준다. 이러한 점에서 대북정책은 정치 중심적인 접근방식뿐만 아니라 경제와 사회문화 등 다양한 접근방식을 접목해 수립할 필요가 있다.

〈표 2〉에서 지면상 생략했지만 시간과 정권교체라는 환경적 맥락들이 대북정책 선호에 미친 영향에 대해 살펴보면, 이명박 정부가 집권하면서부터 대북정책 선호가 변화한 것으로 나타난다. 구체적으로 노무현 정부 때보다 이명박 정부 때 남북 합의사항 계승과 대북지원에 대해 부정적으로 인식하는 경향이 증가하는 모습을 보였다. 하지만 대북지원과 북핵을 연계하는 것에 대해서는 부정적인 선호가 증가했고 남북경제협력에 대해서도 지지하는 경향이 높은 것으로 나타났다.

이러한 결과는 정부의 대북정책에 대해 여러 가지 시사점을 제공한다. 본 연구의 분석시기에는 노무현 정부(2007년), 이명박 정부(2008-2012년), 박근혜 정부(2013-2014년)가 포함되어 있다. 노무현 정부의 대북정책은 이명박·박근혜 정부의 대북정책과 정반대의 접근과 내용을 포함하고 있는데 노무현 정부의 대북정책은 기본적으로 정경분리에 입각해 북한과의 대화와 협력에 우선순위를 두는 기조와 방향을 갖고 있는 반면, 이명박과 박근혜 정부는 정경일치 원칙에 따라 북한의 핵 포기를 전제로 한 경제협력이라는 원칙을 취하고 있다.[19] 이러한 차이는 당파성(partisanship) 차이에 기인한 것인 동시에 이명박 정부 집권 이후부터 일어난 중대한 사건들(critical juncture), 북한 인민군에 의한 남한 금강산 관광객 피살, 북한의 장거리 미사일 발사, 2차 핵실험, 천안함 사건, 연평도 포격사건 등의 영향도 무시할 수 없다. 그리고 이러한 일련의 사건들이 이명박·박근혜 정부의 대북 강경정책에 대한 지지로 이어졌다고 할 수 있다.

그런데 일부 대북정책에 대해 이명박 정부의 대북정책 방향과 다른 방향으로 응답자들의 선호가 나타났다는 것은 한국인들이 북한의 물리적·폭력적 도발에도 불구하고 한국정부가 특정 방향으로만 대북정책을 추진하는 것을 선호하지 않는다는 것을 보여준다. 다시 말해, 한국인들은 남북관계의 맥락과 상황의 변화에 따라 정부가 대북정책을 유연하게 전환하는 것을 원한다고 할 수 있다.

Ⅳ. 요약과 결론

본 연구는 '대북정책'을 구성하는 정책이 하나가 아니라 여러 개이며, 따라서 개별 대북정책에 대한 한국인들의 선호가 동일하지 않을 수 있다는 의문에서 시작되었다. 그리고 이를 경험적으로 분석해보기 위해 대북정책을 세분화했고 통계분석방법을 사용해 검증해보았다.

---

19) 권수현, "한국인의 대북정책 선호 결정요인 분석, 2007-2014," 『평화학연구』 제17권 5호 (평화연구학회, 2016). p. 171.

본 연구의 분석결과와 정치적·정책적 함의를 정리하면 다음과 같다. 우선, 개별 대북정책에 대한 평균점수는 시간에 따라 변화하지만 변동의 폭이 크지 않은 모습을 보인다. 그럼에도 불구하고 노무현 정부 시기의 평균점수와 이명박 또는 박근혜 정부의 평균점수 간에 통계적으로 유의미한 차이가 존재하는 것으로 나타나며, 이명박·박근혜 정부의 대북정책에 대해 조금 더 긍정적인 선호를 갖는 모습을 보인다. 즉 지난 8년 동안 강경한 대북정책을 지지하는 방향으로 한국인들의 선호가 움직였다. 이러한 선호 변화는 정권교체뿐 아니라 특정 시기에 남북관계를 악화시키는 여러 사건들이 영향을 미쳤기 때문인 것으로 보인다.

다음으로 회귀분석 결과를 살펴보면, 본 연구에서 초점을 맞춘 정치적 시각, 사회문화적 시각, 경제적 시각과 관련한 요인들이 대북정책 선호에 통계적으로 유의미한 영향을 미치는 것으로 나타났다. 하지만 모든 독립변수들이 모든 대북정책에 대해 영향력을 갖지 않았고, 영향력의 방향도 동일하지 않았다. 국가적 기대이익 변수와 북한이탈주민에 대한 사회적 거리감 변수만이 본 연구의 종속변수인 7개 대북정책에 대해 모두 영향을 미치는 것으로 나타났고, 다른 변수들은 일부 대북정책에 대해서만 영향을 미치는 것으로 나타났다.

독립변수들이 대북정책에 미친 영향력을 살펴보면, 개인이 갖고 있는 여러 특징들 간에 경향성이 존재하는 것을 알 수 있다. 정치적으로 진보적일수록, 호남지역에 거주하는 사람일수록, 북한이탈주민에 대한 사회적 거리감이 낮은 사람일수록, 민족정체성이 강한 사람일수록, 교육수준이 높을수록, 통일이 국가적·개인적으로 이익이 된다고 생각하는 사람일수록 남북 간 교류와 협력을 강조하는 대북정책을 선호하는 경향을 보인다. 반대로 보수적인 사람일수록, 영남지역에 거주하는 사람일수록, 북한이탈주민에 대한 사회적 거리감이 높은 사람일수록, 통일이 이익이 된다고 생각하지 않는 경향이 강한 사람일수록 정경일치 원칙에 입각한 강경한 대북정책을 선호하는 경향을 보인다.

그러나 이러한 요인들이 모든 대북정책에 대해 유의미한 영향력을 갖는 것은 아니다. 예를 들어, 북한인권 정책에 대해 정치적 성향이나 민족정체성 변수들은 유의미한 영향력을 갖지 못하며, 남북 합의사항 계승에 대해서는 민족정체성 변수가 유의미한 영향력을 갖지 못한다. 대북정책에 대해서도 민족정체성과 교육, 개인적 이익 변수는 영향력을 갖지 않는다. 이러한 차이는 대북정책을 세분화하지 않으면 파악하기 힘들다. 따라서 대북정책에 대한 한국인들의 선호를 정확히 파악하기 위해서는 대북정책을 세분화해서 측정하는 것이 필요하다. 이렇게 하면, 어떤 대북정책에 대해 어떤 갈등의 균열선이 존재하고 교차하는지를 명확하게 파악할 수 있을 뿐 아니라 문제해결의 단초도 발견할 수 있다.

본 분석결과에서는 기존의 인식과 다른 결과가 몇 가지 발견되는데 대표적으로 영남 지역에 거주하는 사람들도 남북 합의사항 계승에 대해 찬성하는 경향을 갖고 있다는 것이다. 그리고 북한인권 문제에 대해서는 영남 지역에 거주하는 사람들은 정부의 개입을 적극적으로 지지하지 않는 반면, 충청·강원·제주 지역에 거주하는 사람들이 더 적극적으로 지지한다는 것이다. 또한 정치적 요인만이 아니라 경제적 요인과 사회문화적 요인 또한 대북정책 선호에 있어 중요한 요인이라는 것이다.

이러한 점에서 대북정책을 둘러싼 갈등을 '진보=호남=정경분리에 기초한 대북정책' 또는 '영남=보수=정경일치에 기초한 대북정책'과 같은 등식으로 접근하거나 이해하는 것은 현실을 지나치게 단순화하고 왜곡한 것일 수 있다. 본 연구를 포함해 최근의 연구들은 정치적 요인만이 아닌 경제적·사회문화적 요인의 중요성을 강조하고 있다. 이러한 연구결과들을 고려할 때 향후 대북정책은 정치적 접근만이 아닌 경제적·사회문화적 접근을 포함해 다차원적으로 수립되고 추진될 필요가 있다.

마지막으로 본 연구의 분석결과는 한국인들 개인의 선호와 정부의 대북정책 방향이 항상 일치하는 것은 아니라는 것을 보여준다. 대표적으로 이명박 정부가 북한의 도발을 이유로 김대중·노무현 정부 때 이뤄진 남북 합의사항을 모두 폐기한 시기부터 개인 수준에서는 남북 합의사항을 계승해야 한다는 선호가 증가하는 경향을 보였다. 이는 한국인들이 개인 수준에서는 정부가 자신이 설정한 대북정책을 무조건 고수하는 방향으로 나아가는 것에 대해 거부감을 갖고 있을 수 있다는 것을 간접적으로 말해준다. 이러한 점에서 상황의 변화나 아래로부터의 요구가 있을 경우에는 대북정책의 방향도 수정될 필요가 있다. 민주적 절차를 통해 선출된 정부는 자신이 원하는 정책을 추진할 권리가 있다. 하지만 정부는 자신의 정책에 대한 시민들의 의견을 청취하고 반응하고 수용할 의무 또한 갖고 있다. 국가적으로 중요하고 민감한 정책일수록 더욱 더 그렇다. 이러한 점에서 한국정부는 대북정책의 다양성과 이에 대한 선호의 다양성을 고려해 좀 더 유연한 태도를 갖고 대북정책에 접근할 필요가 있다.

현재 대북정책을 둘러싼 갈등은 한국정치에 기회일 수 있다. 즉 갈등을 중재하고 해결할 수 있는 정치적 경험과 역량을 쌓을 수 있는 기회라고 할 수 있다. 이 과정은 지난한 과정일 수밖에 없다. 그러나 이 과정을 민주적으로 해소하는 경험이 축적될 때 준비된 통일 또한 가능할 것이다.

참고문헌

권수현. "한국인의 대북정책 선호 결정요인 분석, 2007-2014." 『평화학연구』 제17권 5호(평화연구학회, 2016).

권수현·송영훈. "피를 나눈 형제, 이웃보다 못한 친척? 북한이탈주민에 대한 남한주민의 사회적 거리감 결정요인, 2007-2014." 『OUGHTOPIA』 Vol. 30 No. 2(경희대학교 인류사회재건연구원, 2015).

김경은·윤노아. "청소년의 국민정체성, 통일, 다문화수용성에 대한 인식." 『사회과교육』 제51권 1호(한국사회과교육연구학회, 2012).

김귀옥. "세계화 시대의 열린 민족주의: 한국의 민족문제와 민족주의를 둘러싼 성찰과 전망." 『탈경계 인문학』 제2권 1호(이화여자대학교 이화인문과학원, 2009).

김문성. "초국가적 제도주의에 근거한 박근혜정부의 대북정책의 새로운 접근법: 신기능주의와 신제도주의적 정책에 대한 비교평가를 바탕으로." 『GRI 연구논총』 제15권 2호(경기연구원, 2013).

김병로·최경희. "남북한 주민의 통일의식 비교 분석." 『통일과 평화』 제4권 1호(서울대학교 통일평화연구원, 2012).

김병조. "민주화 선호경향과 통일의식 간의 관계 분석." 『통일과 평화』 제1권 2호(서울대학교 통일평화연구원, 2009).

김세진. "남북한결합에 대한 태도 분석." 『통일문제연구』 제3권(평화문제연구소, 1973).

김재한. "남남갈등의 연계성: 대북정책에 관한 조선일보-한겨레신문 태도 간 연계성 및 대북정책-대중정책-대미정책 태도 차이 간 연계성을 중심으로." 『통일과 평화』 제2권 2호(서울대학교 통일평화연구원, 2010).

박균열·송도선. "대학생과 성인의 통일의식 및 통일교육 시사점." 『통일전략』 제14권 2호(한국통일전략학회, 2014).

변종헌. "20대 통일의식과 대학 통일교육의 과제." 『통일정책연구』 제21권

1호(통일연구원, 2010).

백시내. "한국인의 국민정체성, 다문화 수용성과 통일 태도." 『사회과학연구』 제32집 1호(충남대학교 사회과학연구소, 2016).

손애리·이내영. "탈북자에 대한 한국인의 태도 연구: 국가정체성과 다문화 수용성을 중심으로." 『아태연구』 제19권 3호(경희대학교 국제지역연구원, 2012).

손호철. "남남갈등의 남남갈등을 넘어서: 뉴라이트와 분단체제론의 비판적 고찰." 『진보평론』 제30호(진보평론, 2006).

송영훈·권수현. "대북정책에 대한 개인선호 결정요인: 노무현 정부와 이명박 정부 비교." 『아세아연구』 제56권 1호(고려대학교 아세아문제연구소, 2013).

윤광일. "북한 주민에 대한 태도가 대북정책 선호에 미치는 영향." 『사회과학연구』 제25집 2호(충남대학교 사회과학연구소, 2013).

윤옥경. 2010. "중학교 교사와 학생의 북한에 대한 지식과 통일에 대한 태도의 관계: 서울 지역 중학교 교사와 학생을 중심으로." 『한국지리환경교육학회지』 제18권 3호(한국지리환경교육학회, 2010).

이내영. "한국인의 통일의식의 결정요인: 새로운 분석모델의 모색." 『평화연구』 제22권 1호(고려대학교 평화와민주주의연구소, 2014).

이성우. "통일의식에 영향을 미치는 통일여건의식의 상호관계: LISREL을 통한 구조방정식모델 분석." 『통일과 평화』 제5권 1호(서울대학교 통일평화연구소, 2013).

이정희. "통일관련 사회단체의 이념적 차별성 연구: 남북관계와 대북정책의 인식을 중심으로." 『국제정치논총』 제42권 4호(한국국제정치학회, 2002).

장용석. "대북정책에 대한 인식." 『통일의식의 분화와 역동성: 2015 통일의식조사』 서울: 서울대학교 통일평화연구원, 2015.

전우영·조은경. "북한에 대한 고정관념과 통일에 대한 거리감." 『한국심리학회지: 사회 및 성격』 제14권 1호(한국심리학회, 2000).

장민수·김준석, "북한 주민에 대한 상충적 태도와 적극적 통일인식에의 영향,"

『한국정치연구』 제24권 1호(서울대학교 한국정치연구소, 2015).

정기선. "북한 주민에 대한 사회심리적 태도가 통일열망에 미치는 영향." 『한국사회학』 제32권(한국사회학회, 1998).

정은미. "남북한 주민들의 통일 의식 변화: 2011~2013년 설문조사 분석을 중심으로." 『통일과 평화』 제5권 2호(서울대학교 통일평화연구소, 2013).

조복희·강완숙. "청소년의 북한에 대한 이해, 통일에 대한 태도 및 심리적 거리감과 정보종류에 따른 통일에 대한 태도의 차이연구." 『청소년학연구』 제5권 3호(한국청소년학회, 1998).

조진만·한정택. "남북한 젊은 세대의 통일의식 비교 분석: 민족적 당위와 현실적 이익의 문제를 중심으로." 『동서연구』 제26권 1호(연세대학교 동서문제연구소, 2014).

최영준·황태희·최우선·주형민. "박근혜 정부의 통일정책의 정책수용성에 대한 실증연구: 2013년과 2015년 국민인식조사 비교." 『국제관계연구』 제21권 1호(고려대학교 일민국제관계연구원, 2016).

통일연구원. 『2015 남북통합에 대한 국민의식조사』. 서울: 통일연구원, 2015.

통일평화연구원. 『통일의식조사 2007-2014 코드북』. 서울: 통일평화연구원, 2014.

Ceobanu, Alin M. and Escandell, Xavier. "Comparative Analyses of Public Attitudes Toward Immigrants and Immigration Using Mutinational Survey Data: A Review of Theories and Research." *The Annual Review of Sociology*. Vol. 36(Annual Reviews, 2010).

제2부

주변국 정세와 통일외교

If the Neighborhood Catches Fire, One Will Also Come to Grief: Chinese Attitudes toward North Korea's Confrontational Acts, 2009-2014*

Bálazs Szalontai (Korea University)

Ⅰ. Introduction

The scholars who have analyzed China's attitude toward the nuclear program of the Democratic People's Republic of Korea (DPRK), commonly known as North Korea, usually emphasized the complex and ambiguous nature of Chinese policies. They pointed out that the Chinese Communist Party (CCP) leaders were genuinely committed to the denuclearization of the Korean Peninsula but they habitually preferred to use engagement, rather than coercion, to achieve this aim. Instead of openly supporting Washington and Seoul against Pyongyang (or vice versa), they tried to cooperate with both sides. The authors attributed this complexity to such factors as China's desire to prevent the collapse of the North Korean regime, its general antipathy toward Western sanctions, the multitude of views

* This paper was first published in *Tiempo devorado* 2:2, 2015.

among China's competing elite groups, and so on. Due to the ambiguities of China's conduct, external observers were often in disagreement over whether the proverbial cup was half empty or half full. While some authors complained that Beijing was still inclined to shield Pyongyang from U.S. pressure, others stressed that China increasingly regarded North Korea as a strategic burden, rather than a buffer state.[1)]

Despite such differences, the majority of the related publications was focused on the strictly bilateral dimension of Sino-DPRK relations, and viewed it from a long-term perspective. That is, they sought to identify constant patterns in Sino-DPRK interactions, or examined the historical evolution of the relationship. In contrast, this paper suggests that Chinese attitudes toward North Korean belligerence have considerably fluctuated, and the changes that occurred were not always of an incremental nature. It argues that China's responses were shaped partly by the specific nature of the crises at hand, and partly by Beijing's relations with the other major powers at that time.

Actually, China's ambiguous attitude toward North Korean belligerence is deeply rooted in history. In the post-1953 period of the Cold War, Pyongyang's actions repeatedly generated tension in China's neighborhood. In the strategic sphere, the CCP leaders consistently sought to avoid entrapment in a new Korean War, and thus they seem to have disapproved those North Korean acts that were especially provocative. For instance,

1) see among others, Cheng 2003; Chung 2010; Glaser 2009; Glaser and Billingsley 2012a; Kim 2010; Kim and Kim 2008; Lee 2013; Thompson 2010; Wu 2005.

in 1983 a North Korean attempt to assassinate ROK President Chun Doo Hwan definitely infuriated the Chinese leaders. Behind the scenes, they confronted Pyongyang so firmly that the DPRK recalled every senior diplomat from its embassy in Beijing.[2)]

In the tactical sphere, however, China showed less consistency. Anxious to outcompete the USSR, Beijing alternately tried to woo Pyongyang by adopting a militant stance, by mediating between the DPRK and its opponents, or by combining the two approaches. In 1962–1964, both Chinese and North Korean propaganda called for the armed "liberation" of South Korea, but Beijing also helped Pyongyang to broaden its economic relations with Japan.[3)] In 1970, China played on North Korea's fears of Japanese remilitarization, and stressed that the Soviet policy of peaceful co-existence "cherished illusions about Japanese imperialism."[4)] Following the Japanese recognition of the PRC, Beijing changed tack, prodding Tokyo to establish diplomatic relations with Pyongyang.[5)] In 1978, CCP Chairman Hua Guofeng used his trip to North Korea to put indirect pressure on Japan, and thus speed up the conclusion of the Sino-Japanese peace treaty.[6)] Having settled the problem of the treaty, Hua assured

2) Hungarian Embassy to the PRC, February 16, 1984, Hungarian National Archives (MOL), XIX-J-1-j China, 1984, 83. doboz, 78-10, 001692/1984.

3) Hungarian Embassy to the DPRK, January 17, 1964, MOL, XIX-J-1-j Korea, 1945-1964, 5. doboz, 5/bc, 001770/1964.

4) Hungarian Foreign Ministry, April 17, 1970, MOL, XIX-J-1-j Korea, 1970, 54. doboz, 81, 00843/1/1970.

5) Hungarian Embassy to the DPRK, May 5, 1973, MOL, XIX-J-1-j Korea, 1973, 68. doboz, 81-10, 001930/3/1973.

6) Hungarian Foreign Ministry, May 23, 1978, MOL, XIX-J-1-j China, 1978, 77. doboz, 78-1, 002378/7/1978.

Premier Masayoshi Ōhira that the DPRK had no aggressive designs against the ROK, and asked him to nudge South Korea toward a democratic transition.[7)]

Certain aspects of China's historical DPRK policy have still been present in Beijing's reactions to the recent North Korean crises. In the strategic sphere, China is as determined as ever to prevent a large-scale armed conflict in Korea. As Renmin Ribao put it, "From China's perspective, the potentials of war should be all steered clear of, simply for the common sense that if neighborhood catches fire, one will also come to grief."[8)] In the tactical sphere, however, Beijing's fluctuating relations with Washington, Tokyo, Seoul, and Moscow have often influenced its reactions to North Korean belligerence. In some cases, China adopted a less critical attitude, while on other occasions it judged Pyongyang's conduct more harshly.

To find patterns in China's behavior, this article examines Chinese responses to North Korea's confrontational acts in 2009-2014. This period was selected on the following grounds: First, the DPRK displayed an especially confrontational attitude in these years, carrying out two nuclear tests, three satellite launches, numerous other missile tests, and several armed attacks on ROK targets. Second, the dynamics of North Korean actions and Chinese reactions showed a wide variety. In 2009 and 2012, Pyongyang's belligerence evoked explicit Chinese

---

7) Hungarian Embassy to the PRC, December 19, 1979, MOL, XIX-J-1-j South Korea, 1979, 81. doboz, 82-3, 005512/18/1979.

8) Li, Hongmei, "Can DPRK's brinkmanship survive the international isolation?," 『Renmin Ribao』, July 23, 2009.

disapproval, but China renewed its policy of economic engagement not long after the DPRK softened its stance. In 2011, Pyongyang's non-confrontational behavior promptly boosted Sino-DPRK cooperation. In 2013, Beijing's open disapproval of North Korean belligerence was followed by sustained reluctance to economically engage the DPRK, the relaxation of tension notwithstanding. In 2010, China sought to control Pyongyang's belligerence but did not criticize its actions as explicitly as it condemned Washington's reactions, while in 2014, it adopted a low-key attitude toward the aggravation of tension. This variety of action-reaction patterns is conducive to multi-factor analysis.

Ⅱ. The 2009 Nuclear Test: Explicit Disapproval, then Dynamic Re-Engagement

In early 2009, news of North Korea's preparations for launching a satellite elicited a cautious reaction from the Chinese leadership. On March 7, Foreign Minister Yang Jiechi stressed that "all sides concerned should do more" to bring the six-party talks (which the two Koreas, America, China, Russia, and Japan had conducted over the North Korean nuclear program) to fruition.[9] In late March, Chinese Defense Minister Liang Guanglie told his Japanese counterpart that "it would be best if the Democratic People's Republic of Korea (DPRK) did not fire" the rocket, but he also

9) "China follows development of DPRK's satellite test fire," 『China Daily』, March 7, 2009.

urged Tokyo to "take a coolheaded attitude" on the issue.[10] That is, China disapproved of the planned launch but feared that any U.S. or Japanese over-reaction might derail the talks.

When the DPRK carried out the launch on April 5th, China, unlike the U.S. and Japan, was reluctant to identify the satellite rocket as a long-range missile, lest the former countries used the issue as a pretext to build up a missile defense system that would affect China, too. Due to Beijing's opposition to any new sanctions, the Presidential Statement that the United Nations Security Council (UNSC) adopted by consensus (April 13th) was limited to the verbal condemnation of the launch.[11]

As soon as April 15th, Pyongyang announced its intention to restart its nuclear reactor, and leave the six-party talks for good. Still, Chinese efforts of economic engagement continued even in the first half of May.[12] Only on May 25th, when the DPRK carried out a new nuclear test, did China explicitly condemn their action by publishing a statement nearly identical with the one Beijing had made after Pyongyang's first test in 2006.[13] Chinese analysts also adopted a sharply critical stance, and some of them concluded that the Korean Workers' Party (KWP) leaders intended to turn the DPRK into a full-fledged nuclear state. "It is impossible for the international community

---

10) "Japan defense minister's China visit a sign of warming relations," 『China Daily』, March 23, 2009.

11) "FM: China disapproves of new UN sanction on DPRK," 『China Daily』, April 14, 2009.

12) "China, DPRK to further strengthen sci-tech ties," 『China Daily』, May 7, 2009.

13) Glaser, Bonnie, "China's Policy in the Wake of the Second DPRK Nuclear Test," *China Security* 5-2(July, 2009). pp. 1-11.

to accept the DPRK's nuclear test as legitimate," Peng Guangqian warned. "Pyongyang will face more comprehensive and harsher sanctions, and it will be squeezed further on the international stage.".[14] In June, the UNSC did impose new sanctions on North Korea, but Pyongyang remained defiant. In July, the state-run Korean Central News Agency (KCNA) openly declared that the DPRK felt compelled to develop nuclear arms, because China had failed to provide it with a "nuclear umbrella".[15]

Chinese scholar Zhang Tuosheng astutely summarized Beijing's security dilemma: "Either [alternative] - a nuclear-equipped DPRK or a collapsed DPRK - would cause disastrous interruption of the process of China's peaceful development.".[16] Those considerations must have influenced Beijing's decision to re-engage Pyongyang. High-level exchanges started in August, probably facilitated by the fact that in this month, the DPRK made a few small conciliatory gestures toward South Korea and the U.S. In September, Kim Jong Il told Chinese Special Envoy Dai Bingguo that Pyongyang was willing to participate "in bilateral and multilateral talks" for the sake of denuclearization.[17] Still, these gestures and promises were not so substantial as to explain why Chinese Premier Wen Jiabao visited the DPRK in early October to sign economic agreements worth $200 million.[18]

14) Peng, Guangqian, "DPRK's N-test misfires at home and abroad," 『China Daily』, June 3, 2009.

15) Korean Central News Agency (KCNA), "KCNA Terms Story of 'Chain Reaction' Hypocritical," July 22, 2009.

16) Wu, Chaofan, "DPRK forces China to rethink," 『China Daily』, June 25, 2009.

17) "DPRK signals nuclear talks possible," 『China Daily』, September 19, 2009.

18) Lee, Yeon Ho, and Jeong Shim Kang, "The Changjitu Project and China-North Korea

Actually, the nature of these agreements provides much insight into China's motives. Sino-DPRK logistical cooperation was to play an integral role in Beijing's plans to develop the economy of landlocked Northeast China. The long distance between Japan and the port of Dalian posed a serious obstacle, spurring Chinese efforts to look for a shorter outlet to the Sea of Japan. In 2006, the Chinese authorities explored the possibilities of creating a transport corridor from Hunchun (Jilin province) to the Russian port of Zarubino and/or the North Korean port of Rajin. The Russian authorities, however, were not sufficiently cooperative, not the least because their vision of a corridor was a railway line between Khasan, Rajin, and (through the DPRK) the South Korean port of Busan.[19)]

Notably, Russia, China, and South Korea were all participants of an immense multinational plan to construct a Trans-Asian Railway (TAR) under the auspices of the UN Economic and Social Commission for Asia and the Pacific (ESCAP). The DPRK was also expected to join TAR, but in 2009, by which time the other three states had ratified the TAR agreement, it still showed no sign of doing so.[20)] Pyongyang's non-participation left a gap in TAR's planned Korean network. Due to Russian and North Korean obstruction, China had to opt for a Sino-DPRK corridor to Rajin. In 2009, trilateral economic cooperation between China,

---

Economic Cooperation: Beijing's and Pyongyang's intentions," *BISA Annual Conference*, April 27, 2011. p. 14.

19) Ibid.

20) United Nations ESCAP, "Status of implementation of the Intergovernmental Agreement on the Trans-Asian Railway Network," 2013.

Japan, and the ROK started to make progress, increasing China's need for such a corridor. To implement these plans, Beijing needed tranquility and Sino-DPRK concord more than ever. In 2009, China's relations with Japan, Russia, South Korea, Taiwan, and the new U.S. administration were largely harmonious, creating little incentive for Beijing to cooperate with one state against another. Under such conditions, it was a reasonable course of action to join the universal condemnation of the nuclear test but to re-engage the DPRK as soon as it showed a modicum of flexibility.

Ⅲ. *The Cheonan* and Yeonpyeong Crises: Partial Support, Subtle Pressure

China's readiness to adopt a lenient attitude toward North Korean belligerence manifested itself as soon as mid-October when the DPRK tested a few short-range missiles. Beijing promptly declared that the tests "will not derail the prospect of easing tension on the Korean Peninsula." Several Chinese experts were of the opinion that Pyongyang wanted to prod Washington to enter talks.[21] In November, after an inter-Korean naval clash, they thought that the incident was not a northern provocation, because the DPRK, having conducted a nuclear test, "did not need to resort to such tactics" to attract attention.[22]

21) Zhang, Xin, "DPRK test firing not a hindrance," 『China Daily』, October 14, 2009.

Beijing's evident desire to play down these incidents was influenced by the fact that the Changjitu Plan, devised to connect the Changchun–Jilin–Tumen economic corridor with the port of Rajin, was just about to be approved.[23] In early 2010, China's attitude shifted, but not in a way conducive to restraining the DPRK. In response to Washington's new arms sales to Taiwan, Beijing suspended Sino–U.S. military exchanges, making the CCP leaders increasingly disinclined to cooperate with the U.S. against North Korea. Professor Ye Hailin voiced this sentiment in an unusually explicit form: "Certainly, the US has to pay a heavy price for the deal. We have more than one card. On problems related to Afghanistan, the DPRK and Iran, Washington needs our cooperation.".[24]

This background helps to explain why China's reaction to the sinking of the South Korean corvette Cheonan (March 26, 2010) and the subsequent U.S. military steps was not simply equivocal but sometimes unilaterally critical of Washington. In early May, President Hu Jintao met the leaders of the two Koreas on the same day, emphasizing China's intention to develop its relations with both states.[25] Soon after, Kim Jong Il visited China to discuss issues of economic cooperation. The visit displeased the ROK, Professor Zhang Liangui noted, for Seoul misunderstood

---

22) Zhang, Haizhou, "Shootout at sea erupts off Korean Peninsula," 『China Daily』, November 11, 2009.

23) Lee, Yeon Ho, and Jeong Shim Kang(2011), p. 6.

24) Li, Xiaokun, "Beijing furious at arms sale," 『China Daily』, February 1, 2010.

25) Qin, Jize, "Beijing wants closer ties with Pyongyang, Seoul," 『China Daily』, May 1, 2010b.

Beijing's "striving for peace and stability in the peninsula".[26] Actually, Beijing did genuinely strive to conclude a Free Trade Agreement with Seoul and pursue trilateral Sino-Japanese-ROK cooperation, but these plans did not necessarily induce Pyongyang to adopt a peaceful stance toward Seoul. On the contrary, the KWP leaders may have rather tried to disrupt Sino-ROK cooperation by one means or another.

In late May, when Seoul concluded that the Cheonan had been sunk by a northern submarine, the Chinese leaders maintained that they lacked evidence to pin the blame on Pyongyang. This attitude triggered U.S. criticism, whereupon China responded with counter-charges.[27] For instance, Professor Li Qingsi linked the incident with the Taiwan problem, and opined that Washington wanted use it to drive a wedge between Beijing and Pyongyang: "The instability on the Korean Peninsula is detrimental both to China and the ROK but is advantageous to the US.".[28] While North Korean propaganda attacked both Seoul and Washington, Chinese media comments were mostly directed against the U.S. Zhang Liangui's words implicitly exposed the difference between Chinese and North Korean objectives:

26) Zhang, Liangui, "Mixed signals from Kim's visit," 『China Daily』, May 12, 2010a.

27) Thompson, Drew, "China's Perspective of Post-Cheonan Regional Security," AIPS Symposium, Seoul, August 13. 2010.

28) Li, Qingsi, "US plays Korean card to perfection," 『China Daily』, June 30, 2010.

> The Cheonan affair has already dealt a blow to Sino-ROK relations [⋯] The ROK and Japan both would rely more on the US and thus boost the triangular alliance. As a measure of defense, the DPRK would play the China or Russia card, and the idea of two opposing triangles may gain ground. All these would hinder the efforts to forge an East Asian community.[29)]

In November 2010, China seems to have adopted a more critical attitude toward the North Korean artillery attack on Yeonpyeong Island. In the UNSC, Chinese and U.S. views sharply diverged, but Chinese pressure probably played a major role in that the DPRK eventually decided not to react at all to the US-ROK military drills.[30)] Behind the scenes, China seems to have reacted to the instability created by the Cheonan and Yeonpyeong crises by temporarily suspending its support to certain joint projects. Notably, plans to build a new bridge at Dandong and establish a new North Korean special economic zone on Hwanggumpyong and Wihwa islands were announced as early as February 2010[31)] but implementation started only in 2011. This factor may have restrained the DPRK at least to some extent.

---

29) Zhang, Liangui, "Cheonan case: UN vague as usual," 『China Daily』, July 14, 2010b.
30) Yang, Danzhi, "Will Peninsula see peace this year?," 『China Daily』, January 5, 201
31) Qin, Jize, "Chinese firms to develop DPRK free-trade islets," 『China Daily』, February 24, 2010a.

Ⅳ. Tranquility and Dynamic Engagement

From a Chinese perspective, Sino–DPRK partnership reached optimal status in 2011. During the entire year, the KWP leaders refrained from provoking armed clashes with the ROK, testing long–range missiles, and making shrill nuclear threats. On the contrary, they repeatedly expressed their interest in returning to the six–party talks. While Pyongyang's negotiations with South Korean and U.S. nuclear envoys did not yield any concrete results, Beijing appreciated that they took place at all. In this atmosphere, Chinese observers were disinclined to regard Pyongyang's attitude as the main obstacle to a settlement. On the one hand, they recognized that both sides adopted a less confrontational approach than before. On the other hand, they stressed that certain U.S. and South Korean preconditions were not conducive to a deal. For instance, Professor Zhu Feng expressed the following opinion:

> It would be beneficial if all parties follow the earlier agreement to disable the nuclear facilities at Yongbyon. […] [The DPRK] should be provided with the necessary incentives to cooperate – such as satisfying its legitimate requirements for national security and development. China should be encouraged to push Pyongyang in that direction. But it seems that the US seeks to go much further with its various preconditions. […] Washington's preference, in collaboration with Seoul and Tokyo, is not only for suspension of the DPRK's UEP [uranium enrichment program], but for moratoriums on its nuclear tests and long–range missile tests. But such preconditions are unrealistic.[32]

32) Zhu, Feng, "Conditions make it hard to talk," 『China Daily』, August 10, 2011.

Sino–DPRK concord was also reinforced by some other factors that caused friction between Washington and Beijing. Due to Chinese protests against new U.S. arms sales to Taiwan, Sino–U.S. military exchanges remained suspended. In November 2011, the Obama administration announced its "pivot to Asia" strategy – a conception widely regarded by Chinese observers as a plan to contain China.[33] The KWP leaders must have found these disputes advantageous to their interests. From March to October, KCNA published as many as 12 articles on Chinese protests against Washington's Taiwan policy, and on November 25th, it sharply condemned Obama's "pivot to Asia".[34]

Once inter–Korean relations were less tense, it became possible to launch the bilateral projects that had been suspended during the crisis. Seeking to "push North Korea to forsake its nuclear plan," in January China started building the new Dandong–Sinuiju bridge.[35] The bridge was to be linked to China's Dongbiandao railway, and the latter to the Trans–Siberian Railway (TSR). Following Kim Jong Il's visit in China (May 20–26th), China undertook to make further efforts to build a highway between Hunchun and Rason, while the DPRK formally established the Hwanggumpyong–Wihwa zone. Connected to a seaport, the Dongbiandao railway, and the new zone, Dandong

33) Glaser, Bonnie S., and Brittany Billingsley, "US Pivot to Asia Leaves China off Balance," Comparative Connections 13-3(January, 2012b), pp. 1-4, pp. 9-10.

34) KCNA, "KCNA Commentary Rejects U.S. 'Asia-oriented Policy' as Policy of Aggression," November 25. 2011c.

35) Ji, Beibei, "Work begins on new bridge to North Korea," 『Global Times』, January 4, 2011.

aspired to become a Northeast Asian transport hub.[36)]

Despite the dynamic development of Sino-DPRK cooperation, the KWP leaders kept their eyes open for alternative partners. In 2011, Moscow once again proposed to construct railways and gas pipelines that would bypass China and link Russia, the DPRK, and the ROK with each other. In August, Kim Jong Il reached a tentative agreement with the Kremlin on these trilateral projects and on the cancellation of Pyongyang's debt.[37)] Russia's renewed interest in this Eurasian transport corridor may have been influenced by Beijing's new efforts to create an alternative corridor between China and Europe through Central Asia.[38)] The North Koreans were certainly aware of the plan to build a Russia-Kazakhstan-China highway.[39)] These trends probably influenced their decision to show interest, for the first time, in the Trans-Asian Railway. Under the aegis of ESCAP, in March-April 2012 North Korean railway officials received training in Vietnam, and Russia offered to provide further training.[40)] On April 2nd, Moscow and Pyongyang announced that the Rajin-Khasan cargo freight service would begin in October.[41)]

---

36) "Dandong's new pattern of opening up," 『China Daily』, July 16, 2011.

37) Kim, Younkyoo, and Stephen Blank, "Putin and Korea's 'Silk Road Express': Russia's Game on the Korean Peninsula," *Korea Observer*, 45-4(2014), pp. 602-603.

38) Szczudlik-Tatar, Justyna, "China's New Silk Road Diplomacy," *PISM Policy Paper* 34-82(2013). p. 7.

39) KCNA, "Russia-Kazakhstan-China Motorway to Be Built," July 13. 2011a.

40) United Nations ESCAP, "Activities implemented under the Regional Action Programme for Transport Development in Asia and the Pacific, phase II (2012-2016)," 2012. p. 3.

41) Park, Chang Kyoo, Er-Win Tan, and Geetha Govindasamy, "The Revival of Russia's Role on the Korean Peninsula," *Asian Perspective* 37-1(January-March, 2013), p. 139.

To implement these multilateral plans, North Korea needed a breakthrough in the nuclear dispute. In late 2011, the DPRK and the U.S. did enter negotiations in Beijing. China's strong desire for a settlement was clearly expressed by Chinese scholar Hu Mingyuan: "An economically prosperous and socially stable DPRK would suit the interests of its neighboring countries. [···] The DPRK needs to size up the situation, take the historic opportunity to suspend its uranium enrichment program, [and] stop criticizing the ROK government [···]. It's high time that Seoul, too, gave up its hard-line policy toward Pyongyang.".[42] Briefly interrupted by the death of Kim Jong Il and the succession of Kim Jong Un, the talks finally led to the Leap Day Agreement (February 29, 2012). Pyongyang agreed to impose a moratorium on its nuclear and missile tests and on uranium enrichment, whereas Washington undertook to provide food aid. Chinese observers welcomed the deal, but they were well aware of its provisional nature. Shen Dingli evaluated North Korea's motives and the agreement's prospects as follows:

> Pyongyang's first priority is to address its daily food supply. In this regard, to trade a nuclear and missile moratorium - it has not agreed to abandon them yet - for immediate concrete food supplies is a practical move. However, the DPRK would benefit more by shelving or even freezing its nuclear and missile development program for longer period in exchange for more economic aid and even security guarantees. [···] It is

---

42) Hu, Mingyuan, "Time for new beginning on Peninsula," 『China Daily』, February 16, 2012.

noticeable that both countries have hedged their bets, and while their reconciliatory stances are expandable, they are also reversible.[43)]

V. The April 2012 Satellite Crisis: Explicit Disapproval, then Dynamic Re-Engagement

On March 16th, the DPRK did announce that it would launch a satellite in mid-April. Since this step was bound to jeopardize the just-concluded Leap Day Agreement, the Chinese leaders must have felt strong disappointment. On March 26th, Hu Jintao emphatically told Lee Myung Bak: "We do not want to see a reversal of the hard-won momentum in relaxing tension on the peninsula.".[44)] China expressed concern over the planned launch on the very same day when the announcement was made. In the following weeks, Beijing repeatedly issued similar warnings, but North Korea was not to be dissuaded.[45)] On April 13th, the DPRK made an attempt to launch the satellite (named Kwang myŏngsŏng-3), but the rocket exploded soon after lift-off. On April 16th, the UNSC issued a Presidential Statement condemning the launch. The combined effect of the launch and the statement was more than enough to unravel the Leap Day Agreement.

---

43) Shen, Dingli, "Hope for renewal of talks," 『China Daily』, March 8, 2012a.

44) Chu, Zhaogen, "Long-term perspective needed," 『China Daily』, April 11, 2012.

45) Glaser, Bonnie S., and Brittany Billingsley, "China-North Korean Ties in the Wake of the Death of Kim Jong Il," *Korea Review* 2-2(2012a), pp. 112-115.

From a Chinese perspective, it may have appeared puzzling why the KWP leaders, having recently displayed a strong interest in economic development, now suddenly took the risk of forfeiting the expected economic benefits of US-DPRK rapprochement. As early as March 19th, Chinese experts Huang Youfu and Wang Junsheng predicted that Washington would take retaliatory measures. Describing the planned launch as "harmful," they attributed Pyongyang's decision to "domestic political concerns".[46] On March 26th, during his talks with Obama, Hu Jintao suggested that security considerations once again trumped economic ones in North Korean decision-making.[47] An unsigned article in Global Times expressed this view more bluntly: "Pyongyang, left behind on Northeast Asia's road to prosperity, has been turning a deaf ear to the criticism. With decades-old sanctions still in effect, it has nothing more to lose.".[48]

Actually, North Korea's decision to launch a satellite seems not to have been as abrupt as it appeared to external observers. From March 2011 to January 2012 - that is, in the very same period when Pyongyang energetically pursued economic cooperation with China and Russia, and entered nuclear talks with the U.S. -, KCNA carried as many as 22 articles on Chinese and Russian satellites. It also claimed that the U.S. sought to prevent both the DPRK and China from launching satellites.[49] These articles

46) Zhou, Wa, "Experts: DPRK's satellite launch 'harmful'," 『China Daily』, March 19, 2012a.
47) Chu, Zhaogen(2012).
48) "Why China can't persuade N. Korea alone," 『Global Times』, March 19, 2012.
49) KCNA, "KCNA Commentary Censures U.S. Wild Ambition to Dominate Space," November 23. 2011b.

obviously sought to justify Pyongyang's own launch, and ward off Chinese and Russian criticism. In June 2012, KCNA complained that "Space development is a right recognized by international law and, accordingly, various countries are launching satellites. To insist that only the DPRK should not be allowed to launch satellites is brigandish sophism.".[50)]

Anxious to avoid any semblance of weakness, the KWP often combined the soft-line policies they pursued in one sphere with hard-line policies in another sphere.[51)] Since the Leap Day Agreement implied that the DPRK made wide-ranging security concessions because of its dire need to obtain food aid, they probably felt it imperative to demonstrate their strength but did not want to abandon economic development. On April 19th, a Chinese visitor noted with evident surprise that North Korea "is putting more emphasis on economic development, despite its 'military-first' policy, and is gradually opening up to the outside world".[52)] In the spring and summer of 2012, the new regime of Kim Chŏngŭn repeatedly stressed its intention to make the DPRK both a self-declared "nuclear weapons state" and an "economic giant."

To the Chinese leaders, this combined approach seemed far less advantageous than a unilateral emphasis on economic

---

50) KCNA, "Rodong Sinmun Brands U.S. and S. Korea as Arch Criminal Escalating Tension on Korean Peninsula," June 29. 2012a.

51) Szalontai, Bálazs, and Changyong Choi, "The Prospects of Economic Reform in North Korea: Comparisons with China, Vietnam, and Yugoslavia," *Europe-Asia Studies* 64-2 (2012), pp. 227-246.

52) Wu, Jiao, "DPRK is a land of surprises for visitors," 『China Daily』, April 19, 2012.

development. Still, signs of a Sino–DPRK rapprochement started to appear in mid–2012[53], probably facilitated by the fact that in late May and early June, North Korea repeatedly announced that it had no plans to conduct a new nuclear test at present. These gestures suggested that the scenario of 2006 and 2009 (when Pyongyang's missile launches evoked UNSC protests, which in turn triggered nuclear tests) would not be repeated this time.

It appears likely that the KWP leadership made these statements to reassure China, and thus persuade it to provide new assistance. On June 26th, Chinese Foreign Ministry spokesman Hong Lei did dismiss a news report about China's alleged reluctance to pursue the Hwanggumpyong–Wihwa project as "groundless and irresponsible".[54] On July 14th, North Korea's foreign minister expressed readiness to return to the six–party talks. Thereupon, in mid–August a DPRK delegation headed by Jang Song Thaek visited China to discuss the joint development of Rason and Hwanggumpyong–Wihwa. Both Hu Jintao and Wen Jiabao assured Jang that China "resolutely supported" North Korea developing its economy. The agreements signed by the two sides, China Daily optimistically stated, "will not only help boost the DPRK's battered economy. More importantly, they will contribute to the overall stability of the Korean Peninsula.".[55]

China's helpfulness was probably also motivated by broader strategic considerations, such as the specter of Sino–Russian

---

53) Glaser, Bonnie S., and Brittany Billingsley(2012a), pp. 124-125.

54) Xinhua, "Chinese economic cooperation with DPRK developing smoothly: FM spokesman," June 26, 2012a.

55) "Helping DPRK Economy", 『China Daily』, August 15, 2012.

competition. As noted before, the Rajin–Khasan cargo freight service was expected to resume in October. In July, a Russian railway delegation did visit the DPRK.[56] On September 17th, a Russian–DPRK agreement wrote off the bulk of Pyongyang's debt.[57] These developments may have facilitated North Korea's long-awaited decision to accede to the Intergovernmental Agreement on the Trans–Asian Railway Network on October 12th.[58]

Furthermore, Chinese concerns about America's "pivot to Asia" still persisted. During the restarted Sino–US military talks in May 2012, the American side reiterated that Washington did not take sides on the competing territorial claims of China and the Southeast Asian countries. In July and August, however, Xinhua accused the U.S. of "openly supporting individual ASEAN members' scheme to complicate the maritime dispute," and reassuring Tokyo that "the Diaoyu Islands fell within the scope of the 1960 Japan–U.S. security treaty".[59]. In this tense atmosphere, the CCP leaders were probably less inclined to support Washington in pressuring Pyongyang than in a period of Sino–American rapprochement. In September 2012, China's security concerns were even more aggravated by the Japanese government's decision to purchase three of the disputed Senkaku/Diaoyu

56) KCNA, "Russian Business Delegation Visits Liberation Tower," July 24. 2012b.

57) Zakharova, Ludmila, "North Korea's International Economic Ties in the 21st Century and Prospects For Their Development Under Kim Jong Un," *Far Eastern Affairs* 41–3(2013), pp. 142-143.

58) United Nations ESCAP, "Status of implementation of the Intergovernmental Agreement on the Trans-Asian Railway Network," 2013. p. 4.

59) Xinhua, "U.S. intervention not conducive to Asia-Pacific stability," July 14, 2012b.

Islands. Pyongyang seems to have found the dispute advantageous to its own interests, because between September 19th and November 6th, KCNA carried a total of 11 articles on the topic, extensively quoting China's indignant protests.

Ⅵ. The December 2012 Satellite Crisis: Explicit Disapproval, then Cautious Re-Engagement

In early October, however, new clouds appeared on the sky of Chinese-North Korean partnership. Following prolonged negotiations, the U.S. and the ROK reached an agreement that authorized South Korea to develop ballistic missiles with a range of 800 kilometers. On November 1st, Renmin Ribao remarked: "The new security moves South Korea and the United States have made lately may be easily considered by North Korea to be acts of provocation. In order to promote U.S. strategic rebalancing toward the Asia-Pacific region, the United States has allowed South Korea to enhance its ballistic missile striking capability.".[60] Interviewed by China Daily, Chinese expert Qu Xing correctly predicted that "the extension of the missile reach would further accelerate the arms race on the Korean Peninsula, and feeling the imbalance of military power, the DPRK would accordingly increase counter-military measures, which will bring more

60) "Calm, restraint needed to maintain security on Korean peninsula," 『Renmin Ribao』, November 1, 2012.

difficulties to the denuclearization.".[61)]

In October, KCNA approvingly quoted the critical comments the Chinese media made on the US-ROK missile agreement. Nevertheless, Chinese observers, instead of blaming solely Seoul and Washington, placed the problem into the context of the inter-Korean arms race. On October 20th, China Daily published an insightful analysis which, having described that the U.S. had initially curbed South Korea's missile ambitions, pointed out that Pyongyang's unwillingness to follow suit led to negative consequences:

> Irrespective of this, the DPRK went ahead with its missile program, test-firing projectiles under some pretext or the other. In response, the UN Security Council imposed sanctions against the DPRK, with China's support, saying its missiles could meet both peaceful and military ends, and could have a serious impact on international security. Pyongyang has been complaining that such sanctions are unfair, because its "satellite launch" is peaceful. The UN action, to be fair, is not unjust because the international community, especially the missile control regime, judges other countries by the same norms of missile nonproliferation. […]
>
> Seoul may justify the expansion of its missile range as a response to Pyongyang's persistent missile pursuit. But Pyongyang could also say that its missile program is justified because Washington's "permission" to Seoul to develop longer-range missiles is indicative of the US' hostility toward the DPRK. There is no end to this chicken-and-egg game[62)]

---

61) Zhou, Wa, "Missile pact opens channel for US," 『China Daily』, October 9, 2012b.
62) Shen, Dingli, "Peninsula has a new problem," 『China Daily』, October 20, 2012b.

From this perspective, a confrontational North Korean act was as likely to evoke China's disapproval as the US-ROK agreement did, all the more so because North Korean belligerence invoked the risk of new UNSC sanctions. The UNSC factor considerably influenced China's attitudes, for in late 2012, Beijing was concerned about both South Korean and North Korean actions but eventually adopted a harder stance toward Pyongyang than toward Seoul.

The new crisis was triggered not only by the missile agreement but also by Seoul's decision to launch a satellite (named Naro-1). In late October 2012, South Korea, having made two failed launch attempts in 2009-2010, started preparations for a third one. Initial Chinese media reports about the launch plan were neutral in tone, but in late November, Pyongyang's reaction made China aware of the dangerous implications of the issue. On November 30th, Cheng Xiaohe warned that the DPRK was making preparations for a new ballistic missile test: "If South Korea's 'Naro' is successful, North Korea will surely feel as though it is being left behind. […] the North Koreans also find it unfair that the international community has criticized them for conducting missile tests under the pretext of launching satellites but South Korea is allowed to develop and test missiles without reproach." Nonetheless, Cheng concluded that a new North Korean missile test would "do more harm than good".[63]

On December 1st, the DPRK did announce that it would launch

63) Cheng, Xiaohe, "Will North Korea launch more missiles?," *Economic Observer*, November 30, 2012.

a new satellite. On December 4th, the Chinese Foreign Ministry declared: "As a sovereign state, the DPRK is entitled to the peaceful use of outer space. But in view of the situation on the Korea Peninsula and restrictions of relevant UN Security Council resolutions, China hopes the DPRK can proceed from the overall situation of peace and stability on the peninsula and act prudently.".[64)]

Once again, the KWP leaders refused to heed China's warnings. On December 12th, the DPRK launched its new satellite, which successfully entered the orbit. This feat enabled Pyongyang to achieve a rare prestige victory over Seoul, for the launch of Naro-1, having been abruptly cancelled on November 29th, took place only in January 2013. At the same time, the contrast between Pyongyang's rash action and the postponed launch of Naro-1 left the DPRK in an exposed position. On December 12th, China and the UNSC promptly expressed their displeasure over the launch. KCNA's angry comments were obviously addressed to China, too: "The UNSC, pursuant to the U.S. policy, prohibits the DPRK only from launching satellites. Even though south Korea and the countries around it planned or launched satellite[s], they were not blamed for increasing tension.".[65)]

At that stage, the crisis had not reached yet such intensity as to seriously disrupt Sino-DPRK interactions. On 9 January 2013,

---

64) Xinhua, "China calls on DPRK to act prudently with satellite launch," December 4, 2012c.

65) KCNA, "DPRK's Successful Launch of Satellite Hailed by International Community," December 16. 2012c.

the two governments signed an agreement on economic and technological cooperation. Global Times reported that Jilin's Department of Commerce sent officials to the DPRK to discuss how to make Rason and Hwanggumpyong-Wihwa attractive for foreign investment.[66] Still, it was an ominous sign that while KCNA extensively covered the visit of the Chinese government delegation, the English version of Xinhua and Renmin Ribao did not mention it at all.

Ⅶ. The 2013 Nuclear Test: Explicit Disapproval and Economic Pressure

On January 22nd, the UNSC approved Resolution 2087, condemning Pyongyang's recent satellite launch. From China's perspective, Resolution 2087 appeared as "generally balanced"[67], but the KWP leaders definitely thought otherwise. On January 24th, North Korea's all-powerful National Defense Commission (NDC) promptly declared its intention to put an end to the denuclearization talks once and for all. The statement also made a sharply critical reference to China and Russia: "Those big countries, which are obliged to take the lead in building a fair world order, are abandoning without hesitation even elementary principle, under the influence of the U.S. arbitrary and high-

66) Wen, Ya, "Consultants arrive in N. Korea," 『Global Times』, January 10, 2013.
67) Xinhua, "UN Security Council approves resolution on DPRK satellite launch," January 23, 2013a.

handed practices, and failing to come to their senses.".[68] Soon after, Pyongyang declared that it was planning a new nuclear test. In this supercharged atmosphere, the CCP leaders were naturally more concerned about North Korea's belligerence than about South Korea's satellite launch. When Naro-1 entered the orbit, Renmin Ribao did voice the view that the launch "complicated" the situation, but the Chinese experts did not adopt an expressly critical attitude toward it. Nevertheless, Renmin Ribao warned that the launch "may be regarded as a new round of provocation by the DPRK, who might even be so angered as to accelerate the process of its third nuclear test.".[69]

On February 12th, North Korea did carry out a nuclear test, disregarding China's repeated warnings. When UNSC Resolution 2094 (March 7, 2013) imposed new sanctions on Pyongyang, the defiant KWP leadership uttered a series of increasingly shrill threats that ranged from the abandonment of the Korean Armistice Agreement to a pre-emptive nuclear strike. The crisis continued throughout April and May, at which time the DPRK even blocked the operation of the Kaesŏng Industrial Zone, the last link of inter-Korean economic cooperation.

By now, the crisis had reached such a magnitude that China could not get back to business with North Korea in the same way as before. As early as January 26th, Renmin Ribao republished a sharply critical article that had appeared in Global Times the

68) KCNA, "DPRK NDC Issues Statement Refuting UNSC Resolution," January 24. 2013a.
69) "Launch of Naro complicates Korea Peninsula situation," 『Renmin Ribao』, February 1, 2013.

day before. Having emphasized China's efforts to tone down Resolution 2087, the article complained about the NDC statement of January 24th. While its author stipulated that China would not support any U.S. attempt to impose "extreme UN sanctions," he also warned that Beijing would be ready to put economic pressure on Pyongyang in its own capacity: "If North Korea engages in further nuclear tests, China will not hesitate to reduce its assistance to North Korea.".[70]

Various signs indicate that China did take steps of this kind after Pyongyang's nuclear test. On February 19th, China Daily quoted Professor Sang Baichuan who said that due to Pyongyang's belligerence, "efforts to further advance the two economic zones [Rason and Hwanggumpyong-Wihwa] have been suspended.".[71] On May 23rd, Cheng Xiaohe mentioned that China's four state-owned commercial banks had stopped transactions with the DPRK's Foreign Trade Bank.[72] In June 2013, an official of Dandong's Foreign Trade Administrative Department told Global Times that he had been instructed "not to send any company to the Pyongyang International Trade Fair in May this year".[73]

Notably, the very name of the Hwanggumpyong-Wihwa economic zone, which had frequently cropped up in both the Chinese and North Korean media in 2011-2012, seems to have become a sort

---

70) "Not all Peninsula issues China's problem," 『Global Times』, January 25, 2013.

71) Li, Jiabao, and Bao Chang, "Nuke test 'fails to dent' trade ties," 『China Daily』, February 19, 2013.

72) Cheng, Xiaohe, "What North Korea Wants from China." *Economic Observer*, May 23, 2013.

73) Liang, Chen, "Chinese traders backing off North Korea as sanctions bite," 『Global Times』, June 18, 2013.

of taboo word after the crisis. Between February 27th and December 14th, China Daily did not make any reference to it. In June 2013, Global Times reported that the zone was "blocked and surrounded by a barbed fence, with North Korean soldiers on guard. A billboard saying 'Welcome to Hwanggumpyong Special Economic Zone' is the only proof to its existence.".[74] This article was followed by a long news blackout, only briefly interrupted by a few articles in December 2013. The English versions of Renmin Ribao and Xinhua have effectively ignored the zone since August 15, 2012 and October 16, 2012, respectively. Similarly, KCNA has not made any direct reference to developments in Hwanggumpyŏng-Wihwa since January 9, 2013. Thus it seems likely that the zone became a matter of dispute between Beijing and Pyongyang. From a Chinese perspective, this project was of a lesser importance than Rason, a major link in the Changjitu Plan. Still, Chinese pressure affected Rason, too: "in the wake of the third nuclear test [···], Beijing put the brakes on plans to link Rason with the abundantly supplied Jilin electric grid.".[75]

In 2013, the Chinese leaders evidently judged North Korea's confrontational behavior more harshly than in 2012, let alone in 2009-2010. During the crisis, Global Times published a series of unprecedentedly critical articles about Pyongyang's conduct in general and Sino-DPRK relations in particular. On February

74) Ibid.

75) Abrahamian, Andray, and Geoffrey K. See, "The ABCs of North Korea's SEZs," *A US-Korea Institute at SAIS Report* (Washington, DC: US-Korea Institute at SAIS, 2014). p. 24.

24th, Zhang Liangui, a DPRK expert of the Central Committee's Party School, raised the following charges against Pyongyang:

> North Korea used to count on China to shield it from the US threat and pressure of the UN Security Council. When China didn't do what the North wanted it to, the North would turn hostile, as it did this time. Developing nuclear weapons is North Korea's national policy. It's not a bargaining chip that North Korea will give up under any circumstances. North Korea may pretend to do so in order to get economic assistance from other countries and wait for the right timing, but will never follow through with it.[76]

That is, China's anger was aroused not simply by the DPRK's belligerence but even more so by the apparent irreversibility of the regime's commitment to nuclearization. During the previous crises, Pyongyang sooner or later made a promise to return to the six-party talks, whereupon China expressed its readiness to turn over a new leaf. Since this time the DPRK ruled out such a scenario, Beijing could hardly hope that its policy of economic engagement would eventually yield the desired result. On the contrary, the CCP leaders seem to have concluded that even a later softening of Pyongyang's public posture was not to be taken at face value.

---

76) "China living in denial of NK's status as an ally," 『Global Times』, February 24, 2013.

VIII. China's New Stance: Shift toward Alternative Partners and Reluctance to Re-engage

China's increasingly critical stance toward the DPRK seems to have been interrelated with the Sino-South Korean and Sino-US rapprochement that occurred in 2013. As early as December 2012, when conservative candidate Park Geun-hye won the South Korean presidential elections, Chinese media praised her for her familiarity with Chinese language and culture.[77] This positive assessment markedly differed from Pyongyang's attitude, since North Korean propaganda repeatedly attacked Park during the election campaign.[78] Once Park took office in February 2013, Sino-ROK relations started to make good progress[79], all the more so because the two governments held similar opinions not only about the North Korean nuclear threat but also about Japan. In December 2012, following the electoral victory of the Liberal Democratic Party (LDP), Abe Shinzo, a politician well known for his nationalist and revisionist views, took over premiership. This shift further aggravated Sino-Japanese relations. Due to "Japan's increasingly evident turn to the right, China and South Korea urgently need to enhance cooperation," Chinese scholar Zhan Debin stressed.[80] By late April, the new

77) Zhan, Debin, "Time for Park to refocus on China ties," 『Global Times』, January 27, 2013.

78) Cheng, Xiaohe, "Will North Korea launch more missiles?," *Economic Observer*, November 30, 2012.

79) Cheng, Xiaohe, "What North Korea Wants from China," *Economic Observer*, May 23, 2013.

80) Zhan, Debin, "Time for Park to refocus on China ties," 『Global Times』, January 27, 2013.

Park Geun-hye administration did move toward such a position, for she declared her intention to visit China soon after her trip to the U.S. but showed no interest in visiting Japan in the near future.[81] The significance of these priorities was underlined by the fact that in the same month, Chinese objections led to the indefinite postponement of the annual China-Japan-ROK summit. During Park's visit in China (June 27-30th), both sides showed strong commitment to economic and security cooperation.

Since the Sino-Japanese conflict induced Beijing to engage Seoul, rather than Pyongyang, North Korea could no longer benefit from the Senkaku/Diaoyu dispute. Probably this is why in 2013 KCNA carried only a single article directly critical of Japan's attitude toward the dispute, and this one appeared before the nuclear test. During the remaining part of the year, it mentioned the topic only once, with the evident intention to create discord between South Korea and China. Namely, KCNA alleged that Park Geun-hye "supported Japan in its moves to grab [the] Diaoyu islands".[82] This trend may have also reflected the fact that in May, Japan attempted to counter Sino-ROK cooperation by renewing its dialogue with the DPRK.[83]

Another factor influencing Chinese attitudes toward the DPRK was that the North Korean nuclear crisis created a consensus

---

81) "Japan's Drift to the Far Right Hurts Stability in Northeast Asia," 『Chosun Ilbo』, April 23, 2013.

82) KCNA, "KCNA Commentary Assails Park Geun Hye's Sycophancy toward Foreign Forces," October 30, 2013b.

83) Halpin, Dennis, "Abe Plays the North Korea Card," *A US-Korea Institute at SAIS Policy Brief* (Washington, DC: US-Korea Institute at SAIS, April 10, 2014), p. 1.

between the PRC and the United States. "After North Korea launched its rocket, China and the U.S. went head-to-head within the U.N. Security Council and disagreed over what resolutions should be adopted," Cheng Xiaohe pointed out. The nuclear test, however, gave "the U.S. and China more opportunity for cooperation".[84] On June 7-8th, 2013, at the Obama-Xi Jinping summit, the two leaders' shared disapproval of Pyongyang's belligerence at least partly offset their disagreements over the South China Sea, and thus helped them in reaching a rapprochement. As Wang Fan remarked, "China's participation in resolving the DPRK nuclear issue has helped propel China's image as a responsible power committed to regional stability, and thus reshaped some US assumptions on China".[85] In the light of the worsening Sino-Japanese dispute, China had a strong stake in projecting such an image. "During his visit to Washington in February, Abe [···] repeatedly emphasized the danger of an increasingly powerful China," China Daily reported, adding with evident satisfaction that Abe's claims elicited only a lukewarm response from Obama.[86]

"The North must have felt disappointed about [···] China's closer relationship with both the US and South Korea," Jin Qiangyi pointed out. Ultimately, Xi's expected meetings with Obama and Park Geun-hye induced the KWP leaders to send a

84) Cheng, Xiaohe, "What North Korea Wants from China," *Economic Observer*, May 23, 2013.

85) Wang, Hui, "Military drills cloud Korean Peninsula," 『China Daily』, October 24, 2013.

86) Cai, Hong, "Abe's 'values diplomacy' goes against the grain," 『China Daily』, July 2, 2013.

high-ranking envoy to China. In June, they relaxed their attitude toward the ROK, and called for talks with Washington.[87] Nevertheless, in the summer and fall of 2013, the relaxation of tension did not lead to a quick renewal of Chinese economic engagement. While China welcomed the tentative signs of inter-Korean rapprochement and Pyongyang's vague promises to return to the six-party talks, it seems not to have taken steps comparable to the economic agreements reached in August-September 2012 and January 2013. While the CCP leaders did send several high-level delegations to the DPRK, the latter's main objective was to prod Pyongyang to take concrete steps toward denuclearization.[88] That is, they were aimed not only at restoring Sino-DPRK concord but also at reinforcing Sino-US and Sino-ROK cooperation. Consequently, North Korea's new approach was hardly conducive to a genuine Sino-DPRK reconciliation. Since the KWP leaders suspended their acts of open belligerence but did not show yet a credible commitment to denuclearization, China's role, either as a restraining force or as a mediator, may have lost some of its significance.

Apart from Sino-ROK and Sino-US rapprochement, Beijing's bargaining position vis-à-vis Pyongyang was also enhanced by certain new developments that implied a reduction of North Korea's logistical importance. In August 2013, after a 9-year pause, the Hunchun-Makhalino railway resumed service, creating

87) Cheng, Xiaohe, "What North Korea Wants from China," *Economic Observer*, May 23, 2013. ; "No more indulgences for North Korea," 『Global Times』, June 20, 2013.

88) Li, Jiabao, and Bao Chang, "Nuke test 'fails to dent' trade ties," 『China Daily』, February 19, 2013.

an opportunity for landlocked Jilin to reach the Russian port of Zarubino.[89] This new transport corridor potentially enabled Beijing to implement the Changjitu Plan with less reliance on Rajin. Furthermore, in September 2013 Xi Jinping visited Central Asia to announce his plan to create a Silk Road Economic Belt linking the seacoast of East China with Europe through Central Asia and Xinjiang.[90] Xi's declaration heralded a new stage in China's Eurasian Land Bridge strategy, and as such, it carried the risk that the Korean Peninsula might be logistically marginalized. Under such conditions, China probably saw less need to engage the DPRK than before.

Ⅸ. The Missile Barrage: A Low-Key Attitude

Fortunately for Pyongyang, the challenge posed by the Silk Road Economic Belt was taken seriously both by Seoul and Moscow. In October 2013, Park Geun-hye announced her Eurasian Initiative, which included a renewed call for the construction of a railway link between the TSR and South Korea through the DPRK.[91] The potential feasibility of this idea was enhanced by the fact that in late September, the Rajin-Khasan railway had been finally opened for service. Since China's Silk

---

89) Xinhua, "China-Russia freight railway resumes service," August 2, 2013b.

90) Szczudlik-Tatar, Justyna, "China's New Silk Road Diplomacy," *PISM Policy Paper* 34-82(2013). p. 3.

91) Kim, Taehwan, *A Neo-geopolitics Approach to South Korea's Eurasia Initiative* (Seoul: Institute of Foreign Affairs and National Security, 2014).

Road Economic Belt would bypass the TSR, too, in November, Russian President Vladimir Putin promptly visited Seoul to express his support for Park's Iron Silk Road plan.[92] Since both Seoul and Moscow had a stake in engaging Pyongyang, North Korea's bargaining position started to improve. Now it was China's turn to feel bypassed:

> As a route through East Asia, it is unlikely to succeed without the participation of China, the conspicuously rising power on the world stage. [⋯] Neither Russia's Far East nor the two Koreas have sufficient demand for imports and exports, so a smart choice is to invite heavily populated China to get involved in the project. [⋯] If Pyongyang has a strategic vision, it will accept Russia's offer, cooperate with Seoul and tie the network with Beijing by opening a branch line by the Yalu River to enjoy full-fledged prosperity in this region.[93]

In November 2013, China Daily remarked that "the prospects for the project are uncertain, given the volatility of ROK-DPRK relations and the international community's endeavors to contain the DPRK's nuclear ambitions through UN sanctions".[94] This skepticism proved quite justified. In January-February 2014, Pyongyang temporarily softened its attitude toward Seoul, but from late February to mid-August, it test-fired a high number

---

92) Kim, Younkyoo, and Stephen Blank, "Putin and Korea's 'Silk Road Express': Russia's Game on the Korean Peninsula," *Korea Observer*, 45-4(Winter, 2014), pp. 611-616.

93) "China's participation needed in Korean-Siberian rail project," 『Global Times』, November 27, 2013.

94) "Ambitious 'Iron Silk Road' plan to unite ROK, DPRK and Russia," 『China Daily』, November 14, 2013.

of short- and medium-range missiles. Of these tests, the launching of two Nodong-1 ballistic missiles (March 26th) posed the most serious challenge, for in 2006, a Nodong test had led to the DPRK's first nuclear test. On March 28th, the UNSC promptly condemned the tests, but this time it did not issue either a Presidential Statement or a Resolution. In response, on March 30th the DPRK warned that it might conduct "a new form of nuclear test," but eventually it did not do so. In mid-July, Pyongyang's new missile tests evoked another UNSC rebuke but the Council again refrained from making a formal statement.

Interestingly, China's reactions to these manifestations of North Korean belligerence were considerably more low-key and equivocal than they had been in 2012-2013. In March-April, Beijing did repeatedly call upon "all relevant parties" to refrain from provocative acts. In response to news about North Korean preparations for a new nuclear test, the CCP leaders reaffirmed their commitment to denuclearization. Nonetheless, China rarely singled out the DPRK for criticism.[95] Neither Xinhua and Renmin Ribao nor the less official China Daily and Global Times carried such critical, in-depth analyses about North Korea's conduct as they had in the previous two years. In contrast, *China Daily* repeatedly and explicitly castigated the U.S. for the renewed tension on the Korean Peninsula.

One likely cause of this difference was that in 2014, North

---

95) a notable exception was a Chinese protest over a missile that nearly hit a Chinese airplane, Li, Xiaokun, "China raises concerns over DPRK projectile 'near miss'," 『China Daily』, March 7, 2014.

Korea, by refraining from a nuclear test, managed not to cross Beijing's "red line." This factor probably played a role in that the UNSC did not impose new sanctions on the DPRK. Notably, the crisis did not become serious enough to dissuade the ROK from conducting talks with the North about the planned Trans-Korean Railway in April.[96] The Council's relative passivity may have also indicated a lack of consensus between the Great Powers. As early as February, China expressed opposition to the U.S. idea of raising North Korea's human rights violations at the International Criminal Court.[97] In mid-March, when the UNSC voted on a U.S.-proposed draft resolution about Russia's recent interference in Ukraine, Russia vetoed the resolution. Rejecting Washington's call for sanctions, China abstained.[98] Under such circumstances, Moscow and Beijing were presumably less willing to take sides with Washington against Pyongyang than before. In turn, the non-imposition of UNSC sanctions for the Nodong tests enabled China to avoid an open confrontation with Pyongyang.

Sino-Russian competition may have also influenced China's attitude. From January 2014, Pyongyang took steps toward a rapprochement with Moscow. On March 24-28th, Aleksandr Galushka, Minister for the Development of the Far East, visited the DPRK to discuss issues of economic cooperation. Notably, his

---

96) Shin, Gi-Wook, David Straub, and Joyce Lee, *Tailored Engagement: Toward an Effective and Sustainable Inter-Korean Relations Policy* (Stanford: The Walter H. Shorenstein Asia-Pacific Research Center, 2014), p. 87.

97) Wang, Hui, "Truth behind DPRK rights report," 『China Daily』, February 24, 2014.

98) "UN fails Ukraine resolution." 『China Daily』, March 16, 2014.

visit occurred at a time when North Korea had already embarked on a course of confrontation, and actually coincided with the Nodong tests. Due to the US-Russian dispute over Ukraine, Moscow showed little interest in criticizing Pyongyang's conduct.[99] From China's perspective, it probably seemed disadvantageous to castigate the DPRK if Russia could not be expected to do likewise.

Finally, the relative deterioration of Sino-US relations reduced China's willingness to put pressure on Pyongyang. Anxious to restore harmony between his Asian allies, in March 2014 Obama arranged the very first meeting between Abe and Park Geun-hye. In April, during a visit in Japan, he assured Tokyo that the U.S.-Japanese treaty covered the Senkaku/Diaoyu Islands as well. Predictably, these steps displeased Beijing. Hu Mingyuan directly linked the problem with the North Korean question:

> The United States has been urging China to press the DPRK on one hand while encouraging Japan to provoke China on the other. [⋯] The US is pouring fuel on the flames, so the DPRK will be angered and pushed into conducting a fourth nuclear test, which will undermine China's security and drive a wedge between China and the DPRK. Moreover, the US can fully make use of the DPRK's nuclear threat to strengthen US-Japan-ROK trilateral cooperation, and eventually form a "mini NATO" in Asia to contain China and Russia.[100]

---

99) Kim, Younkyoo, and Stephen Blank, "Putin and Korea's 'Silk Road Express': Russia's Game on the Korean Peninsula," *Korea Observer*, 45-4(Winter, 2014), pp. 619-621.

100) Hu, Mingyuan, "US key to DPRK nuclear issue," 『China Daily』, April 24, 2014.

In response to this perceived U.S. pressure, China toned down its criticism of Pyongyang's belligerence, but its engagement policy was focused on Russia and South Korea, rather than the DPRK. In May, a Putin–Xi Jinping meeting led to a breakthrough in the prolonged negotiations about Russian gas supplies to China and the joint construction of a new Russian port at Zarubino that would link Northeast China with the sea - and thus bypass Rajin.[101] During Xi's visit to the ROK (July 2014), the two sides expressed their agreement both on the North Korean nuclear problem and the threat of Japanese revisionism. This consensus posed a challenge to Pyongyang, all the more so because Xi was the first Chinese head of state who visited South Korea before the North. Under these conditions, the DPRK found it advisable to continue its talks with Tokyo[102], and adopt a low–key attitude toward the Sino–Japanese territorial dispute.

X. Conclusion

These fluctuations in China's responses to North Korea's various confrontational acts seem to support the views of John Delury, who emphasized that China's approach should be seen on its own terms, rather than from the perspective of U.S. and

---

101) "China and Russia to jointly build up port in Zarubino," 『China Daily』, November 27, 2014.

102) Halpin, Dennis "Abe Plays the North Korea Card," *A US-Korea Institute at SAIS Policy Brief* (Washington, DC: US-Korea Institute at SAIS, April 10, 2014).

South Koreans priorities.[103] While the Chinese leaders did take the "American factor" and the "South Korean factor" into consideration, their actions were also shaped by their changing relations with Japan and Russia. Furthermore, their growing or decreasing readiness to cooperate with Washington vis-à-vis Pyongyang reflected not only their assessment of North Korea's conduct but also their approval or disapproval of the policies that the U.S. pursued elsewhere (above all, Japan, Taiwan, and the South China Sea). The patterns observed above may be summarized as follows:

1. China adopted a far more critical attitude toward Pyongyang's nuclear provocations than toward other negative aspects of North Korean conduct, and U.S. attempts at a blanket condemnation of North Korean belligerence were not appreciated. The CCP leaders explicitly condemned both nuclear tests, but they did not react as negatively to the 2009 satellite launch as they would respond to the 2012 launches. The 2014 missile tests were so low on their priority list that they did not support any formal condemnation, and they positively refused to raise Pyongyang's human rights violations. These differences potentially enabled the KWP leaders to opt for such forms of confrontation that did not carry the risk of Chinese reprisals. Still, their awareness of China's particular sensitivity to the nuclear

103) Delury, John, "Triple-Pronged Engagement: China's Approach to North Korea," *American Foreign Policy Interests* 34(April, 2012), pp. 69-73.

problem did not deter them from carrying out nuclear tests if they wanted to demonstrate their defiance of the UNSC.

2. A certain decline in North Korean belligerence seems to have been a necessary but not sufficient precondition of Chinese economic re-engagement. Even in 2009–2010 and 2012, when China had a strong stake in logistical cooperation with the DPRK, the CCP leaders apparently postponed some of the planned joint projects until Pyongyang adopted a less confrontational attitude. This approach enabled the DPRK to manipulate China to some extent, for a relaxed stance was at least potentially conducive to obtaining aid from Beijing. Still, such tactics did not always work, for in 2013, China was far less receptive to North Korea's lip service to denuclearization than before.

3. In contrast with Pyongyang's fixation on inter-Korean rivalry, China showed far less readiness to confront Seoul than to criticize Washington's Korea policy. For the DPRK, Sino-US friction offered the relatively best chance to secure Chinese indulgence. China's conflicts with Japan offered less opportunity, and they could even stimulate Sino-ROK rapprochement.

4. The prospect of cooperation with the U.S., South Korea, or Russia against a third country (like Japan) could potentially reduce North Korea's significance in China's eyes. Positive or negative changes in Sino-Russian relations seem to have

affected Sino-DPRK relations to a greater extent than any of the three actors cared to publicly admit. Russian-DPRK rapprochement could enhance Pyongyang's bargaining power, but it may have been a less decisive factor that the two Great Powers' ability or inability to reach agreement on the transport corridors. Once again, Pyongyang's heavy-handed tactics backfired, for the difficult operation of the Hunchun-Rajin corridor probably reinforced China's interest in looking for an alternative route.

Literature

Abrahamian, Andray. and Geoffrey K. See. "The ABCs of North Korea's SEZs." *A US-Korea Institute at SAIS Report*. Washington, DC: US-Korea Institute at SAIS, 2014.

"Ambitious 'Iron Silk Road' plan to unite ROK, DPRK and Russia." 『China Daily』, November 14, 2013. available at: http://www.chinadailyasia.com/news/2013-11/14/content_15098837.html

Cai, Hong. "Abe's 'values diplomacy' goes against the grain." 『China Daily』, July 2, 2013. available at: http://usa.chinadaily.com.cn/epaper/2013-07/02/content_16707857.htm

"Calm, restraint needed to maintain security on Korean peninsula." 『Renmin Ribao』, November 1, 2012. available at: http://en.people.cn/90777/7999820.html

Cheng, Joseph Yu-shek. "China and the Korean Situation: The Challenge of Pyongyang's Brinkmanship." *East Asia*, 20-4, (2003), pp.52-76.

Cheng, Xiaohe. "Will North Korea launch more missiles?" *Economic Observer*, November 30, 2012. available at: http://china-wire. org/?p=25266

Cheng, Xiaohe. "What North Korea Wants from China." Economic Observer, May 23, 2013. available at: http://china-wire.org/?p=29451

"China and Russia to jointly build up port in Zarubino." 『China Daily』, November 27, 2014. available at: http://www.chinadaily.com.cn/m/jilin/2014-11/27/content_18988403.htm

"China, DPRK to further strengthen sci-tech ties." 『China Daily』, May

7, 2009. available at:
http://www.chinadaily.com.cn/china/2009-05/07/content_7755080.htm

"China follows development of DPRK's satellite test fire." 『China Daily』, March 7, 2009. available at:
http://www.chinadaily.com.cn/china/2009npc/2009-03/07/content_7550135.htm

"China living in denial of NK's status as an ally." 『Global Times』, February 24, 2013. available at:
http://china-wire.org/?p =27319

"China's participation needed in Korean-Siberian rail project." 『Global Times』, November 27, 2013. available at:
http://china-wire.org/?p=32883

Chu, Zhaogen. "Long-term perspective needed." 『China Daily』, April 11, 2012. available at:
http://www.chinadaily.com.cn/opinion/2012-04/11/content_15019098.htm

Chung, Chong Wook. The Korean Peninsula in China's Grand Strategy: China's Role in Dealing with North Korea's Nuclear Quandary. *RSIS Working Paper*, No. 192. Singapore: S. Rajaratnam School of International Studies. 2010.

"Dandong's new pattern of opening up." 『China Daily』, July 16, 2011. available at:
http://www.chinadaily.com.cn/m/liaoning/dandong/2011-07/16/content_12916744.htm

Delury, John. "Triple-Pronged Engagement: China's Approach to North Korea." *American Foreign Policy Interests* 34(April, 2102).

"DPRK signals nuclear talks possible." 『China Daily』, September 19, 2009. available at:
http://www.chinadaily.com.cn/cndy/2009-09/19/content_87

11000.htm

"FM: China disapproves of new UN sanction on DPRK." 『China Daily』, April 14, 2009. available at: http://www.chinadaily.com.cn/china/2009-04/14/content_7675990.htm

Glaser, Bonnie. "China's Policy in the Wake of the Second DPRK Nuclear Test." *China Security* 5-2(July, 2009). p. 1-11.

Glaser, Bonnie S. and Brittany Billingsley, "China-North Korean Ties in the Wake of the Death of Kim Jong Il." *Korea Review* 2-2 (2012a), pp. 105-135.

Glaser, Bonnie S., and Brittany Billingsley, "US Pivot to Asia Leaves China off Balance." *Comparative Connections* 13-3(January, 2012b).

Halpin, Dennis. "Abe Plays the North Korea Card." A US-Korea Institute at *SAIS Policy Brief*. Washington, DC: US-Korea Institute at SAIS. April 10, 2014.

"Helping DPRK Economy." 『China Daily』, August 15, 2012. available at: http://usa.chinadaily.com.cn/opinion/2012-08/15/content_15676658.htm

Hu, Mingyuan. "Time for new beginning on Peninsula." 『China Daily』, February 16, 2012. available at: http://www.chinadaily.com.cn/opinion/2012-02/16/content_14619418.htm

Hu, Mingyuan. "US key to DPRK nuclear issue." 『China Daily』, April 24, 2014. available at: http://usa.chinadaily.com.cn/world/2014-04/24/content_17462663.htm

"Japan defense minister's China visit a sign of warming relations." 『China Daily』, March 23, 2009. available at: http://www.chinadaily.com.cn/china/2009-03/23/content_7

607571.html

"Japan's Drift to the Far Right Hurts Stability in Northeast Asia." 『Chosun Ilbo』, April 23, 2013. available at: http://english.chosun.com/site/data/html_dir/2013/04/23/2013042301185.html

Ji, Beibei. "Work begins on new bridge to North Korea." 『Global Times』, January 4, 2011. available at: http://china-wire.org/?p=9474

Kim, Heungkyu. "From a buffer zone to a strategic burden: evolving Sino-North Korea relations during the Hu Jintao era." *Korean Journal of Defense Analysis* 22-1(2010), pp. 57-74.

Kim, Taehwan. *A Neo-geopolitics Approach to South Korea's Eurasia Initiative*. Seoul: Institute of Foreign Affairs and National Security, 2014.

Kim, Yongho, and Myung Chul Kim. "China in the North Korean Nuclear Quagmire: Rethinking Chinese Influence on North Korea." *Issues & Studies*, 44-3(2008), pp. 149-175.

Kim, Younkyoo, and Stephen Blank. "Putin and Korea's 'Silk Road Express': Russia's Game on the Korean Peninsula." *Korea Observer*, 45-4(Winter, 2014), pp. 599-626.

Korean Central News Agency (KCNA). "KCNA Terms Story of 'Chain Reaction' Hypocritical." July 22. 2009.

KCNA. "Russia-Kazakhstan-China Motorway to Be Built." July 13. 2011a.

KCNA. "KCNA Commentary Censures U.S. Wild Ambition to Dominate Space." November 23. 2011b.

KCNA. "KCNA Commentary Rejects U.S. 'Asia-oriented Policy' as Policy of Aggression." November 25. 2011c.

KCNA. "Rodong Sinmun Brands U.S. and S. Korea as Arch Criminal Escalating Tension on Korean Peninsula." June 29. 2012a.

KCNA. "Russian Business Delegation Visits Liberation Tower." July 24. 2012b.

KCNA. "DPRK's Successful Launch of Satellite Hailed by International Community." December 16. 2012c.

KCNA. "DPRK NDC Issues Statement Refuting UNSC Resolution." January 24. 2013a.

KCNA. "KCNA Commentary Assails Park Geun Hye's Sycophancy toward Foreign Forces." October 30. 2013b.

"Launch of Naro complicates Korea Peninsula situation." 『Renmin Ribao』, February 1, 2013. available at: http://en.people.cn/90777/8117797.html

Lee, Hochul. "China in the North Korean Nuclear Crises: 'interest' and 'identity' in foreign behavior." *Journal of Contemporary China*, 22-80(2013), pp. 312-331.

Lee, Yeon Ho, and Jeong Shim Kang. "The Changjitu Project and China-North Korea Economic Cooperation: Beijing's and Pyongyang's intentions." *BISA Annual Conference*, Manchester, April 27. 2011.

Li, Hongmei. "Can DPRK's brinkmanship survive the international isolation?" 『Renmin Ribao』, July 23, 2009. available at: http://en.people.cn/90002/96417/6708171.html

Li, Jiabao, and Bao Chang. "Nuke test 'fails to dent' trade ties." 『China Daily』, February 19, 2013. available at: http://www.chinadaily.com.cn/china/2013-02/19/content_16234793.html

Li, Qingsi. "US plays Korean card to perfection." 『China Daily』, June 30, 2010. available at: http://www.chinadaily.com.cn/opinion/2010-06/30/content_10038051.htm

Li, Xiaokun. "Beijing furious at arms sale." 『China Daily』, February

1, 2010. available at:
http://www.chinadaily.com.cn/cndy/2010-02/01/content_9404500.htm

Li, Xiaokun. "Special envoy's trip aims to restart talks on peninsula nuclear issue." 『China Daily』, August 28, 2013. available at: http://www.chinadaily.com.cn/china/2013-08/28/content_16925051.htm

Li, Xiaokun. "China raises concerns over DPRK projectile 'near miss'." 『China Daily』, March 7, 2014. available at: http://www.chinadaily.com.cn/world/2014-03/07/content_17329026.htm

Liang, Chen. "Chinese traders backing off North Korea as sanctions bite." 『Global Times』, June 18, 2013. available at: http://services.globaltimes.cn/epaper/2013-06-18/26307.htm

"No more indulgences for North Korea." 『Global Times』, June 20, 2013. available at: http://china-wire.org/?p=30019

"Not all Peninsula issues China's problem." 『Global Times』, January 25, 2013. available at: http://www.globaltimes.cn/content/758130.shtml

Park, Chang Kyoo, Er-Win Tan, and Geetha Govindasamy. "The Revival of Russia's Role on the Korean Peninsula." *Asian Perspective* 37(January-March, 2013), pp. 125-147.

Peng, Guangqian. "DPRK's N-test misfires at home and abroad." 『China Daily』, June 3, 2009. available at: http://www.chinadaily.com.cn/opinion/2009-06/03/content_7966142.htm

Qin, Jize. "Chinese firms to develop DPRK free-trade islets." 『China Daily』, February 24, 2010a. available at: http://www.chinadaily.com.cn/cndy/2010-02/24/content_9492623.htm

Qin, Jize. "Beijing wants closer ties with Pyongyang, Seoul." 『China Daily』, May 1, 2010b. available at: http://www.chinadaily.com.cn/cndy/2010-05/01/content_9799775.htm

Shen, Dingli. "Hope for renewal of talks." 『China Daily』, March 8, 2012a. available at: http://www.chinadaily.com.cn/opinion/2012-03/08/content_14784261.htm

Shen, Dingli. "Peninsula has a new problem." 『China Daily』, October 20, 2012b. available at: http://europe.chinadaily.com.cn/opinion/2012-10/20/content_15833291.htm

Shin, Gi-Wook, David Straub, and Joyce Lee. *Tailored Engagement: Toward an Effective and Sustainable Inter-Korean Relations Policy*. Stanford: The Walter H. Shorenstein Asia-Pacific Research Center, 2014.

Szalontai, Balazs, and Changyong Choi. "The Prospects of Economic Reform in North Korea: Comparisons with China, Vietnam, and Yugoslavia." *Europe-Asia Studies* 64-2 (2012), pp. 227-246.

Szczudlik-Tatar, Justyna. "China's New Silk Road Diplomacy." *PISM Policy Paper* 34-82(2013).

Thompson, Drew. "China's Perspective of Post-Cheonan Regional Security." 2010. Paper presented at *AIPS Symposium* on "Post-Cheonan Regional Security." Seoul, August 13.

"UN fails Ukraine resolution." 『China Daily』, March 16, 2014. available at: http://www.chinadaily.com.cn/world/2014-03/16/content_17349676.htm

United Nations ESCAP. "Activities implemented under the Regional Action Programme for Transport Development in Asia and the

Pacific, phase II (2012–2016)." E/ESCAP/CTR(3)/INF/4, 2012. available at:
http://www.unescap.org/official-documents/forum-asian-ministers-transport/session/2

United Nations ESCAP. "Status of implementation of the Intergovernmental Agreement on the Trans-Asian Railway Network." E/ESCAP/TARN/WG(3)/1, 2013. available at:
http://www.unescap.org/resources/status-implementation-intergovernmental-agreement-trans-asian-railway-network

Wang, Hui. "Military drills cloud Korean Peninsula." 『China Daily』, October 24, 2013. available at:
http://www.chinadaily.com.cn/opinion/2013-10/24/content_17054683.htm

Wang, Hui. "Truth behind DPRK rights report." 『China Daily』, Fobruary 24, 2014. available at:
http://www.chinadaily.com.cn/opinion/2014-02/24/content_17300160.htm

Wen, Ya. "Consultants arrive in N. Korea." 『Global Times』, January 10, 2013. available at:
http://www.globaltimes.cn/content/754887.shtml

"Why China can't persuade N. Korea alone." 『Global Times』, March 19, 2012. available at: http://china-wire.org/?p=19435

Wu, Anne. "What China Whispers to North Korea." *The Washington Quarterly* 28-2 (2005). pp. 35–48.

Wu, Chaofan. "DPRK forces China to rethink." 『China Daily』, June 25, 2009. available at:
http://www.chinadaily.com.cn/opinion/2009-06/25/content_8321364.htm

Wu, Jiao. "DPRK is a land of surprises for visitors." 『China Daily』, April 19, 2012. available at:

http://www.chinadaily.com.cn/photo/2012-04/19/content_15085328.htm

Xinhua."Chinese economic cooperation with DPRK developing smoothly: FM spokesman." June 26, 2012a. available at: http://news.xinhuanet.com/english/china/2012-06/26/c_131677734.htm

Xinhua. "U.S. intervention not conducive to Asia-Pacific stability." July 14, 2012b. available at: http://news.xinhuanet.com/english/indepth/2012-07/14/c_131715930.htm

Xinhua. "China calls on DPRK to act prudently with satellite launch." December 4, 2012c. available at: http://news.xinhuanet.com/english/china/2012-12/04/c_132019237.htm

Xinhua. "UN Security Council approves resolution on DPRK satellite launch." January 23, 2013a. available at: http://news.xinhuanet.com/english/world/2013-01/23/c_132120738.htm

Xinhua. "China-Russia freight railway resumes service." August 2, 2013b. available at: http://news.xinhuanet.com/english/china/2013-08/02/c_132597652.htm

Yang, Danzhi. "Will Peninsula see peace this year?" 『China Daily』, January 5, 2011. available at: http://europe.chinadaily.com.cn/opinion/2011-01/05/content_11796201.htm

Zakharova, Ludmila. "North Korea's International Economic Ties in the 21st Century and Prospects For Their Development Under Kim Jong Un." *Far Eastern Affairs* 41 -3(2013), pp. 128-148.

Zhan, Debin. "Time for Park to refocus on China ties." 『Global Times』,

January 27, 2013. available at: http://china-wire.org/?p=26789

Zhang, Haizhou. "Shootout at sea erupts off Korean Peninsula." 『China Daily』, November 11, 2009. available at: http://www.chinadaily.com.cn/cndy/2009-11/11/content_8946676.htm

Zhang, Liangui. "Mixed signals from Kim's visit." 『China Daily』, May 12, 2010a. available at: http://www.chinadaily.com.cn/opinion/2010-05/12/content_9837918.htm

Zhang, Liangui. "Cheonan case: UN vague as usual." 『China Daily』, July 14, 2010b. available at: http://www.chinadaily.com.cn/opinion/2010-07/14/content_10102728.htm

Zhang, Xin. "DPRK test firing not a hindrance." 『China Daily』, October 14, 2009. available at: http://www.chinadaily.com.cn/cndy/2009-10/14/content_8789262.htm

Zhou, Wa. "Experts: DPRK's satellite launch 'harmful'." 『China Daily』, March 19, 2012a. available at: http://europe.chinadaily.com.cn/world/2012-03/19/content_14858523.htm

Zhou, Wa. "Missile pact opens channel for US." 『China Daily』, October 9, 2012b. available at: http://usa.chinadaily.com.cn/world/2012-10/09/content_15802163.htm

Zhu, Feng. "Conditions make it hard to talk." 『China Daily』, August 10, 2011. available at: http://usa.chinadaily.com.cn/epaper/2011-08/10/content_13085060.htm

중국이 구상하는 국제질서와 동아시아지역질서 그리고 한반도 안보*

홍은정(고려대학교)

Ⅰ. 서론

2008년 미국발 국제금융위기 이후 중국의 부상[1])이 가시화되면서 중국이 미국 중심의 국제질서 체제를 바꿀 능력이 있는지, 또한 그러한 의시가 있는지에 대한 논의가 이어졌다. 사실 탈냉전기 중미관계는 갈등과 협력의 큰 틀에서 전개되어 왔다고 할 수 있다. 중미관계가 전략적 협력과 갈등이 일상화된 뉴 노멀(New Normal)에 진입한지 오래되었다[2])고 볼 때, 중미간 표출되는 갈등사안들도 새롭게 나타나는 문제라고 할 수는 없을 것이다. 하지만 2008년 국제금융위기 이후 진행되고 있는 양국관계는 국제질서 형성에 직접적인 영향을 미칠 가능성이 높기 때문에 국제정치학적으로 가장 큰 관심이 집중이 되고 있다. 2014년 이후 중국의 경제성장이 주춤해지긴 했지만, 여전히 세계의 패권국으로 남아 있는 미국과의 관계는 확실히 미래 국제질서 형성의 핵심요소를 구성하고 있다[1]).

---

* 본 글은 2017년도 『한중사회과학연구』, 제15권 3호에 게재된 논문이다.

1) 중국의 부상 시기는 연구자마다 다르게 규정할 수 있다. 본 논문은 2008년 국제금융위기 이후를 중국의 부상시기로 간주하고 논의를 전개하고자 한다.

2) 신종호, "시진핑 시기 중국의 대외전략 변화와 한반도 정책에 대한 영향," 『통일정책연구』 25권 2호(통일연구원, 2016), p. 141.

1) 한석희, "중국의 다극화전략, 다자주의외교, 그리고 동북아시아 안보, 국제지역연구," 『국제지역연구』 제11권 제1호(한국외국어대학교 국제지역연구센터, 2007), p. 2.

2008년 국제금융위기 이후 중국의 부상이 가속화되면서 전 세계적으로 그 영향력을 인정받는 논의가 지속되고 있다. 특히 미국과 중국의 상호의존성을 강조하며 미중 양국이 국제사회의 이슈를 공동으로 대처해야 한다는 'G2' 혹은 '차이메리카(chimerica)' 개념이 널리 사용되었다. G2개념이 널리 사용되자, 중국 지도부는 이에 여러 차례 반대의 입장을 밝혔다. 2009년 원자바오 총리가 공식석상에서 G2개념에 대한 비판적 견해를 여러 차례 밝힌 바 있으며, 고위 외교관들도 원자바오 총리와 같은 논리선상에서 G2개념에 비판적 시각을 드러냈다[2]. 2015년 사상최대의 군사무기를 선보였던 열병식 개막식 연설에서 시진핑 주석 역시 군병력 30만 명 감축을 밝히면서 "중국은 패권다툼과 영역확장을 추구하지 않을 것"이라고 밝힌 바 있다[3]. 즉 중국은 세계질서 차원에서 미국의 지위를 대체하거나 그럴 가능성이 없음을 강조하는 언급이라고 할 수 있다.

한편, 동아시아 지역차원에서 중미간 실력차이가 줄어들면서 중미간 경쟁이 뚜렷해지고 있다는 평가가 나오고 있다. 아시아지역에서 중국은 2010년 일본을 제치고 이미 경제 제1대국이 되었다. 일부 연구는 동아시아 지역에서 중미간 경제, 안보 영역에서 전면적인 경쟁이 나타나고 있는데, 이는 냉전시기 미소간 안보, 경제 영역에서 대립양상과 비슷하다는 평가하고 있다. 경제영역에서 미국 주도의 TPP와 중국이 주도적 역할을 하는 FTAAP에서 경쟁구조는 냉전시기의 대립양상과 비슷한 상황이라고 본다. AIIB의 수립은 금융부문에서 미국의 패권에 도전하고 있음을 보여주며, 위안화의 국제화를 통해 미달러 패권에 도전을 하고 있다는 것이다. 안보 영역에서 미국은 동맹체계로 중국이 주도하

---

2) 예를 들어, 2011년 1월 중국외교부 부부장인 추이텐카이는 "중국은 중미공동통치 개념에 대해 찬성한 적이 없다."고 밝힌 바 있다. 崔天凯 "中国不赞成中美共治的说法," 新华网, 2011年 1月 14日

3) 2015阅兵习近平讲话全文年9月3日
http://www.china.com.cn/guoqing/2015-09/03/content_36489876_2.htm

는 다자주의와 경쟁을 하고 있으며, 중국이 향후 배타적인 아시아 안보기제를 수립할 것이라고 보고 있다.[4)] 최소한 동아시아의 지역적 관점에서는 군사적으로도 미국의 '지역적 동급 경쟁자(regional peer competitor)로 부상하고 있다는 평가를 받고 있으며, 2030-2050년경에는 전 지구적 경쟁자로까지 자리매김하게 될 것이라는 예측이 제기되고 있다[5)].

동아시아 지역에서 경쟁적 구도가 아닌 공동통치의 개념이 실제 적용되고 있음을 주장하는 학자도 있다. 세계적 질서 차원은 아니더라도 동아시아에서 중국과 미국이 실질적으로 이 지역질서를 공동으로 통치하고 있다는 것이다. 자오치엔셩(赵全胜)교수는 동아시아에서 두 개의 영도모델을 주장하는 학자인데, 그는 21세기 들어 중미관계와 동아시아 지역의 국제관계는 중대한 변화를 경험했다고 설명한다. 중국은 국제경제, 무역과 금융영역에서 영도적인 역할을 수행하고 있고, 미국은 전지구적 유일한 초강대국으로서, 군가와 안보 및 정치영역에서 결정적인 영도자 역할을 수행하고 있다고 주장한다. 따라서 동아시아 지역에서 중미양국은 각각의 영역에서 지도자의 역할을 수행중이라고 주장한다[6)].

이상의 논의를 볼 때, 중국의 미국이 주도하는 질서에 도전할 것인가는 단지 중미간 능력의 대비라는 구조적 요인에 의한 것만은 아니라는 것을 알 수 있다. 능력의 대비보다는 중국이 어떠한 의도를 가지고 국제질서를 바라보고 있는지, 어떠한 전략을 취하는지를 살펴볼 필요성을 제기한다고 할 수 있다. 즉 중국이 실제로 국제질서와 동아시아 지역질서를 어떠한 인식 속에서 살펴보는지 그리고 전략사고를 검토할 필요가 있다.

---

4) 蔡鹏鸿, "亚太两强竞争性合作格局趋势与中国外交,"『国际观察』, 2013年, 第1期. p. 10.
5) 정재호,『평화적 세력전이의 국제정치학』(서울: 서울대학교출판사, 2016), pp. 122-123.
6) 赵全胜, "中美关系和亚太地区的双领导体制,"『美国研究』2012年, 第1期, pp. 7-8.

본 연구는 중국이 국제질서를 어떻게 사고하고 있는가를 탐구하고, 국제질서부터 동아시아 지역질서, 그리고 한반도까지의 인식과 전략을 고찰해 보고자 한다. 우선 2장에서는 중국내에서 논의되고 있는 국제질서에 대한 담론을 분석하고자 한다. 3장에서는 중국에서 전개되는 국제질서의 담론의 실상을 보다 깊이 이해하기 위한 일환으로, 현지조사(설문조사와 심층인터뷰)를 통해 중국 지식인들의 국제질서와 동아시아 지역질서를 분석할 것이다. 4장에서는 국제질서와 동아시아 지역질서의 인식이 중국의 한반도 인식과 전략에는 어떻게 적용되는지를 살펴보고자 한다. 본 연구를 통해 중국의 구상하는 국제질서와 지역질서의 인식의 흐름을 이해할 수 있을 뿐 아니라 새로운 세계질서의 출현가능성과 그 성격에 관한 이해를 증진시킬 수 있을 것이다[7].

Ⅱ. 중국의 부상과 국제질서 담론의 전개

중국에서 논의되는 국제질서를 이해할 때, 국제구조(国际格局)의 개념설명이 필요하다. 중국은 국제구조를 상대적으로 안정된 국제관계의 구성관계로 보고 있다. 이때 하나의 국제구조가 형성되었다는 것은 각 역량이 부단히 변화하여 새로운 조합을 이룬 것을 의미하는 것으로, 하나의 안정된 균형이 형성됨을 말한다.[8] 여기서 역량의 변화라는 것이 국제구조의 변화를 결정하는 것이며, 국제구조는 각국의 실력에 기초하여 건립된다고 본다.[9] 이러한 개념에 따라 중국은 냉전시기를 미중

---

7) 본 연구가 채택한 연구방법은 문헌연구와 설문조사 및 심층인터뷰이다. 우선 2장 중국의 국제질서 담론의 전개내용은 중국의 문헌을 토대로 작성되었는데, 중국 CNKI를 통해 중국의 부상이후 전개되는 국제질서 담론의 내용을 담고 있는 논문을 대상으로 검토하였다. 3장에서 국제질서구상과 동아시아 지역질서에 대한 중국의 인식은 중국 현지에서 진행된 설문조사와 심층인터뷰를 중심으로 작성되었다.

8) http://baike.baidu.com

9) 국제구조는 국제관계의 전문용어로, 대개는 양극체제 혹은 국제구성(国际结构)의 표현방

중심의 양극구조로, 냉전종식 후에는 1초다강(一超多强)과 다극화(多极化)의 국제구조를 이루었다고 설명한다.(주석)

중국은 탈냉전기 국제구조가 첫째, 미국 주도의 패권체제가 아닌 초강대국 미국과 중국, 유럽연합, 일본, 러시아 등 4대 역량으로 구성된 1초다강의 새로운 구조가 형성되었다고 보았다. 둘째 미국의 초강대국 지위는 지역적, 세계적 차원에서 위기를 맞고 있는 상황이므로 다극화는 더욱 다양한 모습으로 가속화되어 간다고 간주하였다.[10] 하지만 다극화가 실제로 완성되기까지 비교적 긴 시간이 필요하기 때문에 단기간에 실현된다고 보지는 않았다. 이는 경제력과 군사력 등의 경성권력(hard power)과 연성권력(soft power)면에서 다른 강대국들이 미국에 많이 뒤져있기 때문이다. 1991년 걸프전에서 보여준 미국의 군사력과 1990년대 회복하기 시작한 미국경제는 이것을 잘 보여준다는 것이다.[11]

중국학자들의 논의를 보면, 이들은 다극화를 전략적 사고에서 전개하고 있다. 다극체제 속에서 강대국들이 서로 견제하며 상대적 균형과 안정상태를 이루기 쉽다고 보았다. 또한 상호 평등과 호혜의 바탕속에서 국제협력을 촉진할 수 있기 때문에 평화적 협상을 통해 국제문제를 해결하는 데 유리하다고 보았다. 에서 강대국들은 서로 견제하기 때문에 상대적 균형과 안정상태에 쉽게 도달할 수 있다고 보았다. 그 뿐 아니라 발전도상국들은 다극체제하에서 더 많은 발전공간과 기회를 확보할 수 있고, 국제적 지위향상과 세계평화 촉진 및 발전에도 더 큰 기여를 할 수 있다고 간주된다.[12]

2008년 국제금융위기 이후 중국학자들은 국제질서의 탈냉전기 다극

식에서 발전된 개념으로 중국문화의 색채를 띤 용어이다. 중국외교에서 자주 사용되는 '대국관계'와 '전략구조'는 국제구조의 내포된 함의에서 분명한 교차점이 있다.

10) 조영남, 『후진타오 시대의 중국정치』 (서울: 나남출판, 2006), p. 223.

11) 위의 책, p. 223.

12) 한석희(2007), pp. 349-374.

화 구조의 핵심논리를 그대로 이어나갔다. 즉 국제질서는 다극화의 발전추세에 있다는 것이었다. 중국은 냉전시기의 양극구조를 겪고, 탈냉전는 미국의 단극구조를 경험한 이후, 다극화의 진행이 부단히 발전되어 왔다고 평가한다. 그리고 마침내 오늘날 세계는 다극구조의 국제질서로 접어들었다고 설명한다. 하지만 국제금융위기 이후 미국이 힘의 쇠락해지는 양상이 보이자 중국 내에서 다극화 추세를 해석하는 다양한 견해가 나타나기 시작하였다.

탈냉전기 1초다강에서 역량의 배분에 변화가 생겨났고, 이전의 1초다강에서 1초(一超)는 약화되었으며, 다강(多强)은 증강되었다고 보았다. 일부에서는 이러한 1초다강의 변화를 '신1초다강(新一超多强)'의 시대가 도래하였다고 표현하고 있다. 중국 사회과학원의 천샹양(陈向阳) 박사는 신1초다강의 특징을 다음과 같이 설명한다. 첫째, 신1초다강은 실제로 1초6강을 말하는데, 세계를 미국, 중국, 유럽연합, 러시아, 일본, 인도, 브라질 등 7개의 역량중심으로 살펴보고 있다. 미국은 여전히 유일한 초강대국이지만, 국제금융위기를 겪은 후 경제성장이 둔화된 미국은 이전의 미국이 아니라는 점이다. 한편, 중국은 경제와 종합국력 모두에서 큰 성장을 이루었으며, 러시아도 정치, 외교력에서 성장하였다. 반면 유럽연합과 일본은 후퇴했다. 즉 1초다강에서 다강의 배치에 큰 변화가 나타났는데, 중국, 러시아 등 신흥대국의 성장이 유럽연합이나 일본을 앞선다고 보았다. 둘째, 첫 번째 특징에도 불구하고, 미국은 여전히 제1층위에 속하며, 중국, 유럽연합 및 러시아는 제2층위에 속하고, 일본, 인도와 브라질 등은 제3층위에 속한다. 셋째, 신흥대국과 서방 대국간의 경쟁이 두드러졌다는 점이다. 넷째, 비국가행위자가 나날이 국제구조에 영향을 미친다는 점이다.[13)]

현 국제질서는 미국이 단일 지배자의 국제지위에서 벗어나, 중국, 유

---

13) 陈向阳, "国际格局:新一超多强阶段来临,"『国际纵横』2014年, 第1期, pp. 28-29.

럽, 러시아, 일본, 인도 등 대국의 독립성이 부단히 강화되었으며, 많은 중등국가들이 국제사무의 처리에 중요한 역할을 하고 있다고 평가한다[14]. 특히 미국의 국제금융위기 이후 G8의 지위가 G20으로 넘어가면서 세계질서의 구조적인 변화가 이루어졌다고 보았다.[15] 2008년부터 2010년 사이에 닥친 세계 금융위기 속에서 중국인들은 미국의 쇠퇴가 결국 현실적으로 인식하게 되었다. 동시에 BRICS국가들이 도약하고 G20이 대두되면서 이러한 인식은 더욱 강화되었는데, 일부에서는 이런 '중간급 세력들'이 국제정치에서 지배적인 활동가가 되고 있다고 설명한다[16].

한편, 2006년 미국의 하버드대 교수 니얼 퍼거슨이 차이메리카(Chimerica)의 개념이 제시하고, 2009년 1월 북경에서 열린 중미수교 30주년 기념행사에서 브렌진스키 전 미국 국가안보보좌관인 미중 양국이 참여하는 'G2정상회담'을 제안하면서 G2개념이 제시되고, 점차 사용되어 나갔다. 2009년 당시 원자바오 중국 총리는 "주요 2개국(G2중국과 미국)이 세계를 지배할 것이라는 구상은 전혀 근거없는 잘못된 발상"이라고 밝혔다. 다음 해인 2010년 원자바오 총리는 유엔총회 기조연설에서 "중국은 아직도 개발도상국에 머물고 있다"고 말하며 "중국은 지난 30년간 급속한 성장을 이뤄왔지만 전체적으로 중국은 개발도상국에 머물고 있다"고 밝혔다. 원자바오 총리는 "중국은 개혁과 개방, 평화적 개발의 길을 계속 추구해 나갈 것이며, 개발을 추진하는 과정에서 어느 누구도 위협하지 않을 것"임을 강조했다. 즉 중국정부의 공식적인 반응은 G2의 개념을 부정한다는 것이었다.

---

14) 崔立如, "国际格局演变与多极时代的秩序建构," 『现代国际关系』 2016年, 第2期, pp. 1-8.

15) 중국은 G20는 다자주의 질서를 보완한다고 보고 있다. G7에서 미국의 리더십이 핵심이지만, G20에서 미국의 리더십은 다른 관련국들과의 파트너십을 통해서 실현된다고 보고 있다.

16) 데이비드 샴보, 『중국, 세계로 가다-불완전한 강대국』 (서울: 아산정책연구원, 2014), p. 55.

중국지도부의 입장과 마찬가지로 대다수 중국학자들은 중국과 미국 중심이 세계를 지도하는 양두(G2)질서는 중국의 그간의 입장에 배치되는 것이며, 미국 역시 자국의 패권적 지위를 놓지 않을 것이기 때문에 궁극적으로 미국도 이 개념을 수용하지 않을 것이라고 보았다. 이들은 1초다강의 국면은 쉽게 변하는 것이 아니라고 강변하였다. 중국외교학원의 친야칭 교수는 외부세계에서 중국의 세계 제2의 경제대국이기 때문에 G2개념을 사용하는 것은 세계의 작동원리를 잘 이해하지 못한 것이라고 말한다. 그는 대국이 국제질서에서 중요한 작용을 할 수는 있지만, 한 국가가 주도할 수는 없다고 보고 있다. 중미 양국의 협력과 공조가 중요한 요소라고 주장하였다[17].

하지만, G2의 개념을 적극적으로 수용하여 국제질서를 설명하는 학자들이 등장했다. 이들은 중국학계의 소수이긴 하지만, 대부분 중국의 현실주의자들로서 이전에 G2 개념자체를 부정했던 중국의 인식과 이해를 논리적으로 반박하고 있다는 점에서 그 논리구조를 살펴볼 필요가 있다. 대표적인 학자로 청화대학 국제관계학원의 옌쉐통 교수를 들 수 있다. 그는 2초다강(兩超多强)으로 국제질서를 설명한다. 옌 교수는 2011년 세계구조는 1초다강(一超多强)에서 2초다강(兩超多强)으로 변하였고, 10년 이내에 역사의 관성(惯性)에 따라 2023년쯤 미중양국의 양극구조가 형성될 것이라고 주장하였다[18]. 그는 중국이 미국에 훨씬 못 미치는 영향력을 가졌던 과거와 달리 2008년 국제 금융위기를 즈음하여 급속하게 영향력을 키웠고, 2010년 세계 제2의 경제대국으로 부상하여, 현 국제질서는 소위 G2로 불리는 미중 양극질서로 재편되었다고 주장하였다. 옌쉐통 교수는 화평굴기라는 것은 결국 무의미하고 종합국력과 군사력을 증강해야 한다고 본다. 왜냐하면 기존의 어느 패권

17) 秦亚青, "国际体系、国际秩序与国家的战略选择," 『现代国际关系』 2014年, 第7期, pp. 13-15.

18) "一超多强开始向两超多强演变," 环球时报, 2011年12月30日.

국도 도전국의 평화적 부상을 허용하지 않기 때문이다.[19]

중국인민대학 국제관계학원의 진찬룽 교수도 국제질서를 2초다강(两超多强)로 설명한다. 1991년 소련의 해체 이후 냉전기의 양극체제는 종식되면서 미국의 패권이 지속되는 1초다강의 국제구조였다. 하지만 1978년 중국의 개혁개방이 성과를 내면서 중국은 다강에서 벗어나 세계의 새로운 구조인 '2초(两超)'를 형성하게 되었다는 것이다. 진 교수는 중국은 제2의 경제대국으로 미국과 차이가 더욱 좁혀졌고, 반면 일본, 독일 등과는 격차를 보였고, 결국 2008년 세계금융위기 가운데 미중간의 전략협력을 가능한 시대가 찾아왔다고 평가한다. 국제질서에서 서방세계가 주축이 된 G7은 G20으로 확대되었으며, G20에서 중국은 매우 중요한 일원이 되었다. 즉 "G1+G7→ G2+G20"으로 전환이 이루어졌는데, 중등강국의 부상이 2초(两超)의 영향력하에서 전개되고 있다고 보았다.[20]

중국 사회과학원 양위엔(杨原)박사는 중국의 지속적인 부상으로 국제질서는 양극체제가 형성되었다고 보았다. 그는 중국 국내에서 양극체제에 대한 인식이 부정적이라고 평가한 뒤, 양극체제에서 대국이 상호균형을 맞출 필요도 없으며, 반드시 적대적일 필요가 없음을 주장한다. 양극체제에서 대국간 경쟁은 갈등적이기보다는 공동통치일 수 있다는 것인데, 두 개의 초강대국은 체제내에 있는 국가들을 지도할 수 있는 권력을 향유할 수 있다는 것이다. 양위엔은 양극체제에서 전쟁이 일어나지 않았다는 역사적 근거를 제시하며, 미중양국의 협력적 양극

19) 홍은정, "동맹정책에 대한 중국학계의 인식담론 고찰,"『아태연구』제21권 2호(경희대학교 국제지역연구원, 2014), p. 44. ; 옌 교수는 미중 양극질서의 형성은 중국이 스스로 부인할 수 없는 사실임을 인정하고, 기존 비동맹정책을 포기하고 동맹정책의 전환으로 중국이 양극체제의 한극을 담당하는 초강대국의 지위와 역할을 수행해야 한다고 주장했다. 옌 교수는 만약 한 극(極)을 담당하는 강대국으로 부상한 중국이 주변국들에게 안전보장을 제공하지 못할 경우, 이들 주변국들은 미국을 중심으로 한 안보 축으로 기울게 되며, 이는 중국의 부상에 따른 안보전략에 크게 큰 압박을 가할 뿐 아니라, 종국에는 초강대국의 지위를 유지할 수 없게 됨을 경고하고 있다.

20) "世界格局:一超多强到两极多强," 环球时报, 2015年12月7日.

체제의 가능성을 모색하고 있다.[21]

한편, G2의 개념을 받아들이지 않지만, 기존의 다극화주의를 비판하는 견해도 있다. 장루이쫭 교수는 다극화주의란 냉전시대 질서 이후에 성립된 지나치게 낙관적인 견해이며, 중국이 맞닥뜨리고 있는 도전을 과소평가하고 미국의 패권주의에 대해 중국의 경계심을 약화시키기 위한 시도라고 주장한다[22]. 그는 다극화주의가 중국의 국익에 손해를 끼친다고 보는 전략적 사고를 드러내고 있다.

복단대학의 쑤창허(苏长和)교수는 국제관계에서 공생형(共生型) 국제체제의 가능성을 제기하고 있다. 쑤교수는 현재의 국제관계는 매우 심오하고 복잡한 변화의 과정에 있다고 진단하고, 이 변화의 과정에서 제기되는 국제체제의 개혁, 지구적 거버넌스의 발전, 다극체제의 관리 및 신형대국관계형성 등과 같은 국제관계의 주제 등이 상호 중첩된다고 분석한다. 쑤교수는 서방세계에서 말하는 다극체제가 적대적인 양극체제로 변화할 것이라는 설명기제에 대한 비판의식을 제기하며, 공생형 국제체제의 발전과 신형대국관계형성의 가능성을 제시하고 있다.[23]

복단대학의 천즈민(陈志敏)교수는 다극세계의 거버넌스모델을 제시하고 있다. 천교수는 세계가 이미 다극화로 변화였고, 이는 바꿀 수 없는 현실이며, 적어도 2030년까지 다극화는 미래세계의 주요한 특징이 될 것으로 전망한다. 천 교수는 일부 중국학자들이 제기하는 중미양국에 의한 양극질서의 형성에 대해서 반대하며, 미래의 질서는 미중양국이 주요한 대국이 되는 다극화된 세계이며, 그럼에도 중미양국이 다극질서를 변화시킬 수 없는 것이라고 설명한다. 천 교수는 다극화를 경제

21) 扬原·曹玮, “大国无战争, 功能分异, 两极体系下的大国共治.”『世界经济与政治』2015年, 第8期, pp. 29-65.

22) 데이비드 샴보(2014), p. 72.

23) 苏长和, “共生型国际体系的可能-在一个多极世界中如何构建新型大国关系,”『世界经济与政治』2013年, 第9期, pp. 4-22.

역량의 다극화, 군사역량의 다극화, 관념의 다극화 등 3개의 부분으로 나누고 각각의 다극화 거버넌스 모델을 제시하고 있다[24].

중국학계는 탈냉전기 1초다강과 다극화 개념에서 확대된 다양한 논리속에서 국제질서를 논의하고 있다. 그런데 이러한 논리의 전개되는 미국이라는 일극의 구도와 역할에 대한 변형을 시도하고 이를 논의하는 것으로 정리될 수 있다[25]. 더불어 중국이 일극의 구도와 역할이 가능한지를 놓고 논쟁을 벌이는 양상, 이 가운데 중국과 미국의 공동통치, 거버넌스 차원에서 공생적 국제질서를 만들어나가려는 전략적 접근을 하고 있음을 확인할 수 있다. 2008년 이후 역량의 변화가 일어나고 있다고 본 중국은 다양한 시각으로 국제질서를 평가하며, 또 다양한 의견이 일정시기가 지나면 다시 수렴되는 구도로 정리된다. 다양한 논의가 전개되었지만, 현재 많은 학자들은 다극화라는 개념을 공유하며, 다극화를 전략적으로 사고하고 있음을 알 수 있다.

Ⅲ. 국제질서와 동아시아 지역질서에 대한 중국의 인식

3장에서는 중국학계에서 전개되는 국제질서 담론의 실상을 보다 깊이 이해하기 위한 일환으로, 현지조사를 통해 중국 지식인들의 국제질서와 동아시아 지역질서를 분석하고자 한다. 이 장에서 소개되는 국제질서와 동아시아 지역질서에 대한 중국의 인식은 필자가 2017년 1월과 2월에 거쳐 북경과 상해의 주요 대학과 연구소를 방문하여 총 44명의 국제정치학자를 대상으로 설문조사를 진행한 연구의 결과물이다[26].

---

24) 陈志敏, "多极世界的治理模式."『世界经济与政治』2013年, 第10期, pp. 4-23.

25) 데이비드 샴보(2014), p. 54.

26) 현지조사에서 필자가 방문한 북경과 상해지역의 연구기관과 학교는 다음과 같다. 북경대학, 청화대학, 중국인민대학, 중국사회과학원, 중국외교학원, 복단대학, 통지대학, 상해사회과학원, 상해국제문제연구원 등이다. ; 우선 북경과 상해는 중국의 정치경제 중심지로

〈표 1〉 당신은 새로운 국제질서가 어떻게 구성될 것으로 생각하십니까?

	응답자 (%)
모든 국가는 주권국가로 평등	38.6%
독립된 주권국가로 구성되지만, 강대국과 약소국간 영향력 차이는 불가피	40.9%
세계정부와 세계시민사회가 등장	9.1%
조공체계와 유사한 위계적 제국질서의 출현	2.3%
기타의견	6.3%
무응답	2.3%

〈표 1〉은 중국이 구상하는 새로운 국제질서의 상(像)을 질문하고 있다. 응답자의 38.6%는 모든 국가는 주권국가로 평등한 국제질서가 구성될 것으로 보고 있다. 가장 높은 응답은 40.9%로 모든 국가가 독립된 주권국가로 구성되지만, 강대국과 약소국간 영향력 차이는 불가피한 것으로 인식하고 있다. 세계정부와 세계시민사회가 등장한다는 응답은 9.1%로 하나의 독립된 주권국가를 초월한 세계정부와 같은 국제질서의 형성은 가능성이 크지 않다고 인식하고 있음을 알 수 있다. 마지막으로 조공체계와 유사한 위계적 제국질서는 2.3%로, 중화질서의 회귀와 같은 국제질서가 나타날 가능성은 거의 불가능하다고 보고 있다. 조사결과로 볼 때 중국은 단일한 주권국가로 구성된 국제질서를 바람직하다고 보고 있으며, 그럼에도 국가의 힘에 따라 국가별 영향력 차이가 불가피하다고 보는 인식을 가지고 있다. 하지만, 모든 국가는 주권국가로 평등한 세계질서가 보편적이라고 인식하는 비율도 비슷한 결과치를 보여주고 있다.

서 국제정치학자들이 가장 많이 활동하는 지역으로, 중국 지식인들의 대표성을 갖는 지역이라 할 수 있다. 둘째 중국 지식인들 가운데 국제정치학자들 조상대상으로 삼은 것은 국제질서와 동아시아 안보에 대한 학계의 담론형성은 이들이 실질적으로 주도하고 있기 때문이다. 본 연구의 조사대상인 중국 국제정치학자들은 81%가 10년 이상의 학문적 경력을 가진 이들로, 국제질서와 동아시아 지역질서에 대한 분석과 전망에 대한 능력을 갖춘 이들로 선정되었다.

〈표 2〉 당신은 새로운 국제질서에서 중국과 다른 강대국과의 관계가 어떻게 구성될 것으로 생각하십니까? (복수선택가능)

	응답자 (%)
미국 단극체제가 상당기간 유지될 것이다	29.54
몇몇 강대국에 의한 다극질서가 만들어 질 것이다	50.00
중국과 미국이 핵심국가가 되어 국제질서를 주도해 나갈 것이다	18.18
중국이 단일 강대국으로 국제질서를 구성해나갈 것이다	2.27
세계질서는 아니지만 동아시아지역에서 중국이 핵심국가로 지역질서를 주도해 나갈 것이다	47.73
기타의견	6.3
무응답	2.27

〈표 2〉는 새로운 국제질서가 만들어질 때, 중국과 다른 강대국과의 관계가 어떻게 구성될 것으로 생각하는가를 질문하고 있다. 설문결과, 중국 지식인들은 새로운 국제질서는 미국의 패권적 지위를 중국이 대체할 수 없으므로 몇몇 강대국에 의한 다극질서가 만들어질 것으로 보는 응답이 가장 높은 50%로 나타났다. 다음으로 세계질서 차원은 아니지만, 동아시아 지역에서 중국이 핵심국가로 지역질서를 주도할 것으로 보는 응답자는 47.74%였다. 중국이 단일 강대국으로 국제질서를 구성해나갈 것이라고 보는 응답이 2.27%라는 결과와 대조적으로, 세계질서에서는 중국의 주도적인 역할은 기대할 수 없지만, 동아시아 지역차원에서는 중국이 핵심적 역할을 수행해 지역질서를 주도할 것으로 다극 질서의 한 축을 담당할 수 있다는 인식을 보여주고 있다. 한편, 미국 단일의 단극체제가 상당기간 유지될 것으로 보는 응답은 29.54%로 약 30%정도의 응답자가 여전히 미국 일국 중심의 단극체제가 존속될 것으로 인식하고 있다. 중국과 미국이 핵심국가가 되어 국제질서를 주도해 나갈 것으로 보는 응답은 18.18%로 나타나고 있다. 이는 아래 〈표3〉의 동아시아 지역질서 차원의 중미간 지위와 역할 인식과는 큰 대조점을 보여준다.

〈표 3〉 예측가능한 미래에 동아시아 지역질서를 누가 주도할 것으로 보십니까?

	응답자 (%)
한·중·일	13.6
중국과 미국	50.0
중국	9.1
미국	13.6
아세안	2.3
잘 모르겠다	11.4
무응답	2.27

〈표 3〉은 동아시아 지역질서에 대한 중국의 인식을 살펴보고자 하였다. 〈표 3〉의 질문은 예측가능한 미래에 동아시아 지역질서의 주도권이 누구에게 있는가?를 묻고, 항목은 한중일, 중국과 미국, 중국, 미국, 아세안, 잘 모르겠다고 구성하였다. 총 44명의 응답자 가운데 한중일은 6명(13.6%), 중국과 미국은 22명(50%), 중국은 4명(9.1%), 미국은 6명(13.6%), 아세안은 단 1명(2.3%)으로 설문결과가 나왔다. 〈표 2〉에서 세계질서를 중국과 미국이 주도하는 공동통치에 18.18%가 응답한 것에 비해, 동아시아 지역질서에서 응답자의 절반인 50%가 예측가능한 미래에 중미간 역내 질서의 주도적 역할을 할 것으로 인식하고 있는 흥미로운 결과를 알 수 있다. 한편, 미국과 중국 가운데 중국(9.1%)보다 미국(13.6%)을 선택한 응답자가 좀 많았다. 동아시아에서 미국의 영향력이 중국보다 여전히 크다고 인식하고 있음을 보여주는 결과라고 할 수 있을 것이다. 한편, 중국과 미국, 미국, 중국은 선택한 응답자가 전체 72.7%에 달한다. 이러한 결과로 볼 때, 중국은 역내 질서를 중미 양국 중심으로 사고하고 있음을 알 수 있다. 한중일과 아세안은 선택한 응답자는 각각 13.6%와 2.3%로 중국과 미국이 역내 지역질서에 대한 주도권을 행사할 것이라고 보는 시각과는 큰 차이를 보여주고 있다. 이를 통해 중국이 동아시아 지역에서 동아시아 역내 국가의 역할과 지위를 낮거나 매우 미미한 것으로 인식하고 있음을 알 수 있다.

〈표 4〉 새로운 국제질서에서 중국과 주변국과의 관계는 어떻게 제도화되어야 한다고 생각하십니까? (복수선택가능)

	응답자 (%)
화이질서 속에서 부자관계와 유사한 것으로 중국은 인에 기초하여 주변국을 대해야 한다.	2.3%
중국은 주변국에 공공재를 제공하며 책임을 다함으로써 형제관계로 주변국과의 관계를 제도화해야 한다.	72.73%
중국과 주변국은 수평적이고 평등한 관계로 어느 누구도 주도하지 않고 책임지지 않는다.	34.09%
주변국이 중국의 국익을 침해할 경우 약소국이라도 무력을 사용하여 주변국을 응징해야 한다.	18.18%
기타의견	9.1%

〈표 4〉는 새롭게 만들어질 국제질서에서 중국은 주변국과의 관계를 어떻게 만들어나갈 것인지를 묻고 있다. 화이질서 속에서 부자관계와 유사한 개념으로 새로운 국제질서 속에서 인에 기초하여 주변국으로 대한다는 응답은 2.3%로 단 1명만이 선택을 하였다. 즉 중국지식인들은 새로운 국제질서에서 중화와 오랑캐로 나누는 전통적인 화이질서의 개념에는 동의하지 않는 것으로 보인다. 중국은 중국과 주변국의 관계는 중국이 주변국에 공공재를 제공하여 책임을 다함으로써 주변국과의 관계를 만들어가는 것이 가장 이상적이라고 인식하고 있다. 72.73%의 높은 응답은 기본적으로 중국은 주변국에 안보와 경제영역 등에서 공공재를 제공함으로써 강대국으로 자국의 역할을 인식하고 있음을 알 수 있다. 다음으로 응답자의 34.09%는 중국과 주변국은 수평적이고 평등한 관계로 어느 누구도 주도하지 않으며, 책임지지 않는 관계를 이상적인 주변국 관계로 보고 있다. 한편 주변국이 중국의 국익을 침해할 경우 약소국이라도 무력을 사용하여 주변국을 응징해야 한다는 응답은 18.18%로 주변 약소국에 대해서 무력사용을 크게 고려하는 것은 아니라는 점을 알 수 있다.

<표 5> 동아시아 지역질서를 제도화하는 데 가장 큰 걸림돌은 무엇입니까?

	응답자 (%)
역사문제	14.3
영토영해의 문제	21.4
정치사회제도의 문제	14.3
미국 문제	38.1
중국의 부상	7.1
기타	4.8

중국은 지역강대국으로서 자국의 국력에 기초하여 지역협력에 적극적으로 지역협력의 제도화를 위해 노력해왔다. 지역 및 세계적인 강대국이 되기 위해서 지역질서와 규칙형성에 영향을 미칠 수 있어야 하기 때문이다. 그렇다면 중국은 동아시아의 지역질서 제도화에 가장 큰 문제는 무엇이라고 생각하고 있을까? <표5>에서 중국이 동아시아 지역질서를 제도화하는 데 가장 큰 걸림돌로 미국문제라고 답하고 있음을 알 수 있다. 응답자들이 38.1%가 동아시아 지역질서의 제도화에 미국이 가장 큰 문제라고 답하였고, 그 다음으로 21.4%의 응답자가 영토영해의 문제(영토의 주권적 이익)라고 응답하였다. 사실상 동아시아 역내 영토영해의 문제는 미국과 직간접적인 연계를 가진 문제이다. 따라서 중국은 동아시아 지역에서 (영토영해의 문제를 포함한) 미국의 지위나 역할 등이 역내 질서를 제도화하는 데 가장 큰 문제로 인식하고 있다고 해석할 수 있을 것이다. 한편, 역사 및 정치사회제도의 문제는 다른 항목보다 상대적으로 낮은 14.3%를 응답률을 보여주고 있다. 반면 자국의 부상은 동아시아 지역질서를 제도화하는 데 크게 문제가 되지 않는다고 보는 응답자는 6.8%였는데, 중국의 부상 자체가 동아시아의 새로운 질서재편에 미칠 부정적 영향은 크게 고려하지 않는 것으로 해석할 수 있을 것이다.

〈표 6〉 새로운 동아시아 지역질서가 재편되는 과정에서 중미관계를 어떻게 예상하십니까?

	응답자 (%)
미국 중심의 동맹체제가 변하지 않는 가운데 중미간 협력과 갈등이 지속될 것	51.2
중미간 갈등이 더욱 격화될 것	30.2
중미간 협력이 가속화될 것	11.6
잘 모르겠다	7.0

앞의 결과대로, 중국이 동아시아 지역질서를 제도화하는 과정에서 미국의 역할과 지위를 가장 우려하고 있다면, 향후 동아시아 지역질서의 재편과정에서 중미관계의 전개방향을 어떻게 평가하고 있을까? 〈표 6〉 에서 과반 이상(51.2%)의 응답자는 동아시아의 지역질서의 재편과정에서 미국 중심의 동맹체제가 변하지 않는 가운데 중미간 협력과 갈등이 지속될 것으로 응답하였다. 그 동안 학계에서는 중미관계가 협력관계냐 갈등관계냐 혹은 갈등과 협력의 병존관계인가를 두고 논의를 이어왔다.[27] 2017년 현재 지식인들은 새로운 동아시아 지역질서가 재편되는 과정에서 미국 중심의 동맹체제가 변하지 않는 가운데 중미간 협력과 갈등이 병존하는 형태로 중미관계가 전개될 것으로 예상하고 있다. 한편 중미간 협력과 갈등이라는 선택에서는 중미간 갈등이 더욱 격화될 것이라는 인식(30.2%)이 중미간 협력(11.6%)보다 높은 응답률을 보여주었다. 〈표5〉와 〈표6〉을 통해 중국은 중미관계의 전개과정이 동아시아 지역질서를 재편하는 데 주요한 요인이 될 것으로 인식하고 있음을 알 수 있으며, 새로운 지역질서의 재편에서 가장 큰 방해물로

27) 중미관계의 협력, 갈등, 협력과 갈등의 병존관계에 대한 정리는 다음을 참고할 수 있음. 정재호 편, 『중미관계연구론』, 제3장(서울: 서울대출판문화원, 2014), pp. 102-132.; 王缉思, 『大国关系』, 中信出版社, 2015年, pp. 3-41. 왕지쓰 교수는 중미관계를 전략적 대립과 군사충돌은 피할 수 없는 '비관론', 공동이익에 기초하여 안정적인 방향으로 협력발전할 수 있다는 '낙관론', 나아가지도 후퇴하지도 못하는 '경계론' 등 세 가지로 분류하여 중미관계를 정리하고 있다.

미국을 지목하고 있음을 알 수 있다.

설문조사의 내용을 종합해 보면, 우선 중국이 구상하는 새로운 국제질서의 상(像)은 다음과 정리될 수 있다. 중국은 기본적으로 새로운 국제질서는 모든 국가가 독립된 주권국가로 구성될 것으로 보고 있으며, 강대국과 약소국간 영향력 차이는 불가피한 것으로 인식하고 있다. 세계질서에서 미국의 패권적 지위를 중국이 대체할 수 없으므로 몇몇 강대국에 의한 다극질서가 만들어질 것으로 보고 있다. 중국은 새로운 국제질서 역시 다극화 추세속에서 형성될 것으로 보며, 그 가운데 전략적 차원에서 다극화주의를 고려하고 있는 것으로 보인다.

반면, 동아시아 지역질서는 미국과 중국이 주도하게 될 것으로 보고 있다. 특히, 동아시아 지역질서 차원에서는 중국의 주도적 역할과 지위가 두드러지고 있다는 점이다. 그렇지만 미국의 역내 영향력은 지속된다는 점도 인식하고 있다. 따라서 국제질서와 비교해서 동아시아 지역에서 미중간 경쟁구도가 치열하게 전개될 것이라고 분석할 수 있다. 하지만 중국은 미국의 안보(동맹)구조가 굳건히 유지될 것으로 보기 때문에 이러한 안보구조를 해치는 경우 자국의 이익유지도 어려울 것으로 보여진다. 따라서 협력과 갈등이 교차하는 가운데, 중미양국이 동아시아 지역질서를 재편해 나갈 가능성이 높을 것으로 예상된다. 동아시아 지역질서에서 이러한 중미간 협력과 갈등 구조가 진행되는 과정에서 중국은 주변국가에 공공재를 제공하며 책임을 다하는 방향에서 주변국 관계를 만들어나갈 것임을 알 수 있다. 하지만 주변국 자체의 역할이나 지위를 크게 고려하고 있지는 않다고 할 수 있다.

Ⅳ. 중국의 한반도 인식과 전략[28)]

중국은 시진핑정부 들어 자국이 새로운 강대국으로 부상하고, 이에 걸맞는 영향력을 행사해야 한다고 인식한 가운데 보다 더 적극적인 주변국 외교를 전개해 나갔다. 중국은 전통적으로 목린(睦隣), 안린(安隣) 부린(富隣)이라는 삼린(三隣)정책을 주변국 외교의 기조로 삼아 주변국과 관계를 호혜적이고, 안정적으로 유지하려 하였다. 시진핑 정부들어 중국은 삼린정책에서 나아가 더 적극적인 주변국 외교를 전개해 나갔다. 2013년 10월 시진핑 주석은 주변외교업무좌담회를 열어 "적극적으로 외교의 대세를 운용하여 주변이 수행하는 중국 발전의 대세와 외교적 구도에서의 중요한 역할을 뚜렷이 하고, 일련의 중대한 외교활동을 전개"할 것을 제시하였다[29)]. 이 좌담회에서 시진핑 주석은 '친(親)'. '성(誠)', '혜(惠)', '용(容)'을 새로운 주변외교의 이념으로 제시하고, 중국과 주변국과의 운명공동체 개념을 강조했다. 이와 같은 주변국 외교에 대한 적극적 움직임은 중국이 대국, 주변국, 개도국 관계를 자국의 위상변화에 따라 조정함으로써 국제정치 및 경제질서를 주도적으로 재편할 국가적 차원의 대전략에 따른 것이며, 동아시아 및 한반도 인식과 전략도 이러한 대전략의 범위 안에 있다고 할 수 있다[30)].

그런데 중국의 주변국 외교는 전체적 구도에서 강대국외교, 특히 미국외교와 불가분의 밀접한 관계를 가지고 있다. 실제적으로 세계 유일의 패권국인 미국이 장기적으로 중국 주변에 존재해 왔고, 중국의 주변외교, 특히 동아시아 지역에서 미국을 배제할 수 없으며, 양자는 주로 얽혀왔다.[31)] 시진핑 시기 들어 중국은 미국에 신형대국관계 구축을 제

---

28) 이 장에서는 시진핑 정부의 중국의 한반도 인식과 전략의 전개를 주로 다루고자 한다.

29) 원동욱, "중국의 지정학과 주변외교: 일대일로를 중심으로,"『현대중국학회』17권 2호(현대중국학회, 2016), p. 312.

30) 문흥호, "시진핑 집권 이후 중국의 대북정책: 동맹관계와 정상관계의 선택적 균형,"『중소연구』제38권 제3호(한양대학교 아태지역연구센터, 2014), p. 20.

시한 바 있다. 충돌방지 및 대항반대, 상호존중, 협력공영을 실현해야 한다고 강조하며 미중관계를 만들어가고자 하였다. 하지만 미국은 중국이 제시한 신형대국관계를 온전히 인정하지 않았고, 중국 역시 미국의 아시아 회귀정책에 대해 반발하였다. 이러한 가운데 동아시아 지역에서 중국과 미국은 협력과 갈등적 관계를 이어오고 있다.

동아시아에서 중국은 미국과 역내 안정을 위해서 협력이 필요한 한편, 자국의 영향력 확대를 위해서 미국을 중심으로 한 서방세력을 봉쇄하려고 한다. 즉 중국은 자국의 부상과정에서 미국과 주변국 안정을 도모하는 한편, 미국을 견제한 가운데 주변국에 더 강력한 영향력을 투사하려고 하였다. 이러한 주변국 외교의 변화 과정은 한반도에도 그대로 적용되어 운용되어 왔다. 즉 시진핑 정부는 한반도 안정을 위해 미국과 협력을 기조로 주변국 외교를 펼치는 한편, 한국과는 전략적 협력과 북한과는 전통적 우호협력을 최대한 균형적으로 유지해 나가 미국 등을 의식한 한반도 영향력의 총체적 우위를 확보한다는 한반도 정책의 기조를 유지하며, 한반도 전략을 전개해 나가고 있다. 즉 한반도의 '안정'과 '영향력'의 균형을 필요로 하는 한반도 전략이라고 할 수 있다.

이상의 한반도 전략의 기조(인식)에서 지난 시진핑 정부에서 전개되어 온 한반도 전략과정을 살펴보면 다음과 같다. 우선 중국은 시진핑 정부 들어 한중관계를 긴밀하게 가져가고자 노력하였다. 2013년 2월 시진핑 정부의 공식출범을 앞두고 북한이 제3차 핵실험을 하자, 중국은 국제사회의 강력한 대북제재에 동참하는 모습을 보여주었다. 북중관계의 악화와는 달리 한중관계는 발전적으로 전개되었다. 2014년 7월 시진핑 주석은 북한보다 한국을 공식방문하였다. 이는 중국의 외교에서 북중관계를 한중관계보다 우선시 한다는 이전 관계를 깬 것이었다. 이후 2015년 9월 3일 중국 전승절 행사에 박근혜 대통령이 참석하면서

---

31) 원동욱(2016), p. 312; p. 312-313.

한중관계는 역사상 가장 좋은 시기라는 평가를 받았다.

이러한 한중양국의 우호적 관계강화는 중국의 대미외교와 동북아 전략의 큰 틀 속에서 이루어진 것이었다[32]. 시진핑 주석의 방한은 당시 오바마 대통령의 4월 일본 방문과 한미일 군사협력의 틀에 한국이 참여하는 것을 저지하려는 목적이었다. 미국은 조어도 문제에서 일본의 편에 섰고, 남중국해 분쟁에서도 필리핀과 베트남에 힘을 실어주었다[33]. 아시아에 회귀한 미국에 대해 중국은 한국과의 우호적 관계를 통해 한반도에 자국의 영향력을 투사하여 미국 등 서방세력에 대응하고자 한 목적이었다.

한편 시진핑 정부이루 이어져온 한중관계의 밀접한 우호관계는 2016년 1월 북한의 4차 핵실험 이후 금이 가기 시작하였다. 2016년 1월 북한이 4차 핵실험을 하자, 한국 정부는 사드의 한반도 배치를 고려할 수 있다고 언급하였고, 당시 중국은 한국정부와 북핵문제에 대해 2월까지 논의하려 않았다. 4차 핵실험 이후 북한의 미사일 도발이 지속되자, 한국과 미국은 2016년 7월 한반도 사드배치를 결정하였다. 중국은 한국의 사드배치 결정에 경제적 조치 등을 취하였고, 한중관계는 다시 냉각되었다.

사드의 한반도 배치 결정 이후 중북관계는 훨씬 돈독해져갔다. 중국은 사드의 한반도 배치가 자국의 한반도 이해에 손실을 미친다고 보고, 북한과 공동으로 대응해 한국의 선택에 영향을 끼치고자 했다. 사드의 한반도 배치 이후 열린 2016년 7월 라오스에서 열린 아세안지역포럼(ARF)에서 북중은 양자회담을 열어 양국관계의 발전을 논의하였다. 2016년 9월 북한이 5차 핵실험을 했지만, 중국은 핵실험과 상관없이 북한과 양자관계를 우호적으로 가져가며, 북중관계의 개선에 힘을 쏟았다.

---

32) 디펜스21, 2017 북중관계 전망-1.복원.

33) 디펜스21, 2017 북중관계 전망-1.복원

결국 중국은 한반도 문제와 관련하여 자국의 전략적 이익이 침해받았다고 인식하거나 역내 전략적 균형이 훼손되었다고 판단되면 북한과의 관계개선을 통해 자국의 한반도 역내 영향력을 행사하는 전략적 행보를 하고 있다. 한편 한국의 전략적 가치를 인정하여 우호적인 관계를 발전시켜나가려고 하지만, 민감한 외교안보적 사안으로 자국의 한반도 안정과 영향력이라는 전략이익을 침해할 경우 한국에 압박을 행사하고 있다[34].

V. 결론

탈냉전 이후 중국학자들은 국제질서를 1초다강과 다극화 개념으로 설명하였다. 2008년 국제금융위기 이후 중국의 부상이 가속화되자 많은 중국학자들은 1초다강에서 역량의 변화가 나타난 다극화 추세의 발전이라고 평가한 뒤 국제질서에 대한 다양한 논의를 전개해 나가고 있다. 1초다강에서 1초의 능력을 여전히 유지된다고 보는 견해, 1초다강에서 다강의 역량변화에 주목한 견해, 중국의 역량을 다강에서 벗어나 2초로 보는 2초다강 다극화로 해석한 의견, 중미가 2초를 이루는 2초다강 양극화로 보는 견해 등 다양한 의견이 전개되고 있다. 또한 이전과 달리 거버넌스, 공생형 국제체제 등의 개념도 개입되어 국제질서에 대한 논의가 활발히 전개해 나가고 있다.

학계의 담론 차원을 보다 분명히 이해하기 위해 진행된 설문조사를 통해 중국이 구상하는 국제질서와 동아시아 지역질서에서 대한 보다 면밀한 분석을 가능하게 할 수 있었다. 중국은 세계질서에서는 다극화에 동의하고 있지만, 동아시아 지역질서는 미국과 중국이 주도하게 될

34) 신종호(2016), p. 148.

지역질서를 구상하고 있다. 특히, 동아시아 지역질서 차원에서는 중국의 주도적 역할과 지위가 두드러지고 있다는 점이다. 따라서 국제질서와 비교해서 동아시아 지역에서 미중간 경쟁구도가 치열하게 전개될 것이라고 분석할 수 있다. 하지만 중국은 미국의 안보구조가 굳건히 유지될 것으로 보기 때문에 이러한 안보구조를 해치는 경우 자국의 이익 유지도 어려울 것으로 본다. 따라서 협력과 갈등이 교차하는 방향으로 중미양국이 동아시아 지역질서를 만들어 나갈 것으로 보여진다. 동아시아 지역질서에서 이러한 중미간 협력과 갈등 구조가 진행되는 과정에서 중국은 주변국가에 공공재를 제공하며 책임을 다하는 방향에서 주변국관계를 만들어나갈 것임을 알 수 있다. 하지만 중국은 주변국 자체의 역할이나 지위를 크게 고려하고 있는 것은 아닌 것으로 보인다.

중국이 국제질서와 동아시아지역질서를 어떻게 인식하는가는 중국의 한반도 인식과 전략에 그대로 투영이 되어 나타나고 있다. 중국은 시진핑 정부 들어 주변국 외교에 적극적으로 임하며, 기존처럼 주변국의 안정을 이루어 나가는 동시에 자국의 위상에 맞는 영향력을 적극적으로 행사해 나가고 있다. 주변국의 안정과 영향력 확대전략은 한반도에 그대로 투영되고 있다. 즉, 안정과 영향력의 균형을 통해 중국은 한반도에 대해서 보다 강력한 자국의 힘이 투사되는 영향력을 갖고자 노력하고 있으며, 안정적인 한반도 안보질서를 통해 자국의 부상에 대한 안정적인 주변환경을 만들고자 하고 있다. 이러한 중국의 한반도 안보의 전략전개는 미국과의 관계와 연계성을 갖는 것으로 중미관계는 한반도 문제를 두고 협력과 갈등의 이완관계를 보여주고 있다.

참고문헌

데이비드 샴보. 『중국, 세계로 가다-불완전한 강대국』. 서울: 아산정책연구원, 2014.

문흥호. “시진핑 집권 이후 중국의 대북정책: 동맹관계와 정상관계의 선택적 균형.” 『중소연구』 제38권 제3호(한양대학교 아태지역연구센터, 2014).

신종호. “시진핑 시기 중국의 대외전략 변화와 한반도 정책에 대한 영향.” 『통일정책연구』 25권 2호(통일연구원, 2016).

원동욱. “중국의 지정학과 주변외교: 일대일로를 중심으로.” 『현대중국학회』 17권 2호(현대중국학회, 2016).

정재호. 『평화적 세력전이의 국제정치학』. 서울: 서울대학교출판사, 2016.

정재호 편. 『중미관계연구론』. 서울: 서울대출판문화원, 2014.

조영남. 『후진타오 시대의 중국정치』. 서울: 나남출판, 2006.

한석희. “국제정치 이론에서 본 중미관계의 미래: 2008년 세계금융위기 이후를 중심으로.” 『EAI중국연구패널 보고서』 No.7(동아시아연구원, 2012).

한석희. “중국의 다극화전략, 다자주의외교, 그리고 동북아시아 안보, 국제지역연구.” 『국제지역연구』 제11권 제1호(한국외국어대학교 국제지역연구센터, 2007).

홍은정. “동맹정책에 대한 중국학계의 인식담론 고찰.” 『아태연구』 제21권 2호(경희대학교 국제지역연구원, 2014).

디펜스21, “2017 북중관계 전망 - 1. 복원”, (http://2korea.hani.co.kr/453025).

王缉思. 『大国关系』. 中信出版社, 2015.

崔天凯. “中国不赞成中美共治的说法.” 新华网. 2011.

蔡鹏鸿. “亚太两强竞争性合作格局趋势与中国外交.”『国际观察』2013.

扬原·曹玮. “大国无战争, 功能分异, 两极体系下的大国共治.”『世界经济与政治』第8 2015.

陈志敏. “多极世界的治理模式.”『世界经济与政治 第10期, 2013年.

苏长和. “共生型国际体系的可能-在一个多极世界中如何构建新型大国关系”『世界经济与政治』 第10期, 2013.

赵全胜. “中美关系和亚太地区的双领导体制,”『美国研究』第1期, 2012.

秦亚青. “国际体系、国际秩序与国家的战略选择.”『现代国际关系』第7期, 2014.

陈向阳. “国际格局:新一超多强阶段来临.”『国际纵横』第1期, 2014.

崔立如. “国际格局演变与多极时代的秩序建构.”『现代国际关系』第2期, 2016.

“一超多强开始向两超多强演变.” 环球时报, 2011年12月30日.

“世界格局:一超多强到两极多强.” 环球时报, 2015年12月7日.

http://baike.baidu.com

China's Maritime Strategy under Xi Jinping government : Developments, Features and Prospects*

Hong, Eun Jung (Korea University)**

Ⅰ. Introduction

The academic world of international politics has both expectation and concern regarding the rise of China. Negative evaluation on the rise of China regards China as the power to change the status quo of international order through political and military power, while positive evaluation regards China as able to create a stable environment of regional security and cooperation with the USA through a peaceful rise within the international order. Such dual evaluations are separated into positive viewpoint that China will play a responsible role in the 21st century, accepting the present international order, value, system and regime for the future; and the negative viewpoint that China will return to being the hegemon of the past that asserts the closed view of the world focusing on Sinocentrism.[1)]

* This work was supported by the Ministry of Education of the Republic of Korea and the National Research Foundation of Korea (NRF-2016S1A3A2925361)

** Research Professor, Public Policy Research Center, Korea University (Email: hongsara7788@hotmail.com)

As the issue of China's maritime rise emerged, its effect on international relations has been actively discussed, focusing on maritime affairs. There's a view that China's maritime rise will become peaceful rise based on economic interdependency. Such a view evaluates that China has integrated maritime strategy, like other countries, with the globalized economic community, and that China will pursue cooperation with other countries in the maritime affairs. Yun Seok Jun[2] analyzes the declaration of 'Marine Superpower' by Xi Jinping government as the outcome of economic development aligned with the increase of marine activities of China. In line with this, China has accepted the international order in the solution of energy resource, essential for economic growth. Jung Joo-Youn[3] diagnoses that China is relatively weaker than USA in terms of oil resources, and that the USA domination of the marine transportation paths of petroleum will continue for a time being, and therefore she predicts that China will adhere to a status quo power policy avoiding direct conflict or dispute with USA in petroleum security.

Meanwhile, Lee Ji Yong[4] diagnosed that the national identity of China has evolved from the traditional 'continental state' to that of a 'continental-cum-maritime state' embracing the continent

---

1) Yun, SeokJun, "Duplicity of China's Rise and the South Korea's policy toward China," *Maritime Strategy,* 152(2012).

2) Yun, SeokJun, "China's Maritime Strategy and Marine Silk Road under the Xijinping government," *Asiatic Research Institute Special Lecture,* (2015).

3) Jung, JooYoun, "China's Oil Security Strategy and the China Threat," *New Asia,* 21-1(2014).

4) Lee, JiYong, "Evolving China's National Identity and Changing Maritime Security Environment in East Asia," *IR Studies,* 19-1(2014).

and the ocean, and suggested that China will break down the marine order already formed in the western Pacific area. China has negotiated to install a naval base at Djibouti, Africa, which Rob Edens mentioned as the part of the "String of Pearls" strateg y.[5] Jeong Cheol Ho[6] compares and analyzes the confrontation structure between a status quo power and a revisionist power by acting out scenarios between the USA and China in the South China Sea. All three scholars generally evaluate that China's maritime rise will be like that of a maritime hegemon, aiming to change the current international order.

Contrary to their opinions, Johnston[7] analyzed that China's acts of diplomacy in the South China Sea and the East China Sea in 2010 were not assertive. M. Taylor Fravel[8] also evaluated that China's acts in the South China Sea between 2009 and 2011 were less assertive than when China showed armed conflict with neighboring countries in the past(1988~1994). They contended that there should be a baseline or starting point for comparing China's acts of diplomacy and determining their assertiveness.

There are studies connecting China's desire for economic growth, while accepting the international order, to the survival of the Communist Party. Since the Chinese Communist Party

---

5) The Diplomat, "China's Naval Plan for Djibouti: A Road, a Belt, or a String of Pearl?," (May. 14, 2015).

6) Jeong, CheolHo, *East Asia's Maritime Strategies of U.S-China and South Korea's Maritime Security* (SungNam: The Sejong Institute, 2012).

7) Johnston, Alastair Iain, "How new and assertive is China's New Assertiveness?," *International Security,* 37-4(2013).

8) Fravel, M.Taylor, *China's Behavior in its Territorial and Assertiveness in the South China Sea* (Washington: Center for Strategic and International Studies, 2011).

should secure legitimacy of rule through economic development, the active pursuing of marine strategy may result in economic growth and the strengthening of rule by the Communist Party. From this viewpoint, Fareed Amir[9] diagnoses that the assertiveness of China's marine strategy is driven by economic factors and nationalism in China, rather than effects of USA–China relation. Linda Jakobson[10] points out that while Xi Jinping government tries to develop marine affairs as the national grand strategy of China, they may not be able to exercise their power over interest groups related to marine affairs in order to stay in control. Due to this, maritime diplomacy of China is unpredictable, and is highly likely to cause disharmony with neighboring countries.

Like the above, recent studies have connected marine affairs of China to the rise of China, and examined how it affects the international order. Such studies have the following features and limitations. First, they are very much likely to analyze the maritime strategy of China per individual issue, rather than considering it comprehensively. However, China's maritime strategy is wide in scopes, encompassing issues such as maritime economy, marine resources, ecological environment, maritime security. Second, existing discussions paid more attention on results rather than focusing on objectives(or contents) of China's maritime strategy and development process. Researchers have actively discussed China's maritime strategy in line with discussion on

---

9) Amir, Fareed, "Unmasking China's Assertive Behaviour in the Maritime Sphere," *E-International Relations*, (2014).

10) Jakobson, Linda, *China's unpredictable maritime security actors* (Sydney: Lowy Institute, 2014).

assertiveness of diplomacy of China (a status quo or a revisionist power). Such study tendency can be regarded as outcome of policy consideration to cope with maritime strategy of China.[11]

This study attempts to analyze several objectives of China's maritime strategy in Chapter 2, while considering the features and limitations of existing discussion. Through this, the study will break away from the tendency focusing on individual issue, and aim to understand the larger context of China's maritime strategy. Chapter 3 will examine how the objectives of China's maritime strategy are currently reflected, as well as the developments and features of maritime strategy of the Xi jinping government. Finally, this study will summarize the contents and forecast China's maritime rise. Consequently this paper will examine China's maritime rise in terms of continuance and change of China's maritime strategy.

Ⅱ. Objectives of China's Maritime Strategy

The maritime strategy of one country can be defined as the "the whole principles of leading activities of marine power (including navy) to support the objective of country". China's maritime strategy is also related to the basic operations of naval power, supporting national objectives and the strategy of China.[12]

---

11) Johnston, Alastair Iain, "How new and assertive is China's New Assertiveness?," *International Security*, 37-4(2013).

12) Lee, WonBong, "China's economy, security issues and Maritime Strategy," China Studies, 49(2010).

While the objectives of China's maritime strategy, as defined by scholars or research institutions, may slightly differ, they can generally be summarized as follows. That is, securing the safety of SLOC(Sea-Lines of Communications) required for the economic development of China; gradually reinforcing or expanding the buffer zone for securing maritime rights and interests, while simultaneously protecting from threats; reinforcing its position as the regional superpower; protecting land and sovereignty of annexed islands; and securing marine-based nuclear deterrents such as the nuclear submarine.[13)]

The US Assembly report of 2014 presents China's intention to expand its naval power for 5 main issues: as preparation for military conflict with Taiwan; as an argument for the protection of China's possession of the South China Sea and the East China Sea, in order to grant China the legal right to control the military activities of foreign countries in EEZ; and finally, as a replacement for US influence in the Western Pacific, securing China's position as both the regional hegemon and world hegemon.[14)] In summary, China can be regarded as having pursued a maritime strategy focusing on the two axes of economy and security.

First of all, from the aspect of security, the top priority goal of China's maritime strategy is to restrict the attempt of Taiwan

---

13) Lee, HongPyo, *China's Maritime Strategy and East Asia's Security* (Seoul: Korea Institute for Maritime Strategy, 2003); Wu, Xiaoyan, *China's Sea Power Nation Strategy* (Stockholm: Institute for Security&Development, 2014).

14) O'Rourke, Ronald, *China Naval Modernization: Implications for US Navy Capabilities: Background and Issues for Congress* (Darby: DIANE Publishing, 2014).

to seek separation and independence from China. It is regarded as the main direction of China's maritime strategy. China regards the Taiwan issue as an issue of unification and security, and within the scope of China's sovereignty. China believes that Taiwan will become a strategic bridgehead of the USA if it becomes independent, and expects that China can expand marine power in the Pacific area as well as in the South China Sea in order to secure control of Taiwan.[15)]

China applies the concept of protection of the sovereignty of the country to its maritime relations as well as the Taiwan issues. China continues its practices of protecting the sovereignty of its maritime right based on its experience of losing its sovereignty due to the invasion of Western power in the Opium War in 1840 and the Sino-Japanese War in 1894.[16)] Even after reform and opening, China still regards overall maritime right and interest, including the development of the ocean and securing of marine transportation paths, to be connected to the issue of sovereignty, and has reinforced naval power to secure this. China asserts that the East China Sea and the South China Sea are their lands, viewing the issue of territorial dispute with neighboring countries from the aspect of sovereignty based on historical fact, accordingly, in opposition to international law and norms.[17)] In addition, in Sep. 2012, the Ministry of National

---

15) Lee, WonBong, "China's economy, security issues and Maritime Strategy," *China Studies,* 49(2010).

16) Ha, DoHyung, "Cognitive Basis on China's Maritime Strategy: Focus on Haiquan and National Interests," *National Defense Research,* 55-3(2012).

17) Dutton, Peter A., "Three disputes and three objectives: China and the South China

Defense explained it as a defense of national sovereignty, when it launched "Liaoning" the first aircraft carrier in the history of China.

Meanwhile, from a maritime security perspective, China has pursued a maritime strategy using the framework of chain islands marine control strategy of Admiral, Liu Huaqing. He announced adjacent sea defense strategy in May 1982, arguing that the Chinese navy should have the ability to work on the adjacent sea with independent mission, off the Chinese coast. In details, he argued that the Chinese navy should have the ability to control the ocean up to 1st chain of islands by 2000, the 2nd chain of islands by 2020, and outside the 2nd chain of islands by 2050.[18] China's maritime strategy tries to expand its maritime control from the adjacent sea to the ocean, using the concept of the chain island presented by Liu Huaqing to reinforce naval and national power.

Second, the reason why China is so active in the ocean and fight for marine development and rights is because of the importance of maritime economy in the national economic growth of China. China focused on the development of the economy through reform and opening as the core objectives in the late 1970's, raising overall national power. Since reform and opening, and in particular, after the 1990's, the economic growth of China was very closely related to foreign trade,

---

Sea," *Naval War College Review,* 64-4(2011).

18) Cole, Bernard D., "Reflections on China's Maritime Strategy: Island Chains and the Classics," *EMC Chair Conference Paper,* (2014).

creating a national interest in maritime rights and development.[19] In the meantime, the Communist regime that had to face a legitimacy crisis due to social and economic problems like inequality and unemployment that occurred after the market economy reform of the past 30 years, the economic growth through marine resources or marine economy is continuously required to maintain the stability of domestic politics.

With over 90% of China's foreign trade conducted through marine transportation, the growth of that trade expanding, China requires a policy that protects its maritime rights such as protection of territorial waters, coastal areas and marine transportation paths. On the other hand, such efforts have increased the focus on marine resources and energy supply. Since the supply of energy and resource is essential to China, its dependency on marine resources and space is rising. Securing marine transportation paths is also critical for the stable supply of resource and energy. Dependence of China on petroleum exceeded 55% in 2010, and is expected to exceed 60% in 2020.[20] Accordingly, in the Indian Ocean and the Strait of Malacca, the marine transportation path to China, can be regarded as a pivotal crossroad of great strategic importance. That is, it is critically important to secure the safety of marine transportation paths, essential for the economic development of China. The Chinese navy also considers using naval power to attain resource and energy security.[21]

19) Hong, EunJung, *China's Great Rise* (Seoul: ChinaHouse, 2014).
20) *ibid.*

As the interests of maritime economy are expanded, the scope of military activities to secure these interests should be expanded too. China has the ability to connect the ocean and inland using 3 ports such as Gwadar port of Parkistan, Chita airport of Bangladesh, and Hambantota port of Sri Lanka. This strategy is used to secure marine strategic points throughout the world and to therefore expand China's marine interests. Western scholars call this the 'String of Pearls' strategy, describing how China tries to reinforce its maritime access and strategic influence by binding the ports from the East China Sea to the ports in the Middle East, echoing old navy strategy.

Contrastingly, while targeting a peaceful rise, China pursues growth in the ocean through friendly relations with neighboring countries sharing the ocean. Regional integration with countries in East Asia is advantageous to economic development through marine resources. This can keep and expand the influence of China in the region as well as its international influence. Since the middle of the 1990's, China stopped physical confrontation against Spratly Islands and tried to form friendly relations with ASEAN. In 2002, China agreed on The Declaration on the Conduct of Parties in the South China Sea(DOC) with ASEAN countries and tried to solve the South China Sea issue peacefully.

In summary, the objectives of China's maritime strategy are to pursue overall maritime interest by combining national security and economic growth, while also thinking in terms of naval

21) Dutton, Peter A.(2011).

maritime strategy when operating beyond its coast. Elements of economy and security, forming China's maritime strategy, are not separated individually, but are closely related to each other.

Ⅲ. Developments and Features of Maritime Strategy of Xi Jinping Government

1. Developments of Maritime Strategy

This section examines how the objectives of China's maritime strategy have evolved in current Xi Jinping government. Through this, contents and changes of China's maritime strategy can be identified.

First of all, let's examine how the access of China to the ocean works. After foundation of new China, Mao Zedong understood the ocean as the connection from inland and regarded it as the area of military operation for passive defense. After that, Deng Xiaoping began to use marine development on the eastern coast as the auxiliary means of reform and opening policy as he pursued the policy of reform and opening. As the importance of the ocean became highlighted in the area of maritime defense, development and use of the ocean in the course of economic development during Deng Xiaoping government, China began to have interest in advancing into the ocean.[22] In 1990's, Chinese leaders began to express their interest in maritime issues

22) Hong, EunJung(2014).

through mention on the ocean. Premier, Jiang Zemin organized a law system including declaration of EEZ and territorial water baseline as UN Convention on the Law of the Sea(UNCLOS) took effect in 1994, and took physical actions to preoccupy the marine possession on the southwest archipelago. There was collision between the J-8 fighter of the Chinese navy and EP-3 reconnaissance plane of the American navy that was active in EEZ in April 2001. During the period of Hu Jintao, China paid much interest to the marine application plan. He emphasized on Dec. 27, 2006 "China should construct strong navy to protect the maritime right, national sovereignty and safety since China is a maritime superpower".[23)]

Contents of maritime strategy of the Xi Jinping government, can be examined from the political report of the 18th party convention held in Nov. 2012. The political report of the 18 th party convention announced "improve development ability of marine resources, develop marine economy, protect marine ecology environment and protect marine right of country continuously to construct marine superpower." It was the first official announcement of the Chinese communist party to build a marine superpower. The declaration of marine superpower is another practical declaration of marine strategy emphasized by the Chinese government.

In the National People's Congress held in March 2013 after the declaration of marine superpower, Chinese government announced

---

23) 胡锦涛强调锻造适应历史使命要求的强大人民海军, 『中国新闻网』, 2006年 12月 27日, http://news.qq.com/a/20061227/002701.htm.

a government reorganization plan that largely reinforced authority of State Oceanic Administration(SOA). The main gist of government reorganization plan was to carry out maritime affairs, distributed and managed, through reinforcement of function of maritime power. Reorganized National Department of Maritime Affairs became the main department supervising maritime affairs which were managed separately among the departments, and began to establish marine development plan and carry out comprehensive tasks related to maritime affairs such as protection of environment of the ocean, management and supervision of the waters, right and law enforcement in the ocean.[24)]

In the 8th Department of Politics group study held on July 30, 2013, China tried to make 'construction of maritime superpower' as one of important elements as a unique socialism project of China, and emphasized meaning and necessity of marine superpower. In the group study, Xi Jinping pointed out that construction of marine superpower is related to continuous development of economy, sovereignty of nation, protection of security and development interest, realization of overall goal of society and further great revival of Chinese people, and that China should improve development ability of marine resource, protect marine ecological environment, develop marine science technology and protect the ocean right.[25)]

---

24) Hong, EunJung(2014).

25) 习近平 : 进一步关心海洋认识海洋经略海洋 推动海洋强国建设不断取得新成就,『新华网』, 2013年 7月 31日, http://news.xinhuanet.com/politics/2013-07/31/c_116762285.htm.

Mention of Xi Jinping is evaluated to emphasize the aspect to achieve marine superpower by developing wide range of ocean and necessity to protect the marine right. As a mention to pay attention in the group study, Xi Jinping explained that "sovereignty lies on us and we should jointly develop (marine resource) without dispute" in protecting marine rights and interest.[26] The mention of the highest leader that "sovereignty lies on us" shows the strong commitment of the Chinese government on the protection of core interests and it also shows that construction of marine superpower can be connected to reinforcement of naval power.

Xi Jinping judged earlier that having marine military power which was heavily reinforced before was the right to protect sovereignty, and that actually reinforced naval power was suitable for this. China built a high number of destroyers and convoys in 2013 to reinforce naval power.[27] China newly launched a core power, 1 ship of 052D type destroyer, called Chinese version of Aegis, as well as 2 ships of 052C type destroyer, 6 ships of 054A type convoy, a total of 27 ships, and reinforced military power of nuclear submarine. At the end of 2013, China test-fired a Julang(JL)-2 ballistic missile through 094 type nuclear submarine at the Gulf of Pohai.[28]

In Nov. 2013, the Chinese government surprisingly announced

---

26) Hong, EunJung, "China's Rise as a Global Maritime Power-Threat or Opportunity?," *The Korean Association for Contemporary Chinese Studies Spring Conference,* (2015).

27) Cho, YoungNam, "China's Diplomatic Challenges and Prospect in the Xi Jinping Era," *STRATEGY 21,* 33-17(2014).

28) Hong, EunJung(2015).

an Air Defense Identification Zone(ADIZ) of the East China Sea. Chinese Department of National Defense announced the ADIZ, a mandated flight plan of all airplanes operating in ADIZ set by China, and announced that military authority would take defensive emergency action if they do not follow rules and instructions. Declaration of ADIZ in East China Sea caused strong objection from the USA and Japan, and South Korea announced expansion of its own ADIZ, intensifying tensions in the area. After declaration of ADIZ in East China Sea, there were more 10 cases of confrontation of China and Japan as fighters of the two countries did 'fly closely' in the air of the area.[29)]

Meanwhile, the Chinese government commenced investigation on overall islands that it had as its lands in the first half of 2013, and began to investigate in the South China Sea by applying manned investigation submarines which successfully dived into 7,000 meters deep. Having not confronted the neighboring countries physically at Spratly Island, from the middle of the 1990's to 2007, China constructed the base with runway and wharf at the Fiery Cross, coral reef islands in Spratly archipelago, and it argued dominion with the Philippines. In particular, China started the installation of a tension leg platform in the size of a soccer field in the Paracel islands in the South East Sea, and had a dispute with Vietnam regarding the possession in May 2014. Due to this, there was conflict between Chinese and Vietnamese ships, and big-scale demonstration against China in

---

29) KukMinIlBo, June. 14, 2015.

Vietnam. Because of that China took assertive acts of diplomacy by occupying dominant positions in the dispute of marine service area with the announcement of the ADIZ in East China Sea, the artificial land in South East Sea from 2013 to 2014.

On the other hand, at the political report of the 18th party convention in Nov. 2012, Chinese government announced that "it will develop marine economy" at the national marine meeting on Jan. 10, 2013, and central politics meeting in December 2012 after declaration of construction of marine superpower. 〈12th 5 Year plan for National Marine Economic Development〉 released in Dec. 2012, the government explained that it would develop the surrounding ocean of China into 3 areas from 2011 to 2015.[30) China put more focus on promotion of marine industry such as marine plants by designating Shandong, Zhejiang and Guangdong as the experimental province for marine economy such as blue economy district, pilot province for marine economy development and experimental province for marine economy, led by government under the goal of maritime superpower by 2020. That is, for continuous economic growth, the Xi Jinping government has made efforts to use the marine area as the driving force of economic development.

Marine superpower through marine economy has been developed as the structure of cooperation focusing on marine at the center in the diplomacy with neighboring countries. When a round-table meeting was held in Oct. 24~25, 2013, Xi Jinping

---

30) 全国海洋经济发展“十二五”规划. http://baike.baidu.com.

presented construction of the 21st century marine Silk Road in the Southeast Asia and Silk Road economy zone in the central Asia area, and formation of new aspect in regional economy. Visiting Indonesia in Oct. 2013, Xi Jinping proposed a construction of the 21st marine Silk Road. When visiting Kazakhstan in Sep. 2013, China developed the Silk Road economy zone into the concept of 'one belt one road'. After that, in May, 2014, the state-run Xinhua News Agency presented the marine silk road connecting Southeast Asia, West Asia, Africa and Middle East from each port along the coast of China through platform of New Silk Road and New Dream. At the 17th China-ASEAN summit meeting held in Nov. 2014, Chinese premier, Li Keqiang, included 'marine cooperation' to the project of 2+7 cooperation system between China and ASEAN countries, Southeast Asia, West Asia, Middle East and African countries.[31] At present, China can be evaluated to develop marine economy into the concept and level of all-directional regional cooperation.

2. Features of Maritime Strategy

As we have seen in the previous section, the maritime superpower emerged in the development of the Xi Jinping government's economic and military maritime strategy. If the economic aspect is emphasized, China's maritime superpower appears as a cooperative figure, and if the military aspect is emphasized, it appears as a very aggressive figure. Like this, the Xi Jinping

31) Yun, SeokJun(2015).

government's maritime superpower can be evaluated as having dual characteristics.

First, China's maritime superpower appears to be threatening to consolidate its claim to its territorial waters in the East China Sea and the South China Sea. But, the processing methods of China's East China Sea and South China Sea can be said to be a little different. When the problem of the East China Sea rises, the problem of the South China Sea shows the low profile aspect, and the opposite situation was also produced. China announced a revision of the 〈Enforcement Decree of the Fisheries Act〉 in the South China Sea in November 2013, when it declared the distinction of air defense identification in the East China Sea. This means that China has discriminative response against maritime problems in the South China Sea and the East China Sea.

Second, China's threatening behavior in the East China Sea and the South China Sea, from 2013 to mid 2014, appears to be a coordinated effort to control disputes in cooperative attitude after the second half of 2014. This can be interpreted as China's attempt to create a maritime order that is favorable for China itself. From 2013 to mid-2014, China pursued a tough line and created disputes with neighboring countries. In the course of these disputes, countries that have been in conflict with China have been biased towards the United States. Since the spread of this situation did not favor China in the long run, China has cooperated in the post-2014 period and tried to respond to the marine problems with the countries in conflict. On the other hand, this means that the East China Sea and South China Sea problems are becoming more structured. While China appears to be cooperating, there are aspects of the sovereignty issue of the maritime territory sinking below the surface, but this can be evaluated as a problem with even greater destructive power in the future.

Third, in the process of developing the maritime superpower, China has shown that it will never be easily withdrawn from competition on the oceans with the United States. In this respect, it can be expected that the influence competition in the western Pacific with the US will continue. On the other hand, the extent to which China's maritime advocacy is in line with international order compliance is a crucial issue, and currently China is not actively involved in the international legal dimension and maintains a Chinese legal interpretation. In addition, China has no particular response in the implementation of international law. This raises international concerns about the extent to which China will adapt to international regimes in maritime issue in the future.

Lastly, since the second half of 2014, China has strengthened maritime cooperation, including the development of marine resources, with neighboring countries. China is approaching neighboring countries, not in the aspect of its naval power, but in the aspect of its maritime development, in order to show cooperation. This can be evaluated as the point to understand China's strategy to change the opinion that China's marine launch is threatening.

Ⅳ. Conclusion: Evaluation and Prospect

China regards marine power as an important foundation for continuous economic development. In the other hand, China pointed out that USA, Japan, Taiwan, East Asian countries (in particular, countries of territorial disputes) seriously threaten the marine security of China. In this aspect, since China has no choice but to pursue marine strategy in a big framework of economy and security, the maritime strategy of China involves duplicity.

Such features can be understood in the contents and evolvement process of maritime strategy of Xi Jinping. Maritime policy has been carried out to achieve economic development using the ocean from national strategy and the economic integration in regional aspect is further expanded. China has pursued negotiation with countries in marine strategic points to secure a route of energy supply, and has implemented big vision of 'one belt one road' in order to form the new Silk Road economy zone of ground and ocean.

However, we cannot deny the fact that one belt one road strategy and string of pearl strategy is the geopolitical response of China to emerge as a superpower by circumventing the blockage of USA and incapacitating pressure and blockage of USA on China through 'the Asia Rebalancing Policy' and active intervention of USA for supremacy on Eurasia.[32] At present,

---

32) Won, DongWook, "New Geopolitics of Transportation paths: Chian's 'One Belt One Road' and Eurasia Initiative," *The Korean Association for Contemporary Chinese Studies*

China surely knows that its navy power is not superior to that of the USA, and accordingly, aims to develop ability equivalent to that of the USA by connecting marine economy with neighboring countries through the formulation of the marine Silk Road. Meanwhile, the Xi Jinping government showed assertive actions in the South China Sea and the East China Sea while reinforcing naval power that can support marine interests and rights.

If so, how we can forecast the maritime rise of China? Let's examine the contents focusing on 2015 National Defense White Paper released by Chinese Department of National Defense. First, China pointed out a rebalancing strategy(pivot to Asia or Rebalancing strategy), reinforcing of defense power of Japan, and provocation of neighboring countries on the sovereignty of land, right and interest of the ocean, as the threat for the security of its country. Under this awareness of threat, the White Paper emphasized commitment to protect the sovereignty of land, mentioning the threat of local war. In particular, it indicated "it will prepare for military conflict in the ocean" first in the White Paper, showing commitment that it would not get behind of USA in the competition surrounding the South China Sea recently, suggesting that degree of conflict will be strengthened further in the land disputes.

However, naval power of China is still inferior to the USA, in terms of ability. Accordingly, China may employ regional

---

Spring Conference, (2015).

strategy to check the USA using economic aspect that it can have superiority since the check of USA cannot be perfect in the South China Sea and the East China Sea, while China will continue assertive aspect in territorial disputes in the future. In addition, China will try to avoid direct big-scale conflicts against the USA.

Second, the White Paper announced that "it would become a maritime superpower" breaking away from traditional thinking of valuing land and ignoring sea since the importance of marine becomes bigger in long-term national safety and development. It means that it adopts the declaration of marine superpower as national grand strategy and that it will put more focus on the ocean. China should more actively pursue more comprehensive maritime interests and rights. To grow as the marine superpower, Chinese navy covers the adjacent defense directly related to defense of mainland as well as the ocean for execution of global scale strategy. That is, the Chinese navy will continue its strategy to protect its land and sea through long-distance assertive strategies.[33)]

In the mean time, regional countries, under territorial disputes against China, will accelerate security alliance with USA and Japan in terms of security at its interest, they will still pay attention to how China will share interest through the ocean with neighboring countries and cooperate with regional integration with China. It is because regional integration of

---

33) Park, ChangKwon, "China's Maritime Strategy and the Regional Maritime Disputes," *The Korean Association for Contemporary Chinese Studies Spring Conference*, (2015).

maritime economy and resource is also advantageous to countries in Southeast Asia. Interests in terms of security and economy are expected to appear together or separately according to security and economy efficiency while the interests are contradictory to each other, and affect the regional security dilemma.

In conclusion, if we understand the duplicity of maritime strategy of China, China is highly likely to control or select the type of diplomacy or dynamics of diplomacy depending on the country where maritime strategy is applied (in particular, country with territorial dispute) and per issue about maritime issues. That is, China will expand the strategy of accomplishing the goal of marine strategy in a direction to maximize national profits while utilizing the strength and limits of maritime affairs in executing maritime strategy. It will make the duplicity of China's maritime strategy more remarkable, where both factors of cooperation and conflict work, affecting regional security accordingly.

Reference

Amir, Fareed. "Unmasking China's Assertive Behaviour in the Maritime Sphere." *E–International Relations.* (2014).

Cho, YoungNam. "China's Diplomatic Challenges and Prospect in the Xi Jinping Era." *STRATEGY 21.* 33–17(2014).

Cole, Bernard D. "Reflections on China's Maritime Strategy: Island Chains and the Classics." *EMC Chair Conference Paper.* (2014).

Dutton, Peter A. "Three disputes and three objectives: China and the South China Sea." *Naval War College Review.* 64–4(2011).

Fravel, M.Taylor. *China's Behavior in its Territorial and Assertiveness in the South China Sea.* Washington: Center for Strategic and International Studies, 2011.

Ha, DoHyung. "Cognitive Basis on China's Maritime Strategy: Focus on Haiquan and National Interests." *National Defense Research.* 55–3(2012).

Hong, EunJung. *China's Great Rise.* Seoul: ChinaHouse, 2014.

Hong, EunJung. "China's Rise as a Global Maritime Power–Threat or Opportunity?." *The Korean Association for Contemporary Chinese Studies Spring Conference.* (2015).

Jakobson, Linda. *China's unpredictable maritime security actors.* Sydney: Lowy Institute, 2014.

Jeong, CheolHo. *East Asia's Maritime Strategies of U.S–China and South Korea's Maritime Security.* SungNam: The Sejong Institute, 2012.

Johnston, Alastair Iain. "How new and assertive is China's New Assertiveness?." *International Security.* 37–4(2013).

Jung, JooYoun. "China's Oil Security Strategy and the China Threat." *New Asia.* 21–1(2014).

Lee, WonBong. "China's economy, security issues and Maritime Strategy." *China Studies*. 49(2010).

Lee, JiYong. "Evolving China's National Identity and Changing Maritime Security Environment in East Asia." *IR Studies*. 19-1(2014).

Lee, HongPyo. *China's Maritime Strategy and East Asia's Security*. Seoul: Korea Institute for Maritime Strategy, 2003.

Montgomery, Evan Braden. "Time to Worry about China's Military Rise." *Policy Brief*. (2014).

O'Rourke, Ronald. *China Naval Modernization: Implications for US Navy Capabilities: Background and Issues for Congress*. Darby: DIANE Publishing, 2014.

Park, ChangKwon. "China's Maritime Strategy and the Regional Maritime Disputes." *The Korean Association for Contemporary Chinese Studies Spring Conference*. (2015).

Won, DongWook. "New Geopolitics of Transportation paths: Chian's 'One Belt One Road' and Eurasia Initiative." *The Korean Association for Contemporary Chinese Studies Spring Conference*. (2015).

Wu, Xiaoyan. *China's Sea Power Nation Strategy*. Stockholm: Institute for Security&Development, 2014.

Yun, SeokJun. "Duplicity of China's Rise and the South Korea's policy toward China." *Maritime Strategy*. 152(2012).

Yun, SeokJun. "China's Maritime Strategy and Marine Silk Road under the Xijinping government." *Asiatic Research Institute Special Lecture*. (2015).

胡锦涛强调锻造适应历史使命要求的强大人民海军.『中国新闻网』. 2006年 12月 27日. http://news.qq.com/a/20061227/002701.htm.

习近平：进一步关心海洋认识海洋经略海洋 推动海洋强国建设不断取得新成就.『新华网』. 2013年 7月 31日. http://news.xinhuanet.com/politics/2013-07/31/c_116762285.htm.

全国海洋经济发展“十二五”规划. http://baike.baidu.com.

KukMinIlBo. “ADIZ of the East China Sea, Concerns on China-Japan Conflict.” (June. 14, 2015).

The Diplomat. “China's Naval Plan for Djibouti: A Road, a Belt, or a String of Pearl?.” (May. 14, 2015).

Strengthening Public Diplomacy with the United States and China for a Korean Unification*

Park, Eun Joo (Korea University)
Yoo, Ho Yeol (Korea University)

Ⅰ. Introduction

At the end of the cold war in the early 1990s, it seemed like interest in public diplomacy was declining. However, following September 11, 2001 terrorist attacks, public diplomacy began to attract more attention from governments and academia. Public diplomacy is a field of academia in need of much research, as there are 150 ways to define public diplomacy and theoretical discussions of public diplomacy are rare.[1]

There are many different definitions and interpretations of public diplomacy, but none of them come together in a coherent way. Further, there have been many different ways to refer to the concept of public diplomacy, such as cultural diplomacy[2],

* This paper was first published in *The Journal of Peace Studies* 18:2, 2017

1) Jan Melissen, "Public Diplomacy in Changing World Order and Korea's Challenges," *Smart Q &A Interview*, July 27, 2012.

2) Boo Keun Cho, "The Contrasts of Korean Cultural Diplomacy," (paper presented at the conference organized by the Institute of Korean Studies, April 29, 2009), pp. 71-94.

image diplomacy[3], and new diplomacy[4]. Edmund Gullion, who coined the term 'public diplomacy,' first used the term 'public diplomacy' at the opening ceremony of the Edward R. Morrow Center at the Fletcher School at Tufts University in 1965. He used the term strategically to denote ways journalism and cultural exchange organizations may be seen as trustworthy, and overcome the stigma of being viewed as 'propaganda organizations.'[5] In this sense of 'public diplomacy,' McDowell define the term along the lines of "PR lobbying, real propaganda, and covert propaganda," which emerged to dispel negative images of propaganda.[6]

At the same time, UK Office of Foreign and Commonwealth Affairs defines public diplomacy as a way "to communicate and share information with civilian and international organizations abroad, improve understanding of the UK, and influence in a way consistent with the government's short and long-term plans." It continues by saying, "any activity that does not necessarily target a specific goal but reaches a broad range of areas such as popular culture, fashion, sports, news, and the Internet, but may affect foreign policy, national security, trade, tourism and other national interests" is said to incorporate the concept of public diplomacy.[7] This implies that public diplomacy

3) Mark Leonard, et al., *Public Diplomacy: Capture the Imagination* (Seoul: Hanarae Publishing, 2008).

4) Tae Hwan Kim, "21st Century New Public Diplomacy and Forum Diplomacy," *JPI Policy Forum,* 3 (2011).

5) Public Diplomacy Alumni Association, "About U.S. Public Diplomacy," http://pdaa. publicdiplomacy. org/?page_id=6.

6) Burton St. John III, *Press Professionalization and Propaganda: the Rise of Journalistic Double-Mindedness 1917-1941* (New York: Campbria Press, 2010), pp. 145-147.

7) Dong Ryul Kim, Sung Hae Kim, and Hun Sik Kim, *A Study on the Revitalization of*

is something different than propaganda-oriented publicity, and therefore that which communicates core messages more effectively to various countries. Although public diplomacy cannot be defined in a single word, public diplomacy is "a diplomatic strategy to listen to the opinions of the target nation, achieve conditions for rational understanding and empathy, and appeal through various media."

Since the terror attacks of September 11, 2001, through to the global economic crisis of 2008, notions of public diplomacy were re-examined as the world paid closer attention to the concept. Countries involved in the economic crisis in 2008 began to use strategies of public diplomacy to enhance their images in such a way that it would impact international trade numbers in positive ways.[8)]

As public diplomacy emerged as a significant factor, broad changes in traditional diplomatic strategies through diversification of foreign policy brought radical changes to diplomatic endeavors across the world. Countries began to focus on dense networking, making changes in their overall diplomatic strategies in prominent ways, as well as increase involvement in non-profit organizations. Because of this, the traditional framework for diplomacy has expanded beyond state-to-state and state-to-person, to a wider society-to-society/person-to-person, state-to-society, state-to-person relationship.

As such, the paradigm of traditional diplomacy is shifting to:

Public Diplomacy Using Media, Working Paper (Ministry of Foreign Affairs, 2013), 2.

8) Jan Melissen(2012).

- Government strategies that shape public opinion in foreign countries;
- The relationship between people and interest groups in foreign countries;
- Media reporting on foreign affairs and the influence of the media in foreign countries;
- Diplomatic communication with expatriates living in foreign countries

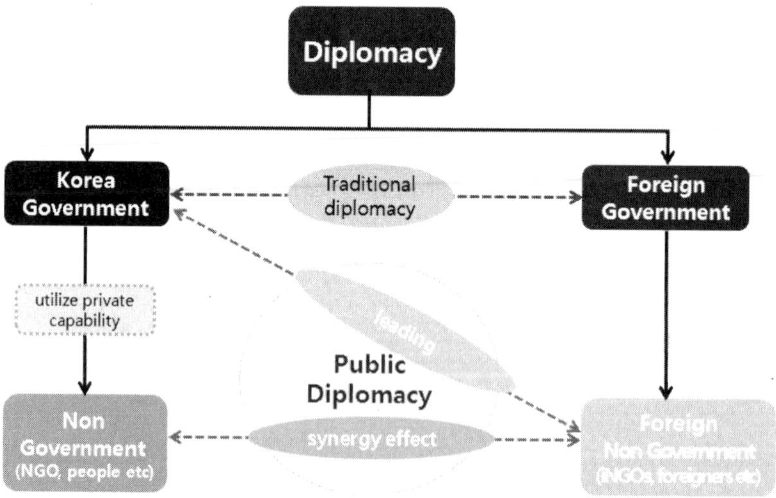

〈Figure 1〉 Subject and target change according to diplomatic type

Public diplomacy may be viewed as a global phenomenon because the changes in diplomatic behavior are found not only in democracies, but also in countries with authoritarian politics. Particularly, as 'hard power'—military power and economic power combined—reaches its limits because of economic downtrends of late, the importance of public diplomacy to influence and shape ideas among foreign and global citizens becomes critical. Further, scientific and technological advancements have boosted the expanding scope of public diplomacy through radical and revolutionary developments in communications tools in the media environment. Its importance continues to increase in value as each country attempts to establish a strategy for public diplomacy through open and inclusive networks as information floods across mass media channels and SNS via communication patterns that are rapid and complex(see figure 1).

At the moment, Korea is using the 21st-century paradigm of public diplomacy as an important tool for enhancing its public image with its neighbors, China and Japan, as well as the United States, France, and the UK. In particular, South Korea is using public diplomacy as a tool to cultivate 'soft power' that will market its culture, knowledge, value, and the national brand in ways that enhance its international image in order to mitigate the risk that the divided nation will collapse, promoting a unified image of South Korea. In order to overcome the threats from North Korea, and the issue of a divided Korea, the country must cooperate internally to implement specific strategies in order to gain political support from the four countries that surround Korea. South Korea has been recognized in many fields, particularly by China and the United States, for its supremacy in various areas of politics and economics. As such, South Korea is working on a variety of different political activities to build on this support.

However, despite these efforts of the South Korean government, the international community and global citizens still perceive South Korea negatively in relation to issues such as the divided nation, the high risk for war, and the confusion between communist North Korea and democratic South Korea. According to a survey of 6000 foreigners from 12 countries conducted by the Ministry of Foreign Affairs in 2013, when they think of South Korea they think of three things mainly: technology, Samsung, and war. 30% of those surveyed could not distinguish between North and South Korea. Also, in a survey of 481 respondents in 2012 from seven European countries(249, general population, 232 professors, as well as journalists and businessmen), responses to questions about their perceptions of South Korea were related to Samsung, nuclear war and North Korea, the divided country, and the Korean War. This would indicate that there is a strong negative image of Korea.[9]

For Korea to be a unified nation in the future, it must deal with negative images of international and global citizens by transforming them into positive images. It is also necessary to establish long term, comprehensive diplomatic strategies at the regional and global level, as well as between the two Koreas. One of the most important factors to consider for Korean peninsula policy at this point is how it relates to the foreign policy of the United States, China, and political and economic leading G20 countries around the world. As Donald Trump

9) Gil Hwan Wang, "What image do foreigners have when they think of Korea?" *Yonhap News*, February 22, 2015.

becomes the 45th president of the United States, major political and economic policy changes are expected. Add to that the growing tension between China and the United States, and these issues become more critical than ever.

The purpose of this study is to find ways to strengthen public diplomacy with the US and China as a fundamental way to achieve peaceful unification on the Korean peninsula and to draw further policy implications. To that end, this paper will help the reader understand the status of changes in South Korean foreign policy, public diplomacy, Us-China relations, US-China policies for the Korean peninsula, and an analysis of their perspectives on the unification of the Korean peninsula.

Also, in order to effectively use public diplomacy as a way to bring global citizens together with (South) Korea into the future, this paper suggests the realistic and possible ways to measure the effectiveness of the government, which is neither a simple vision or one-off goal, but a strategic plan for unified public diplomacy. However, considering the issues related to the Sino-US relationship, it is necessary to establish separate strategies and plans for implementation for each country, strategies which are feasible, with clear directions for implementation.

Ⅱ. Korean Government Foreign Policy and Public Diplomacy

The issues related to inter–Korean political problems is an important factor in the foreign policy of the South Korean government. Consistent with the founding of the Republic of Korea on August 15, 1948, the fundamental goal of the Korean government's diplomacy is to secure national security, to create external conditions for the unification of North and South Korea, and to contribute to economic diplomacy for national development that will enhance international status.

Major foreign policy highlights of previous South Korean governments may be summarized as follows.

During Seung–man Lee's term as president, foreign policy revolved around policies that were anti–North/anti–communist/anti–Japanese policies, as well as pro–American/pro–UN policies. These policies were abolished in 1973 by the 6.23 declaration. Nevertheless, anti–North/anti–communist policies remained at the core of South Korean foreign policy until the 1972 Inter–Korean 7.4 Joint Statement, and the 1991 Inter–Korean Basic Agreement was adopted.

Tae–woo Roh's diplomacy was established by making ties with mostly Eastern European countries (under the slogan of the Northern Policy), beginning with Hungary in 1988, and with the Soviet Union in 1990, followed by China in 1992. This established the normalization of diplomatic relations with communist countries. The establishment of relations with these countries was directly related to the 1988 Seoul Olympic Games, and the collapse of East-West Cold War systems.

The Young-sam Kim administration established a policy of opening and reforming North Korea and absorption of North Korea policy through unification, which reflected the international system at the time. Under the Mu-hyun Roh administration, the alliance with the US became strained due to differences in concepts of defense, but the reorganization of the ROK-US alliance was re-implemented with the introduction of the US troops relocation plan. In addition, as the Free Trade Agreement (FTA) between Korea and the US waited for the ratification of Congress, the ROK-US alliance developed into a comprehensive and reciprocal relationship that included not only politics and security, but also the economy.

It was during the term of President Myung-bak lee that public diplomacy emerged as a fundamental principle for South Korean international diplomatic efforts, as the administration declared 2010 "The first year of public diplomacy," asserting also that public diplomacy on of the three pillars of diplomacy, along with military and economic diplomacy. This was in agreement with Joseph Nye, who argued that "the 21st-century is in the context of the era of Smart power that combines Hard power with Soft power, meaning the combination of military power and economic power."

Next, the Geun-hye Park administration elevated 'trust' as an important element of Inter-Korean relations, promoting a 'diplomacy of trust,' using the slogan, 'For the new Korean peninsula.' In order to attain this 'diplomacy of trust' the government focused on maintaining a so-called 'policy of balance' by which they, along with the international community, would realize the denuclearization of North Korea. This 'diplomacy of trust' may be seen as a tool that was meant to dismantle the structures of conflict between the two Koreas, resulting in a new relationship that would hinge on 'change.' This diplomacy of trust went far beyond military issues, to include comprehensive security policy that in turn included political and economic factors. And it should be noted that the issue of the inter-Korean economic relationship becomes more meaningful, and effective, if the policy transcends ideology.

Taken together, the 'diplomacy of trust' process on the peninsula is based fundamentally on realistic assumptions about the 'Northeast Asian Peace Order.' President Geun-hye Park's so-called trust process on the peninsula was designed to bring peace to the Koreas through a 'diplomacy of trust' as well as the 'policy of balance.' In modern history, the two Koreas have had many negotiations, and yet there is still deep mistrust. This shows that there is much more work to be done to achieve a relationship of trust between the two Koreas.[10]

In sum, the South Korean government has made it a priority to work in tandem with neighboring countries and important players when dealing with the instability of the security problems

---

10) Geun Hye Park, "A New Kind of Korea: Building Trust Between Seoul and *Pyongyang*," *Foreign Affairs*, September/October (2011).

on the peninsular, including the resolution of the North Korean nuclear weapons program. Further, as this comprehensive analysis of the foreign policies of previous ROK governments has shown, the Korean government carefully calibrates its foreign policy positions with careful sensitivity to the diplomatic tensions and interplay between the United States and China. However, one cannot explain the state of public diplomacy in South Korea based solely on the above. This is because South Korea has entered the public diplomacy game very late compared to other advanced countries, adhering primarily to traditional foreign diplomatic methods, and policies focused primarily on economic diplomacy.

It was during the term of President Myung-bak lee that public diplomacy emerged as a fundamental principle for South Korean international diplomatic efforts, as the administration declared 2010 'The first year of public diplomacy,' declaring public diplomacy one of the three pillars of diplomacy, along with military diplomacy and economic diplomacy. This was in agreement with Joseph Nye, who argued that "the 21st-century is in the context of the era of Smart power that combines Hard power with Soft power, meaning the combination of military power and economic power."

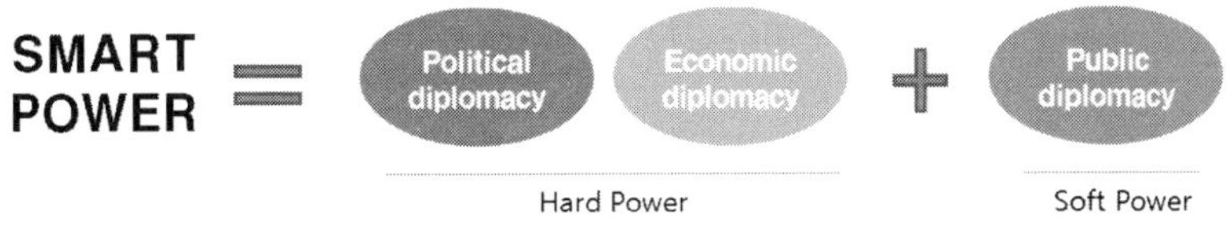

〈Figure 2〉 Three major axes of diplomacy of the Republic of Korea

* source: Ministry of Foreign Affairs, "About Public Diplomacy," http://www.publicdiplomacy.go.kr /introduce/public.jsp.

In May 2010, the government laid the foundations for public diplomacy in earnest as it established the 'Korean Public Diplomacy Forum.' Following that, the government appointed "public diplomatic envoys" in September 2011. And in 2012, the government established the Public Diplomatic Policy Division in the Ministry of Foreign Affairs, and began media promotion initiatives through video contests like "I love Korea, Because," "Quiz About Korea," and "Korea Corner." Following that, in 2013, the government promoted a project to strengthen public diplomacy activities that would develop and further diplomatic relations, enhancing the public image both at home and abroad. By 2013, this new project was implemented with an additional 6 billion KRW.[11] In order to enhance the effectiveness of the project, it was considered to be the primary organ through which contact was made with the overseas foreign public in order to gain their trust and favorable opinion, as well as enhance their knowledge of South Korean foreign policy. This would then help to change negative images of Korea.

At the same time, the Korean government implemented diplomacy projects through 178 Korean diplomatic embassies and missions that were tailored to the local customs and culture, while also taking into account the particular diplomatic relationship with the country of concern. This was different than past diplomacy, which had unilaterally disseminated information about Korean culture without considering the local context.

11) Ministry of Foreign Affairs, "Introduction to Public Diplomacy," Ministry of Foreign Affairs provided materials.

〈Table 1〉 Korean Government Public Diplomacy Promotion Activities

Object	Name of Projects	
Country	Public Diplomacy Forum	Culture Joint Committee
	Cultural Agreement	UNESCO Diplomacy
	Major Diplomacy Commemorative Project	Promote Inter-cultural Exchange Project
Foreign Nationals	Expansion of Korean wave	K-pop World Festival
	Everyone is Diplomat Project	Public Diplomacy Academic Group
	Exhibition of Foreign Cultural Diplomatic	Education Cooperation (Promote Exchange Student)
	Promote Korean / Korean Studies	Private Diplomatic Community
	Youth Public Diplomatic Corps / Senior Public Diplomatic Corps	Quiz on Korea Global Contents Contest
	Promote the Attractive Korea	Promote Sports Diplomacy / Taekwondo

* source: Ministry of Foreign Affairs, "About Public Diplomacy," http://www.publicdiplomacy.go.kr/introduce/public.jsp)

Through this close examination of Korean public diplomacy initiatives, one may see how the government is making efforts to improve the image of the country through various projects, despite the short history of Korean public diplomacy in comparison to other advanced countries. Although It is difficult to differentiate between unified public diplomacy, and public diplomacy, it should be clear that before these initiatives began, there was little effort to connect public diplomacy to diplomatic activities abroad.

Ⅲ. Analysis of the External Environment for Promoting Public Diplomacy for Korean Unification

South Korea has accomplished much within a short period of time and has firmly established its place as a middle-class nation in the international community, having in 2009 become the 24th member of the Development Assistance Committee for OECD nations, as well as the only country to move from an assistance-receiving nation to an assistance-giving nation after World War II. As well, South Korea became the only country in the world to switch from ODA recipient country to donor country. However, despite improvements in national power, Korea is not yet actively promoting its own unification diplomacy for the Korean peninsula. There are various reasons the Korean government has been hesitant to promote diplomacy for unification. In this chapter, we will examine carefully the internal and external environments facing Korea.

Until recently, South Korea was still exposed to the threat of North Korea, the rise of China, as well as the forces of neighboring powers and countries in relative decline, such as the United States, Japan, and Russia. Under these circumstances, the Korean government had difficulty developing diplomatic strategies in relation to the great powers—who have economic and military superiority over South Korea—concerning reunification on the peninsula and peace and prosperity of Northeast Asia. In recent times, as Donald Trump has become the US President, and US foreign relations are expected to change drastically, South Korea's political and economic choices have become much more important.

The existing South Korean diplomatic strategy related to unification on the peninsula was to lean on the United Nations as its chief way to communicate to neighboring countries and other nations South Korea's hope for unification. These diplomatic efforts were aimed at expanding bilateral relations, as well as the consideration of relations with neighboring countries. However, diplomatic strategy with regard to unification has always been traditional, and therefore unsuccessful.

Korean unification diplomatic efforts have focused mainly on promoting strategies for international organizations and the governments of the primary parties of interest, but has not been able to establish a system that can promote unification diplomatic policy consistently and systematically. Also, strategic effectiveness was greatly diminished by the fact that there were separate strategies for unification and diplomacy, rather than a holistic vision to promote them as one vision for efforts toward Korean unification. As such, Korean public diplomacy related to unification is in the early stages of development, and must now be developed with a long-term strategy that is more efficient and practical.

The four major powers that surround the Korean peninsula, including the United States and China, say they are not opposed to unification on the peninsula if stability and peace in Northeast Asia are protected. That is, peace and stability must be the preconditions that undergird efforts to attain unification, stability, and peace in the region. In other words, for unification to happen, it is critical that Korea secure the support of neighboring powers along with the North Korean will to unify. Considering the balance of power and the many confrontations that are reality on the peninsula, as well as the political and economic instability of North Korea, it is possible at any time that peace and stability could blow up like timb bombs.

Therefore, it is necessary to closely examine United States and Chinese interests with relation to the unification of the Korean peninsula, as well as study the Korea-US, Korea-China, and US-China relationships themselves. As the new Trump administration in the US pursues North Korean policy, south Korea will face a complex international system, characterized by relational conflicts and intensified interdependence. At the same time, depending on Korean diplomatic strategy, US diplomacy, and its influence, will change substantially.

Since the end of the Cold War, the United States has reconsidered its global strategic goals, including those related to the Korean peninsula. Through the East Asia Strategic Initiative, the United States looked at ways to reduce military intervention on the Korean peninsula, but failed to implement them because of North Korea's nuclear and missile development, and the conflict between China and Taiwan. Recently, Northeast Asia, including the Korean peninsula, has been suffering from a lack of strategic flexibility in neighboring countries as the landscape of security has been shaken by Japan's military ambition, the rise of China, and constant provocations of North Korea.[12] In particular, due to Trump's election, the landscape security in East Asia will be further shaken, and South Korea is expected to be asked to take up roles and responsibilities in regional security.

Even if the US view of the unification of the Korean peninsula is not fixed, the position that the United States will support the unification of Korea led by the Korean government is unchanged, which is closely related to the values of liberal democracy and the market economy to which Korea aims.[13] Nevertheless, there is a concern about the confusion that may arise if the North Korean regime collapses suddenly and unification proceeds unexpectedly. The United States will consider several variables, including possible changes in the alliance between Korea and the United States, based on the relationship between Korea and

---

12) The United States has actively supported policy shifts in Japan, but China has criticized the United States for its ROK-US-Japan security alliance, which, unlike the mutual defense treaty of ROK-US Alliance, allows only the United States to act. This has placed South Korea, which has been working on a new, more harmonious relationship with with China, in an awkward spot. A number of different situations, such as Japan's anti-historical perspective (which shows no signs of changing), the territorial dispute between China and Japan, the missile defense (MD) system, and the conflict between the United States and China, have all raised tensions in the region, resulting in South Korean public policy that is more complicated.

13) Even while the priority of the United States is not firmly fixed with regard to policy in Northeast Asia, the reunification of the Korean peninsula is clearly not a priority for United States Northeast Asia policy. According to the results of a survey conducted by the Korea Institute for National Unification (KCNA) on United States public diplomacy regarding Korean unification, the list of priorities for US-Korean peninsula policy begins first with the North Korean nuclear issue and its resolution, followed by implementation of open policy, support for a united Korea, support for the Korean peninsula, and finally, support for North Korea-led unification. Young Ho Park, et al., *The State of Public Diplomacy between Korea and the United States* (Seoul: Korea Institute for National Unification, 2012), p. 65.

China in the process of unification in the future.[14)]

China, on the other hand, became a major power in the world along with the United States, as well as a major factor in Korea's diplomatic and security strategy. China can be regarded as a constant support for the unification of the Korean peninsula because geopolitically, Korea and China cannot be divided. Reunification of the Korean peninsula is also an important issue for China because the Korean peninsula is a region of great importance to China. Of course, it is probable that the Korean peninsula, including North Korea, will not be included in the scope of 'core interests'[15)] that China is emphasizing at present.[16)] China supports peaceful reunification because it recognizes that if the Korean peninsula becomes unstable, it will lead to a break of its economic development and a crisis in its communist regime.

However, it is possible that China does not actually want Korea to lead the unification of the Korean peninsula. China may be concerned that if the Korean peninsula is unified under

---

14) The United States has argued that the unification of Korea will enable a more balanced cooperation between the two Koreas, but only after the North Korean nuclear issue has been thoroughly resolved. Young Ho Park(2012), p. 74.

15) 'The white paper' lists China's core interests as "national sovereignty, national security, territorial stability, national unity, the overall stability of the Chinese political system and society, and the basic guarantee of economic and social sustainable development." Heung Gyu Kim, "A Study on Core Interests in China," *Journal of Northeast Asian Studies* 28(2) (2013), pp. 291-323.

16) In 2009, Secretary of State Dai Bingguo commented on the three core concepts related to Chinese interests in the first US-China strategic and economic dialogue, as well as the six key points mentioned in 'the white paper,' in "China's Peaceful Development" on September 6, 2011. The Korean peninsula, including North Korea, is not directly mentioned. Heung Gyu Kim(2013), pp. 308-316.

the leadership of South Korea, its strategic position in Northeast Asia will be weakened. As China desires to be the supreme power in the world, the power struggle with the United States must be taken into consideration. Also, there is no certainty that a unified Korea will be favorable to China, and that a unified Korea will develop to the level of Chinese economic and industrial production. In addition, countries in the East Asian region, while redefining their identities with the end of the Cold War, set up new relations between countries through alliance reconciliation and normalization of diplomatic ties. They are facing an unceasing confrontation over issues of national histories, and textbooks of history. And the conflict between the countries is rising to critical conditions.

As we have seen, the reunification of the Korean peninsula plays a vital role in establishing relations with relevant countries. What is needed at this point is reunification of the Korean peninsula that brings significant benefits not only to the international community and Northeast Asia, but also to neighboring countries on the Korean peninsula. Unification between North and South Korea can eliminate the threat of war on the Korean peninsula and dismantle the dictatorship regime and therefore contribute to peace in Northeast Asia and the world. This should communicate a hopeful message to neighboring countries that core conflicts in Northeast Asia will be resolved and that exchange and cooperation among the countries in the region will expand. Also, it should say clearly that a unified Korean market will be integrated centrally within the Asia-Pacific region. And it is public diplomacy that can be strategically implemented at this point.

In fact, the countries that can invest most in public diplomacy are the US and China. Since middle-class countries like Korea have their own distinctive roles, they need to strengthen their public diplomacy in a way different from that of the great powers. The most efficient way to strengthen public diplomacy for Korea is to establish transparent regional networks to form solidarity among the central countries, and to secure opportunities to reflect their voices in the international community. Indonesia's Bali Democracy Forum is a representative example.[17] If this approach is used to actively promote public diplomacy to reunite Korea, it can be used as a mechanism to relieve the high reliance on the United States and China.

At present, South Korea's dependence on the US has been increasing due to North Korea's repeated nuclear tests and missile launches. On the other hand, it maintains a high level of dependence on the public economy, thus maintaining a 'double dependence' on the US and China. In order to alleviate this 'double dependence,' it is important to win the hearts of other middle and small countries with similar problem in the international community through public diplomacy. In other words, pursue a 'pivot state' that can build a mutually beneficial relationship with the various powers without being trapped or overly dependent on any particular country in terms of security

17) Jan Melissen(2012).

or economy.[18]

This will minimize the damage to Korea caused by the inflow of the US–China relational conflict. The inflow of US–China relations and deepening of their conflict will inevitably have a direct impact on Northeast Asian economies and security, including Korea. Moreover, the possibility of a new Cold War between the United States, Japan, China, and Russia is progressively coming into view, and will likely exacerbate inter–Korean relations. Under these circumstances, South Korea should make diplomatic efforts to maintain friendly and cooperative relations with China by strengthened ROK–US alliance and Korea–US–Japan security cooperation framework.[19]

Ⅳ. The Korean Government and the Path to Public Diplomacy for a Unified Korea

In order to realize the peaceful unification of the Koreas, the unification process for both North and South Korea should come together, and the role that the United States and China have in the process should be positive. However, for China and the United States, with regard to their policy toward Korea, the most important issue is not unification, but the DPRK nuclear

---

18) Tae Hwan Kim, *Korean Public Diplomacy in the Middle East: Liberal and Constructivist Approach*, Working Paper 2014-03 (Ministry of Foreign Affairs, 2014), pp. 18-19.

19) Ji Yong Lee, "Analysis and Implications of Chinese Presidential Policy on US Presidential Candidates," *IFANS Analysis of Major International Issues* 29 (2016), pp. 18-20.

weapons program and the 6-party talks, which are much more urgent for them, and directly affects their own nations. As such, the most effective way to approach the US-ROK diplomatic relationship should be sought out.

It is necessary to know that the United States and China, which exert an enormous influence directly or indirectly on the unification of the Korean peninsula, can expect various benefits from the construction of unified Korea. First, the United States has the greatest interest in preventing North Korea's nuclear proliferation because it can harm not only Northeast Asia, but also world peace and stability if the war recurs on the Korean peninsula. In the face of global political reality, the United States prefers maintaining the status quo rather than unification. From a realist point of view, the US believes that it cannot avoid diplomatic, military, and economic competition with China, which eventually emerged as what is called 'G2.'

Because of this, it will be important to point out to the US and China that unification on the Korean peninsula will bring them various positive benefits. First, North Korea's nuclear ambitions are most urgent for the United States, because it affects world stability, not just Northeast Asia. The US prefers to maintain the status quo more than work to bring unification. From a realist point of view, the US believes that it cannot avoid diplomatic, military, and economic competition with China.

Unification for Korea is most likely to be achieved through South Korea's absorption unification. In this case, it is evident that an unified Korea will maintain its alliance with the United

States, so it is advantageous for the US from a military, security and economic point of view. Considering that the United States has tried for a long time to denuclearize the Korean peninsula but failed, if the voluntary reunification of the denuclearization of the Korean peninsula is possible, the United States will accept the situation without resistance. The Korean government must continually persuade the United States that maintaining the US-ROK alliance can guarantee America's economic well-being, just as Germany has remained in NATO and played a constructive role in European integration.

The unification of North Korea is likely to be achieved by way of South Korea's plan of absorption unification. In this case, it is obvious that a unified Korea would maintain is security alliance with the US. As such, it is advantageous for the US from military, security, and economic points of view. Also, the US will more easily accept unification and give no resistance if it is made clear that unification will also mean the denuclearization of the peninsula. As such, the Korean government must continually persuade the US that maintaining the US-ROK alliance can guarantee America's economic well-being, just as Germany has remained in NATO and played a constructive role in European integration.

On the other hand, the Chinese government hopes that North Korea adopts Chinese reform and policies that will make sure the Korean peninsula is to be denuclearized in order to stabilize the security situation. This means that China supports the status quo of the Korean peninsula.[20] However, if a unified

Korea becomes denuclearized and stable, and a beneficiary of China's economic growth, China will support the unification of the Koreas. That said, the Korean peninsula is unlikely to stabilize for the time being, and China will strengthen its relationship with the Kim regime, making efforts to reform North Korea in the pattern of Chinese reform.

The most important matter for establishing a unified basis for the Korean peninsula in the future is to emphasize that the reunification of the Korean peninsula will benefit China rather than be its concern. A unified Korea will enable sustained economic development through peace and stability in the region from a security standpoint, strengthening China's influence and role in East Asia, and weakening US influence. Also, it is necessary to emphasize that the reunification of the Korean peninsula will have a definite, positive impact on the unification of China and Taiwan. Indeed, among the four major powers in the region, China is poised to gain the most from unification. It will be able to avoid the accusation that it is the guardian of North Korea, be equipped the moral dignity of G2, and ultimately reduce America's influence in the region.

As for the United States—one of the most important world powers—the benefits are great. The security crisis in Northeast Asia may be further heightened by factors such as the instability of the situation and the danger of the proliferation of nuclear

---

20) See the next article for a perspective on the unification of the Korean Peninsula that is favorable to China. Kyung Il Kim and Kang Il Kim, "The regional politics of the Korean peninsula and the influence of neighboring states," *Chinese Foreign Policy* 11 (2008), pp. 37-45.

weapons, and the rise of democracy. In terms of the economy, export and investment of goods, capital and technology can be revived as the North Korean economy develops. Because of this, the Korean government should emphasize that the unification of the Korean peninsula can help to establish stability, peace, and prosperity in the Northeast Asian region for key stakeholders such as the United States and China.

In contrast, Korea has been under-appreciated as an advanced country, even though it experienced remarkable development in a short period of time, so it is necessary to carry out a project to correctly communicate the image of Korea. According to the report 'The Advancement and Positioning of Korea' published by the Presidential Advisory Committee on Future Planning in July 2008, Korea's actual status as the world's 13th largest GDP had little impact on how it is perceived. As such, the country's value to the world is undervalued compared to its economic strength, and the national brand value should be raised.

However, as it mentioned earlier, it was the Myung-bak Lee administration that invested aggressively in public diplomacy in Korea. President Park declared her diplomatic, security, and unification commitments on November 5, 2012, when she was a candidate for president of her party. She said, "We actively promote public diplomacy to share our experiences, culture, and knowledge with the people of the world individually. I will actively support our culture and artists so that they may become ambassadors of cultural diplomacy that convey our proud culture all over the world." But the infrastructure of public diplomacy that helps to build a unified Korea was still inadequate and failed to expand public diplomacy infrastructure as promised. Of course, this has been the case for a long period of time, so it is unfair to solely blame the Geun-hye Park's government. But it is apparent that there have been no significant changes in public diplomacy since the Lee administration.

To strengthen Korea's public diplomacy, the following points should be actively considered. First, we need to identify the direction of Chinese public diplomacy and prepare a response. Second, we must recognize the importance of soft power and 'culture' as tools Korea may utilize. Third, public diplomacy should be carried out in order to enhance national brand value. Fourth, interactive communication is possible. Fifth, in the process of promoting public diplomacy, it is necessary to develop systems of organic cooperation with the public sphere by maximizing the capacity of the private sector.

Korean public diplomacy toward Washington should focus on US governmental bodies, institutions, and professional groups. Washington, as well as corporations, non-governmental organizations (NGOs), and other interest groups, need to have their own tactics and strategies and programs to effectively mobilize their influence. In essence, the issue of unification in US public diplomacy has been found in the realm of foreign diplomacy experts. There will not be many numbers of people who will listen to discourses from foreign countries. Therefore, we must focus on US think tanks in order to realize effective public diplomacy to achieve the unification of Korea. It is necessary to analyze the data and media contributions published by these institutions and researchers in relation to the issue of the Korean peninsula, including the unification issue, to identify trends among individual think tanks and update them constantly.

Recently, communication to people by texting is gradually gaining more popularity. At this point, the most effective plan to promote foreign policy is to use various devices that communicate to people effectively on an individual basis. Because texting is popular in the United States, it is crucial to make proper use of communication through this platform. Texting must be used strategically to promote unification on the Korean peninsula and to communicate ideas and images that can enhance Korea's national brand. If texting is applied to public diplomacy, a multidimensional and powerful communication strategy will be possible.

China has achieved rapid economic growth and wealth due to the success of reform and open economic policy, but it has also produced massive negative effects, such as unemployment, the gap between wealthy and poor, and environmental pollution. China is a complex country with 22 provinces, four direct municipalities, 55 ethnic minorities in 5 regions, and about 1.3 billion people. Therefore, when South Korea pursues public diplomacy that will establish a base for unification, it needs to establish a tailored public diplomacy strategy that takes into account the Chinese situation.

In the meantime, Korea's public diplomacy has unilaterally developed without systematic analysis and access to that which will meet our needs. In order to enhance the effectiveness of public diplomacy, we should promote public diplomacy that is based on accurate information and data on China by region, by income level, and by generation. It is necessary to identify public diplomacy resources that Korea possesses and seek ways to enhance national brands that take advantage of the Korean-wave, which has favorable reception in China. It is also necessary to repeatedly take advantage of mass media that will help overcome the negative image of Korea in China, while also strengthening strategic alliances with China in the political, security and military fields. Also, it is important to communicate that the ROK-US Alliance and Korea-China strategic partnership do not conflict.

It is also important to build confidence in the private sector, as it is also important to build political trust between the Korean and Chinese governments, led by the Korean public and public diplomacy. It is necessary to make efforts to establish an ongoing exchange program, with discussions on ways to promote exchanges and cooperation in the private sector between Korea and China in order to develop a 'Strategic Cooperation Partnership.' It is important to consider ways the government supports bilateral diplomacy and political exchanges, university exchanges, and inter-regional exchanges.

Generic public diplomacy projects in China should be reviewed in terms of their inability to reflect regional characteristics. Public diplomacy campaigns must recognize the vast variety of culture across regions in all areas, such as culture, society, economy, and environment.

Korea needs to establish a human, concrete network, with local Chinese governments in order to further economic, cultural and human exchanges. Inter-regional cooperation between local governments can contribute to the rapid development of the central government. Because of the nature of Chinese politics, it is very important to establish a network with local government leaders, since local government leaders are likely to be elected to the central government and have a strong influence on Chinese foreign policy. In addition, a public diplomacy strategy targeting Chinese marriage immigrants, international students, and migrant workers should be established. As of 2013, out of 1.55 million foreign residents in Korea, the number of Chinese nationals was the most at 590,537. The Chinese who live in the country should be cultivated as 'Pro-middle school' or 'Intellectual school' to form a network and actively use it.

Ⅴ. Conclusion

To establish a foundation for a unified Korea, long-term and comprehensive diplomatic strategies should be built not only on the Korean peninsula but also at the regional and global level. In particular, due to the geopolitical peculiarities of the Korean peninsula, the construction of a future unified Korea should take into account not only the problems of the two Koreas but also the interests of the great powers surrounding the Korean peninsula and their pointed interests. It is necessary to establish diplomatic strategies toward the US on more clear and definite principles and direction. It is also necessary to propose a long-term vision for a diplomatic strategy with the United States and China-from the viewpoint of a bilateral perspective, taking into account traditional diplomacy-from the perspective of neighboring countries' policies and Northeast Asian strategy and global strategic perspective. Understanding, support, and cooperation for the unification of Korea with the neighboring powers will be a vital strategic focus for the establishment of a basis for unification.

Public diplomacy focused on the unification of Korea is part of a socio-cultural system of governance that affects the unification of the Korean peninsula. Therefore, it will be difficult to achieve unification unless we change perceptions of unification in terms of the greater society and in relationship to neighboring countries. Nevertheless, it is very important for us to be realistic about our own situation-which is problematic- and the issue of how to build a public diplomacy for the unification of Korea.

The following is a summary of the public diplomacy plan for the establishment of a basis for Korean unification related to the United States and China. So far, the US public diplomacy effort has been focused on the outward image of Korea. But unification diplomacy toward the US should be more practical and rational. In order to secure initiatives for North Korea, the Korean government should strongly encourage North Korea-US dialogue and the improvement of North–US relations, which are central to North Korea's diplomatic goals. South Korea should play a leading role in preventing conflicts between the US and China by carefully managing the situation on the Korean peninsula through advanced inter–Korean relations and close cooperation with both the United States and China. The United States is an absolute proponent of unification. In order to do this, however, we must be in harmony with US global power and bring it into relationship with South Korea's diplomatic and North Korean policies. Public diplomacy to the United States for a unified Korea cannot be implemented by the South Korean government alone. As such, public diplomacy in the United States should be systematically and continuously promoted in cooperation with national research institutes, universities, and private experts.

China has already emerged as the greatest influential factor in South Korea's foreign and security strategy, and it plays an increasingly important role in the peace process of North Korea and Northeast Asia, as well as in the process of resolving the North Korean nuclear issue. Korea's public diplomacy toward China, in preparation for reunification, is based on the following three endeavors: One, preparing countermeasures by understanding the direction and strategy of public diplomacy in China; two, recognizing the importance of Korean culture; three, enhancing national brand value. These three foundational strategies should be seen as setting the basic direction. Through this, the four strategies for promoting Chinese public diplomacy in preparation for the reunification of the Korean peninsula should be pursued with a two-way customized strategy, a private initiative strategy, a regional differentiation strategy, and a networking strategy. Specifically, the following policies need to be pursued.

First, a 'target quota' for public diplomacy for a Korean budget should be implemented. Second, we need to acquire specialized personnel who will be in charge of public diplomacy. The public diplomacy sector needs to guarantee a term of office, so that experts can continue to work. Third, it is necessary to establish a non-profit, non-political civil component that aims to promote mutual understanding and cooperation between the two Koreas. It should revitalize exchanges with local leaders, congresses, universities, and research institutes actively engaged in exchange. Fourth, there is a need to strengthen human networks and institutionalize exchanges through the introduction of next-generation leaders via exchange programs between Korea and China.

The detailed strategy for public diplomacy and the establishment of Korea's unification infrastructure, based on the contents mentioned above, is as follows.

First, the government establishes public diplomatic posts in order to build a systematic and active public diplomacy policy, establishes a communication strategy of public diplomacy in an integrated manner, and conducts evaluation and performance management of the project. If such a system is initiated, it will be possible to reduce budget waste and fatigue due to overlapping projects, because it effectively manages the varied and periodic promotion of US-ROK diplomacy.

Second, diversify public diplomacy by using various means to increase US and Chinese reciprocity and acceptance. Efforts should be made to set goals and to find ways to understand them in the future when pursuing US and public diplomacy plans. This effort can be a great help to raise the acceptance and reciprocity of the people of the US and China.

Third, form a strong, unified national image, looking for ways to link it with important diplomatic issues for the Korean government. It is necessary for various issues in public diplomacy to be coordinated and to take a common communication strategy by knowing the effects of American and public activities. In addition, it is necessary not only to market the national brand, but also to raise its value, establishing a communication strategy that will help to manage Korea's international strategic issues.

To support this, the following four requirements must be met. First, it is important that leaders play a role in conceiving and practicing specific policy related to unification foreign policy. Second, experts need to develop unification foreign policy such as the 'trust process' on the Korean peninsula. Third, it is necessary to simultaneously interpret changes in the international environment and coordinate policies with neighboring countries at the same time. Fourth, the international environment should beneficial to Korea. Based on these four requirements, pursuing public diplomacy that can lay the foundations for a Korean Unification will support the strategic interests of the Korean people if Korea has a positive image in relation to international issues. Based on these four requirements, if we pursue public diplomacy that can lay the foundations for a Korean Unification, it will be possible to gain support for Korea's strategic interests from global citizens as it faces international issues in the future.

References

Boo Keun Cho. "The Contrasts of Korean Cultural Diplomacy." Paper presented at the conference organized by the Institute of Korean Studies, April 29, 2009.

Burton St. John III. *Press Professionalization and Propaganda: the Rise of Journalistic Double-Mindedness 1917-1941*. New York: Campbria Press, 2010.

Dong Ryul Kim, Sung Hae Kim, and Hun Sik Kim. *A Study on the Revitalization of Public Diplomacy Using Media*. Working Paper. Ministry of Foreign Affairs, 2013.

Geun Hye Park. "A New Kind of Korea: Building Trust Between Seoul and Pyongyang." *Foreign Affairs*, September/October, 2011.

Gil Hwan Wang. "What image do foreigners have when they think of Korea?" *Yonhap News*, February 22, 2015.

Heung Gyu Kim. "A Study on Core Interests in China." *Journal of Northeast Asian Studies*, 28(2), 2013.

Jan Melissen. "Public Diplomacy in Changing World Order and Korea's Challenges." *Smart Q &A Interview*, July 27, 2012.

Ji Yong Lee. "Analysis and Implications of Chinese Presidential Policy on US Presidential Candidates." *IFANS Analysis of Major International Issues*, 29, 2016.

Kyung Il Kim and Kang Il Kim. "The regional politics of the Korean peninsula and the influence of neighboring states." *Chinese Foreign Policy* 11, 2008.

Mark Leonard, et al. *Public Diplomacy: Capture the Imagination*. Seoul: Hanarae Publishing, 2008.

Ministry of Foreign Affairs. "About Public Diplomacy." Accessed May

16, 2017. http://www.publicdiplomacy.go.kr/introduce/public.jsp.

Ministry of Foreign Affairs. "Introduction to Public Diplomacy." Ministry of Foreign Affairs provided materials.

Public Diplomacy Alumni Association. "About U.S. Public Diplomacy." Accessed May 16, 2017. http://pdaa.publicdiplomacy.org/?page_id=6.

Tae Hwan Kim. "21st Century New Public Diplomacy and Forum Diplomacy." *JPI Policy Forum*, 3, 2011.

Tae Hwan Kim. *Korean Public Diplomacy in the Middle East: Liberal and Constructivist Approach. Working Paper* 2014-03. Ministry of Foreign Affairs, 2014.

Young Ho Park, et al. *The State of Public Diplomacy between Korea and the United States*. Seoul: Korea Institute for National Unification, 2012.

집필진 소개 (연구책임자–전임연구교수–공동연구원–기타)

유호열 (Yoo, Ho Yeol)

- 고려대학교 공공사회·통일외교학부 교수
- Professor at the Department of Public Sociology and Korean Unification/Diplomacy, Korea University

남광규 (Nam, Kwang Kyu)

- 고려대학교 공공정책연구소 SSK사업단 연구교수
- Research Professor at the SSK Research Center, Korea University

홍은정 (Hong, Eun Jung)

- 고려대학교 공공정책연구소 SSK사업단 연구교수
- Research Professor at the SSK Research Center, Korea University

임재천 (Lim, Jae Cheon)

- 고려대학교 공공사회·통일외교학부 교수
- Professor at the Department of Public Sociology and Korean Unification/Diplomacy, Korea University

Andrei Lankov (안드레이 란코프)

- 국민대학교 사회학과 교수
- Professor at the Social Science Department, Kookmin University

Bálazs Szalontai (발라즈 잘론타이)

- 고려대학교 공공사회·통일외교학부 교수
- Professor at the Department of Public Sociology and Korean Unification/Diplomacy, Korea University

김지영(Kim Ji-young)

- 대한민국역사박물관 학예연구사
- Curator at the National Museum of Korean Contemporary History

권수현(Kwon, Soo Hyun)

- 경상대학교 여성연구소 선임연구원
- Senior researcher at the Institute for Women's Studies, Gyeongsang National University

박은주 (Park, Eun Joo)

- 고려대학교 공공정책연구소 선임연구원
- Senior researcher at the Public Policy Research Institute, Korea University

Peter Ward (피터 워드)

- 서울대학교 사회학과 석사과정생
- MA Student in the Department of Sociology at Seoul National University